Dietmar Schott – Der Fußballer Willi »Ente« Lippens

KLARTEXT

Dietmar Schott

»Ich danke Sie!«

Der Fußballer Willi »Ente« Lippens

1. Auflage August 2008
© Klartext Verlag, Essen 2008
Satz und Gestaltung: Klartext Medienwerkstatt GmbH, Essen
Redaktion: Ralf Piorr
Umschlaggestaltung: Volker Pecher, Essen
Druck und Bindung: Koninklijke Wohrmann, Zutphen (NL)
ISBN 978-3-89861-978-3
Alle Rechte vorbehalten

www.klartext-verlag.de

Inhalt

Einleitung 7

1. Der Traum von einer Sache 11
2. Ein Wasservogel geht vor Anker 25
3. Der Hafenstraßen-Roar 41
4. Verlockungen 51
5. Tschüss – wir kommen wieder! 61
6. Der eiserne Fritz und der schöne Erich 69
7. Als die Ente Amok lief 83
8. Flirt mit Oranje 97
9. Höhenflug und Trockendock 107
10. Weggefährten 123
11. Das Leben ist ein Bumerang! 139
12. Willi – the Duck 151
13. Der Entetag 161
14. Familienleben 177
15. Rückblicke 191

Karriere in Daten 201

Der Autor 203

Abbildungsnachweis 204
Danksagung 205

Einleitung

Sommer 2006! Fußball-Weltmeisterschaft in Deutschland! Eine Zeit, wie sie für ein solches Großereignis nicht schöner sein konnte. Traumwetter. Eine unglaubliche Stimmung in unserer Republik. Herrliche Spiele und eine deutsche Mannschaft, die sich mit wunderbarem Fußball in die Herzen ihrer Fans spielte. Auf dem grünen Rasen wurde Deutschland zwar »nur« Dritter, aber man durfte sich stolz »Weltmeister der Herzen« nennen.

Auch für uns Journalisten war es eine großartige Zeit. Mit Olaf Thon, Wolfgang Overath und Willi Lippens war ich während der WM unterwegs. Mit den Fans diskutierten wir im Münsterland und in Bonn über die Spiele der deutschen Elf. Schließlich auch auf dem so idyllisch gelegenen Landsitz von Willi Lippens in Bottrop-Welheim. Beim dritten Bier sah »Ente« mich prüfend an und fragte: »Sag' mal: Kannst du auch schreiben?«

Bevor ich vor dem Mikrofon oder vor der Kamera stand, war das Schreiben für einen angehenden Redakteur erste Voraussetzung. »Warum willst du das wissen?« Also eine Gegenfrage, die Willi schnell beantwortete: »Ich möchte, dass du ein Buch über meine Karriere schreibst.« Ein Buch über »Ente«! Für mich sofort eine faszinierende Idee. Plötzlich sah ich ihn wieder vor mir. Wie hat er mich und alle anderen immer wieder mit seinem unnachahmlichen Spiel begeistert – zumindest dann, wenn es nicht gerade gegen meinen Lieblingsklub aus Hamburg ging.

Natürlich war ich sofort Feuer und Flamme. Bedenken, dass man sich nicht mehr so recht an ihn erinnern konnte, waren rasch beseitigt. Wo ich nach ihm fragte, stieß ich auf ungeteilte Zustimmung und habe mich dann mit viel Freude an die Arbeit gemacht. Schließlich verstand ich mich mit Willi blendend. Wir sind uns ähnlich. Ich bin auch ein Naturmensch, lebe auf dem Land und liebe wie er die Pferde. Zweimal sind wir sogar in einem Trabrennen in Gelsenkirchen aufeinander getroffen. Einmal hat er nach einer bravourösen Fahrt gewonnen. Später gelang mir die Revanche.

»Ente« und Entertainer: Willi Lippens, 1969.

In gewisser Weise steht das Schlitzohr Lippens für die 1970er Jahre. Die Gesellschaft und der Fußball veränderten sich, die Haare und die Kotletten wurden nicht nur bei den Spielern länger. Und vielleicht war es auch die Sternstunde der Fußballkonferenzschaltungen in den ARD-Radios. Die gehörten gerade zwischen Rhein und Ruhr zum Samstagnachmittag wie das Autowaschen und spielende Kinder auf der Straße. »Typen« und »Charaktere« wie Franz Beckenbauer, Günter Netzer, Paul Breitner, Sepp Maier, Berti Vogts, Manni Kaltz, Wolfgang Overath oder Horst Hrubesch, um nur einige zu erwähnen, faszinierten auf dem grünen Rasen und oft konnten wir Reporter in der dramatischen Schlusskonferenz aller Bundesligaspiele, und damals fanden noch wirklich alle Spiele Samstags um 15.30 Uhr statt, über überraschende Wendungen und Tore in den letzten Minuten berichten.

Bei uns im Radio schilderten die Reporter Kurt Brumme, Rudi Michel, Oskar Klose, Herbert Zimmermann und später dann Heribert Faßbender, Manfred Breuckmann, Kurt Emmerich, Werner Hansch, Alexander Bleick oder Tom Bayer die Spiele, wobei sie sich in den Siebzigern noch nicht an die korrekte Aussprache ausländischer Stars gewöhnen mussten. Klar, dass ich mich in diesem Zusammenhang an einen Spruch des Trainers und früheren Spielers Otto Rehhagel erinnere. »Ich bin ein Kind der Bundesliga«, sagte er und hatte Recht. Ohne überheblich werden zu wollen, kann auch ich das von mir behaupten. Die Bundesliga verfolgte ich als Medienvertreter seit dem allerersten Spieltag und bin sehr stolz darauf, dass die Reportagen am Samstagnachmittag bis heute für sehr viele Fußballfans ein »Muss« sind und teilweise auf CDs oder in Hörspielen eine Art »Kultstatus« erhalten haben. Schließlich waren es herrliche Zeiten, als die »Ente« noch serienweise die besten deutschen Abwehrspieler schwindlig spielte. Wir Sportjournalisten kannten natürlich damals den bemerkenswerten Satz »Die Besten kommen aus dem Westen«, und zu diesen Besten gehörte Willi Lippens.

In dem Buch versuche ich, die vielen faszinierenden Geschichten und Anekdoten aus einem Leben mit dem Fußball zu erzählen. Natürlich hätte man die wunderbare Karriere des Außenstürmers auch in der sogenannten »Ich-Form« schreiben können, wie es bei anderen Fußballgrößen der Fall war, aber ich konnte Willi und den Essener Klartext Verlag davon überzeugen, dass es im Stil einer großen Reportage erscheint. Vier Jahrzehnte arbeitete ich schließlich als Reporter und Moderator und habe gelernt, wie Zuschauer, Hörer und Leser zu fesseln sind.

Das Buch wird durch die Schilderungen großer Spiele und durch die Aussagen der Spieler, Trainer und Funktionäre sicher viele Fans an diese guten alten Zeiten erinnern, als Willi Lippens im Georg-Melches-Stadion, in Dortmund und in allen deutschen Stadien die Zuschauer mit seinem brillanten Spiel in Verzückung versetzte. Ich habe in den deutschen Fußballhochburgen andere große Stars über Willi Lippens ausgefragt. An dieser Stelle möchte ich allen meinen Gesprächspartnern ausdrücklich danken. Alle waren sich einig: Solch einen lustigen Paradiesvogel könnten wir heute in der manchmal doch bierernsten Bundesliga sehr gut gebrauchen. Am Ende der biographischen Arbeit muss ich gestehen, dass die Recherche auch für mich manchmal zu einer geradezu sentimentalen Reise wurde, bei der sich die vielen wunderbaren Erinnerungen und Erlebnisse wieder einstellten. Wenn es dem Leser genauso geht, habe ich meine Arbeit getan. Und diejenigen, die diese Zeiten nicht miterlebt haben, können vielleicht über das Buch einen Eindruck davon bekommen, wie es war, als die »Ente« noch draußen auf Linksaußen tanzte.

Ich wünsche Ihnen viel Spaß beim Lesen
Dietmar Schott

1.
Der Traum von einer Sache

Es war ein herrlicher Sonntagnachmittag im kleinen niederrheinischen Städtchen Kleve. Das Wirtschaftswunder hatte dem niederländischen Grenzland zu einem gefälligen Wohlstand verholfen. Nach dem Ende des Zweiten Weltkrieges schien es fast so, als ob die Klever in einer Art Wettstreit aus den Trümmern etwas Neues schaffen wollten. Nicht nur die Landschaft blühte auf, auch die heimische Wirtschaft und der Tourismus. An diesem 26. Juni 1955, kurz vor 15 Uhr, ruhte jedoch die gewohnte Geschäftigkeit. Wie in vielen anderen Häusern in Kleve lief auch in der Wohnung des Gärtners Wilhelm Lippens im Vorort Hau das Radio. Vater Lippens, bekannt als eisenharter Verteidiger im örtlichen Fußballverein, hockte mit seinem neun Jahre alten Sohn Willi vor dem Lautsprecher und lauschte der Übertragung aus dem fernen Hannover. Es war der Sonntag, an dem das Endspiel war. Rot-Weiss Essen, eine Mannschaft, die im Hause Lippens hoch im Kurs stand, griff vor 76.000 Zuschauern im Niedersachsenstadion nach dem Meistertitel. Gegner war die Elf des 1. FC Kaiserslautern mit sage und schreibe fünf Spielern, die ein Jahr zuvor im Berner Wankdorf-Stadion mit einem sensationellen 3:2-Sieg gegen Ungarn den Weltmeistertitel in die Bundesrepublik geholt hatten. Vater und Sohn Lippens fieberten wie die 20.000 mitgereisten Essener Schlachtenbummler und wie viele andere Hunderttausende im nahe gelegenen Ruhrgebiet vor den Radiogeräten mit ihrem Verein aus dem Westen, mit August Gottschalk, Helmut Rahn & Co.

Das gute alte Radio hatte seine große Zeit. Das Fernsehen spielte damals noch eine untergeordnete Rolle. Über die Mittelwelle des Westdeutschen Rundfunks lief die Vollreportage des Finales. Neunzig dramatische Minuten lagen in Hau vor den beiden Fußballfans, die schon nach elf Minuten das 1:0 der Pfälzer durch Willi Wenzel erleben mussten, der einen leichten Fehler des Torhüters Fritz Herkenrath ausnutzte. Unter der Leitung des Trainers und einstigen Schalker Idols Fritz Szepan drehte RWE das Spiel.

Ausgleich durch »Penny« Islacker acht Minuten später und nach herrlichen Treffern von Johannes »Fred« Röhrig per Kopf und erneut »Penny« nach einem sehenswerten Solo führte der Außenseiter zur Pause mit 3:1.

Sohn Willi wollte schon jubeln, Vater Lippens blieb zurückhaltend. Er sollte Recht behalten. Die Pfälzer gaben sich keineswegs geschlagen. Ganz im Gegenteil. Nun kam die große Zeit des Favoriten. Werner Liebrich wechselte in den Sturm. Das zahlte sich aus, denn seine Flanke nutzte Willi Wenzel in der 56. Minute zum Anschlusstreffer. Als dann Scheffler in der 72. Minute im Essener Strafraum gefoult wurde, verwandelte Werner Baßler den fälligen Elfer zum 3:3. Dazu viel Pech für die Rot-Weissen: Bei einem Zweikampf mit Horst Eckel verletzte sich »Penny« Islacker und musste zweimal am Knie behandelt werden. War das für die Männer von der Hafenstraße das Ende aller Träume? Eine packende Schlussphase deutete

»Immer kräftig mitgearbeitet.« Willi mit der Holzkarre bei der Feldarbeit, etwa 1955.

sich an. 84. Minute: Erneute Schrecksekunde für RWE. Fritz Walter hob den Ball direkt vor das Tor von Herkenrath und aus dem Gewühl jagte Wenzel den Ball ins Netz. Der Siegtreffer? Nein. Schiedsrichter Albert Meißner aus Nürnberg hatte abseits gepfiffen, was kaum einer mitbekommen hatte. In Hau war die Spannung auf dem Siedepunkt. Bei Vater und Sohn Lippens stieg der Blutdruck gewaltig. Rot-Weiss Essen war doch eigentlich schon Meister gewesen, nun musste noch einmal kräftig gezittert werden.

Die beiden Radioreporter kamen aus den jeweiligen Sendegebieten der beiden Finalisten, Rudi Michel vom Südwestfunk und Kurt Brumme vom WDR aus Köln, und transportierten die Spannung über den Äther in die Wohnzimmer der jungen Bundesrepublik:

»Das Finale steht auf des Messers Schneide. Nur noch knapp vier Minuten zu spielen. Wird es eine Verlängerung geben? Unübersehbar die große Verärgerung der Pfälzer nach dem nicht gegebenen Tor. Noch einmal kommt Rot-Weiss Essen. Im Sturmzentrum steht der zweifache Torschütze Islacker, aber steht er wirklich? Er kann sich kaum auf den Beinen halten. Eine Verlängerung wird er nicht durchhalten. Neben Penny stehen Kohlmeyer und Render. Am Ball der glänzend aufgelegte Berni Termath. Gerade ist er noch gefoult worden. Horst Eckel greift ihn an. Er will den Ball. Termath täuscht ihn geschickt. Die Flanke kommt. Islacker vergisst alle Schmerzen, schraubt sich hoch, erwischt den Ball und Tor, Tor, Tor für Rot-Weiss Essen. Ein herrlicher Hechtkopfball. Werner Kohlmeyer reißt den Arm hoch, reklamiert abseits. Nein! Schieri Meißner schüttelt mit dem Kopf, geht nun aber doch zu seinem Linienrichter Burmeester. Der Hamburger winkt ab. Das Tor gilt. Helle Proteste der Lauterer. Hilft nichts! Essen wird mit einem 4:3 sensationell Deutscher Meister 1955!«

Die Enttäuschung beim 1. FC Kaiserslautern war so groß, dass zunächst einmal keiner zum Bankett des DFB in die Maschsee-Gaststätte kam. Erst nach einer Stunde hatte Fritz Walter seine Mannen soweit, sich doch als fairer Verlierer zu zeigen. Aber waren die Pfälzer wirklich so fair? Schon einen Tag später musste das DFB-Schiedsgericht sich mit einem Protest des 1. FC Kaiserslautern auseinandersetzen, der allerdings keine Chance auf ein Wiederholungsspiel besaß.

In Hau lagen sich Vater und Sohn Lippens überglücklich in den Armen. 4:3 für RWE. Deutscher Meister! Die Freude kannte keine Grenzen. Zwar blieb Willis Idol Helmut Rahn ohne Tor, aber er hat seinen Teil zum überraschenden Sieg beigetragen. Beim Schlusspfiff trug er den angeschlagenen »Penny« Islacker auf den Schultern zur Mitte.

Vor Begeisterung rannte der kleine Willi mit seinem Ball auf die Straße. Er hatte wie die großen Kicker nur Fußball im Sinn, träumte davon, irgendwann auch einmal die DFB-Schale in den Händen zu halten. Das blieb ein Traum, aber Willi Lippens reifte zu einem Spieler der Extraklasse. »Als Kind war ich zuerst von diesen vollen Stadien und ihren mächtigen Tribünen fasziniert. Das war mein erster Traum: Da möchte ich mal Fußball spielen, solch eine Kulisse und diese Zuschauer möchte ich haben, um sie zu unterhalten. Dass man mit dem Sport auch als Profi Geld verdienen kann, diese Erkenntnis setzte bei mir etwa mit 14 Jahren ein«, erinnert sich Lippens. Später sollte er auch die Männer, die 1955 als erste Mannschaft nach dem Zweiten Weltkrieg den Titel wieder in den Westen geholt hatten, alle persönlich kennen lernen. »Ich hatte Vorbilder wie Helmut Rahn, und ich habe mir gewünscht, mal berühmt zu werden. Mit dem entsprechenden Glück, das dazu gehört, habe ich es auch geschafft«, erzählte der Klevener Junge später. Auch wenn es für ihn nicht zu Meisterschaften und Pokalen reichte, so sollte er doch Geschichte schreiben, sogar zum Mythos werden, zu einer besonderen Art von Fußballer, den es in dieser Form bis heute in Deutschland nicht mehr gegeben hat.

Essens Meisterelf 1955 im Niedersachsenstadion: August Gottschalk, Fritz Herkenrath, Heinz Wewers, Johannes Röhrig, Willi Grewer, Helmut Rahn, Joachim Jänisch, Franz Islacker, Willi Köchling, Bernhard Termath und Paul Jahnel.

Das war aber an diesem Meisterschaftstag von Rot-Weiss noch ferne Zukunftsmusik. Die Familie Lippens wohnte in einem Doppelhaus. Eine Hälfte war ebenso wie der kleine Gemüseladen lediglich gepachtet. Sie waren zu fünft: Vater Wilhelm war Holländer, Mutter Maria Deutsche. Der älteste Sohn Paul starb mit 68. Tochter Maria wohnt in Kleve. Willi Lippens lacht, wenn er vier Jahrzehnte später an sein Zuhause erinnert: »Wir hatten keine Zentralheizung. Im Winter war es bitterkalt. Wir hatten Steine im Ofen, die wir für die Nacht in Handtücher wickelten, damit es im Bett wenigstens etwas wärmer war. Einmal in der Woche war Badetag. In unserer Wohnung stand eine große Zinkbadewanne, wo wir der Reihe nach baden durften. Erst der Vater, dann die Mutter und danach wir Kinder. Ich kleiner Steppke war immer der Letzte!«

Von einer freudlosen Jugend will Willi Lippens nichts wissen, aber er ging durch eine harte Kindheit. »Das aber hat mich auch für mein späteres Leben geformt. Ich habe immer kräftig mit gearbeitet. Jeder Pfennig wurde bei uns dreimal umgedreht, bevor er ausgegeben wurde. Wenn ich aus der Schule kam, musste ich mit anpacken. Gemüse und Obst wurden gereinigt. Meine Mutter und ich zogen täglich den Leiterwagen zum weit entfernten Markt. Eine meiner Spezialaufgaben war das Reinigen der Erdbeeren.« Drei Reihen dieser Früchte reinigte Willi. Hört sich leicht an, aber eine Reihe war stolze 200 Meter lang. Als ausgerechnet Kirmes in Hau war, schickte Vater Wilhelm seinen Sohn tatsächlich noch einmal in die Erdbeeren. »20 Pfennig habe ich dafür bekommen. Das reichte gerade einmal für eine Fahrt mit dem Karussell!«

Fußball wurde im Hause Lippens groß geschrieben. Dann und wann gab es schon Spiele im Fernsehen. Das Finale um die Weltmeisterschaft in Bern beispielsweise. Als Helmut Rahn das Siegtor für Deutschland schoss, lag sich ganz Hau in den Armen. Mit Hunderten hatte man neunzig Minuten auf einen kleinen Fernseher in einem Geschäft gestarrt und Deutschland als Weltmeister gefeiert. An diesem 4. Juli 1954 war Willi neun Jahre alt. Er schwärmte für Real Madrid. Wenn er an Di Stéfano, an Gento oder an Puskás dachte, bekam er den verräterischen Glanz ins Auge. »Ihnen wollte ich nacheifern und sammelte Bilder von ihnen, die eine Kaugummi-Firma herausbrachte. Wir Jungens aus Hau saßen oft vor dem Radio und verfolgten die Spiele.«

Vater Wilhelm war schon ein ordentlicher Verteidiger beim VfR Hau, spielte regelmäßig Fußballtoto und hätte seinen Filius natürlich sehr gern auch beim VfR 03 gesehen. Sohn Willi hing an seinem Elternhaus, hat sich fast nie gegen den Willen des Vaters durchgesetzt, aber in Hau wollte er nun wirklich nicht spielen. »Nein, das kam überhaupt nicht in Frage. Ich träumte vom großen Sport und wollte mit dem Fußball auch das große Geld verdienen«, denkt Lippens an diese Zeiten zurück. Natürlich spielte er Fußball, so oft er konnte. Gegenüber der heimischen Wohnung lag ein freier Platz, wo zwischen den Lindenbäumen gekickt werden konnte. »Am Sternbusch haben wir mit allem rumgeditscht, was wir kriegen konnten. Die Nachbarkinder waren genau so verrückt nach Fußball wie ich. Wir haben uns Tennisbälle geklaut und damit gekickt«, erzählt Willi Lippens und gibt zu, dass er kein besonders guter Schüler war. »Ich dachte zu viel an Fußball. In Deutsch war ich überhaupt nicht gut. Das lag einfach daran, dass bei uns zu Hause Klever Platt gesprochen wurde. Rechnen konnte ich dagegen gut. War auch klar, denn zu Hause hatte ich mit Zahlen zu tun. Wir waren doch ein Betrieb. Mich konnte so schnell keiner betrügen!« Das zahlte sich in seiner späteren Karriere als Profi aus. Lippens war ein knallharter Geschäftsmann, der sich ohne Manager selbst vermarkten konnte. Einmal verließ er seine Mannschaft, um oben mit dem Vorstand zu verhandeln. Als er zurück in die Kabine kam und gefragt wurde, wie es denn so gelaufen sei, lachte Willi und meinte: »Als die hörten, was ich haben wollte, legten sie sich alle unter ein Sauerstoffzelt!«

Blick auf die Stadt Kleve mit der Schwanenburg, 1955.

Es entwickelte sich am Sternbusch in Hau recht schnell eine Straßenmannschaft. Willi spielte im Team »Vier Linden«, musste sich aber auch erst einmal gegen die Größeren durchsetzen. »Ich musste tatsächlich eine Mutprobe bestehen. Da hatten die Jungens beispielsweise einen völlig idiotischen Einfall. Ich musste mich in voller Montur in eine dreckige Pfütze schmeißen. Ich vergaß die zu erwartende Tracht Prügel von meinem Vater, flog in den Dreck und wurde akzeptiert!« Diese Mutprobe überzeugte alle und beim nächsten Spiel musste der »kleine Flieger« ins Tor. »Wie viele anderen Jungen habe ich auch davon geträumt, mal zwischen den Pfosten zu stehen, aber wir haben schnell festgestellt, dass ich im Tor nichts zu suchen hatte. Ich musste und wollte dann auch in den Sturm, um Tore zu schießen. Das war mein Ding. Wenig später stand ich anfangs in den Punktspielen auch noch im Tor. Wir waren meistens klar überlegen. Wenn es hoch kam, hatte ich ein oder zwei Bälle zu halten. Da ich für einen Keeper zu klein war, sprang der Ball schon mal über mich weg ins Tor. Wir gewannen dann 9:1 oder sogar 12:1. Ich aber habe mich wegen des Gegentores manchmal schwarz geärgert!«

Es hat allerdings eine gewisse Zeit gedauert, bis Willi Lippens endlich in einem Verein spielen konnte. Vater Wilhelm war strikt dagegen. Für eine Mitgliedschaft beim VfB Kleve habe die Familie kein Geld. Willi war verzweifelt. »Warum durfte ich nicht zum VfB? Ich hatte doch nur noch Fußball im Kopf!« Nach acht langen Wochen hatte Willi endlich Mutter Maria auf seiner Seite. Still und heimlich hat sie das Anmeldeformular unterschrieben. »Nun begann die Lügerei. Es wurde immer samstags gespielt. Für meinen Vater war ich in dieser Zeit zur Andacht in der Kirche. Meine Mutter hat immer kräftig mit gelogen. Das ging eigentlich lange gut. Dann aber sprach ein Nachbar meinen Vater an, ob er denn seinen Sohn schon mal auf dem Platz beobachtet hätte.« Hatte er natürlich nicht, obwohl er sich doch immer wieder sehr gewundert hatte, wo denn sein Willi steckte. »Dein Sohn schießt Tore wie am Fließband. Der spielt so komisch und macht Dinger, die gibt es gar nicht«, hatte der Nachbar Lippens senior noch zugesteckt, der sich dann rasch aufmachte, das Spiel seines Sohnes zu beobachten. Zuerst klammheimlich, so hat es sich bei Willi Lippens eingeprägt: »Ich hatte ihn nie bemerkt. Wochenlang hat er im Hintergrund gestanden und sich die Spiele angesehen, bis mir irgendwann einer sagte: ›Hör ma, dein Vater steht seit Wochen jeden Samstag draußen vor dem Zaun und schielt durch die Latten, um zu sehen, wie du Fußball spielst.‹ Nach einem guten Spiel von mir mit zwei Toren wurde endlich zu Hause Tacheles geredet. Plötzlich hat der alte Herr seine Einstellung völlig geändert und war richtig stolz auf mich und hat uns später mit seinem NSU Prinz sogar zu den Auswärtsspielen gefahren. Sechs Spieler mit ihm in diesem kleinen Auto.«

Einem neuen Schüler verdankt Willi Lippens, dass es schon im Jugendbereich steil bergauf ging. Mit Dieter Bredick freundete sich Willi schnell an. »Dieter war ein wahrer Glücksfall für uns. Sein Vater wurde Platzwart beim VfB und hat es ermöglicht, dass wir auf den dortigen zwei Rasenplätzen spielen durften. Übrigens mit einem echten Lederball. Ferdi Bredick ließ schon mal das Tornetz hängen. Wir waren in unserem Element. Abends schaute ich gern beim Training der ersten Mannschaft zu und durfte auch die ins Aus gesprungenen Bälle zurück ins Feld schlagen!«

Man lernte den jungen Lippens also im Verein schnell kennen. Aus dem Umfeld des Klubs half der Bezirksschornsteinfeger ihm weiter und war in etwa der erste Mäzen für den späteren Profi. »Eines Tages sprach mich Ernst Hogeback an und machte mir den VfB schmackhaft. Wenn ich mich anmelden würde, dann würde er mir die Grundausstattung schenken. Ich war sofort begeistert, und tatsächlich hat er mir in einem großen Sportgeschäft alles gekauft, was für den Start so wichtig war. Also Schuhe, Strümpfe, Stutzen und eine Hose. Das war für mich natürlich ein großer Ansporn. Nun galt es nur noch, meine Eltern zu überzeugen, was mir mit Hilfe meiner Mutter ja auch gelang!«

In den Schüler- und Jugendmannschaften des VfB Kleve 03 fühlte sich der junge Willi Lippens pudelwohl. Kein Wunder. Er schoss Tore wie kein anderer. In seinen Mannschaften war der Erfolg zu Hause. Die Meisterschaften der Kreise Kleve und Geldern waren bald eine Selbstverständlichkeit. In Venlo spielte man gegen eine dortige Auswahl und gewann 9:1. Willi erzielte acht Tore. Er konzentrierte sich nicht allein auf das Spiel, son-

Die Jugendmannschaft des VfB Kleve 03 mit dem jungen Willi
(ganz rechts stehend), etwa 1956.

dern blickte gern auch auf die Zuschauer. »Auch wenn es manchmal nur 30 oder 50 Besucher waren. Ich bemerkte sofort, dass sie über mich sprachen und dass sie vor allem von meinem Spiel begeistert waren. Das hat mir sehr gefallen und war für mich ein Anreiz, sie weiter gut zu unterhalten. Das ist mir schon damals mit meinem schaukelnden Seemannsgang leicht gefallen!« Zweckmäßig war es auch. Natürlich hat er gern für die Galerie gespielt, aber dabei auch immer wieder seine Mitspieler von der Linksaußen-Position eingesetzt. Schoss er im Laufe der Saison 20 Tore, dann hatte er ganz sicher auch 20 Treffer vorbereitet. Er besaß halt das gute Auge für wichtige Spielszenen. »Für meine Trainer war ich ganz gewiss nicht pflegeleicht. Schon in der Jugend habe ich ihnen das gesagt, was mir nicht gefiel. Das hat mir Sperren eingebracht. Eigentlich war das zu jenen Zeiten undenkbar. Man hatte das zu tun, was die Trainer vorgaben. Mit Schiedsrichtern zu diskutieren, war total verboten. Heute ist das zum Glück ganz anders und damit auch besser!«

Es gab Spiele über die Kreisgrenze hinaus. Beispielsweise gegen die große Borussia aus Mönchengladbach. In Gladbach schaffte Lippens mit seinem VfB ein zufrieden stellendes 1:1-Unentschieden, aber das Rückspiel verloren die Klever mit 3:9. »Da sahen wir erstmals den Günter Netzer und staunten nicht schlecht, als der spätere Europameister nobel mit einem dicken Mercedes anreiste. Er war damals schon ein kleiner Star und wurde

Willi Lippens (vordere Reihe, 3. v. rechts, mit dem Beutel unter der Jacke) bei einem Schulausflug, etwa 1954. Das Bild wurde von Lippens' Klassenkamerad Franz Osterkamp zur Verfügung gestellt.

von seinen Mitspielern auch entsprechend behandelt. Mein Traum, auch bei den Senioren mal gegen ihn zu spielen, ging ja in Erfüllung, aber es war noch ein weiter Weg bis dahin!«

Ein dornenreicher sogar. Er begann im Alter von 18 Jahren in der Seniorenmannschaft. Sein erstes Spiel führte ihn mit dem VfB 03 gegen Eintracht Duisburg. Ein Punktspiel der Verbandsliga, also der ersten Liga bei den Amateuren. Keine leichte Aufgabe für Willi Lippens. Sein Gegenspieler war der eisenharte Verteidiger Schoel. Ihn hat Willi bis heute nicht vergessen. »Schoel war ein knochenharter Kerl, der gleich voll zur Sache ging. Mir war das recht, denn nun konnte ich meinem Trainer und den Zuschauern beweisen, was ich bei allem Talent schon alles gelernt hatte. Schoel konnte nicht verhindern, dass ich zwei Tore machte. Leider haben wir vor 5.000 Zuschauern in einem tollen Spiel 4:5 verloren!«

Sehr viel verdankt Lippens dem Trainer Otto Walter, der einmal Rellingen 08 trainierte, von dort zum ETB Schwarz-Weiß nach Essen wechselte, ehe er den VfB Kleve übernahm. »Otto Walter hat mich geprägt. Von ihm habe ich eine Menge gelernt«, schwärmt Willi heute. »Er hatte eine ideale Vorstellung, wie junge Spieler trainiert werden mussten. Wir durften frei nach Schnauze spielen. Nie presste er uns in irgendein System. Wir durften spielen, fummeln, dribbeln und den Ball hochhalten, wie es im Straßenfußball nun mal üblich war!« Als Lippens noch in der Jugend spielte, hatte Otto Walter ein Auge auf das große Talent geworfen und ihn eines Tages auch einmal angesprochen: »Willi, wenn du 18 bist, dann komme ich!« Er verließ Kleve schon bald, hatte aber sein Versprechen nicht vergessen. Vor allem hatte er registriert, dass Lippens mit 38 Treffern Torschützenkönig geworden war. Eines Tages stand Otto Walter vor der Tür. »Jetzt geht es los, mein Junge«, meinte er. »Er hatte mich dreimal in der Landesliga gesehen und war zufrieden. Wir hatten zu Hause nur einen Koffer. Den konnte ich beim besten Willen meinem Vater nicht wegnehmen, und so reiste ich mit einem Persilkarton in die große Stadt. Zwei Unterhosen waren drin. Eine grasgrüne, die ich überhaupt nicht leiden konnte.«

Otto Walter brachte Willi zweimal zum Probetraining zu ETB an den Uhlenkrug. Dort residierte Trainer Hermann Wendtland. Schwarz-Weiß spielte mit ihm in der 2. Liga West. Im Essener Süden bekam Lippens für eine Woche eine kleine Pensionswohnung. Dann verlangte der ETB zweimal in der Woche ein Training mit dem ganzen Kader. »Da war ich dann allein auf mich angewiesen. Zu Hause gab es mal wieder den üblichen Ärger. Mein Vater hatte als Gärtner in der Provinz doch viel Respekt vor der großen fremden Stadt. Ich aber ließ mich nicht beirren. Ich wollte mit dem Fußball Geld verdienen. Für dieses Ziel opferte ich alles. Auch meinen Beruf als

»Ich will den Bauern aus Kleve.« Trainer Fritz Pliska (mit Ball) mit seinen Neuerwerbungen für die Saison 1965/66: Willi Lippens, Franz Fliege und Willi Koslowski.

Kaufmann hatte ich zum Ärger der Familie hingeschmissen. Knapp 18 war ich. Wenn ich im Fernsehen mit meiner Mutter die großen Spiele verfolgte, sagte ich ihr, dass sie irgendwann auch mich im TV bewundern könne. Als das tatsächlich der Fall war, hat sie sich an diesen Satz erinnert!«

Ein knappes halbes Jahr fuhr Willi Lippens nun per Anhalter von Hau nach Essen. Die Strecke war rund 100 Kilometer lang. Es ging über die B 57 und über den Ruhrschnellweg. Nach ein paar Wochen bekam er vom ETB 8,20 DM Fahrgeld. »Die Kohle habe ich gespart und bin weiter per Anhalter gefahren, was mir im Grunde nichts ausmachte.« Der Traum vom großen Fußball und von viel Geld trug seinen Teil dazu bei, dass Willi Lippens durchhielt – auch wenn das Abenteuer Schwarz-Weiß mit einer großen Enttäuschung endete. Trainer Wendtland setzte das berühmte Spielchen »Erste gegen Reserve« an. Willi spielte in der »Zweiten« und schoss beim 8:7-Erfolg tatsächlich alle acht Tore. Vergeblich. Wendtland wollte ihn nicht. »Er bot mir zwar einen Platz bei den Amateuren an, aber das wollte ich nun wirklich nicht. Schließlich hatte ich Leistung gezeigt und wollte in die 1. Mannschaft!«

Vernichtend war das Urteil des Essener Trainers: »Du bist nicht schnell genug. Du hast keine vernünftige Übersetzung. Dein Laufstil ist unmöglich. Du hast Füße wie Bügeleisen. Geh zurück nach Kleve!« Das hat Willi Lippens hart getroffen. Auch Otto Walter verstand die Welt nicht mehr. Dieses erschreckende Urteil hatte er seinem Kollegen nie und nimmer zugetraut, nahm es aber mit Humor: »Willi, du bist zu gut für den ETB! Komm! Wir gehen sieben Kilometer weiter!«

»Ich wusste sofort Bescheid. Sieben Kilometer weiter. Das konnte in Bergeborbeck-Vogelheim nur der SC Rot-Weiss sein. Mir war es recht. Was sollte ich bei diesem Lackschuhverein ETB? Beim Arbeiterklub RWE war ich wohl besser aufgehoben!« Im Georg-Melches-Stadion beendete gerade Fred Harthaus seine Trainertätigkeit. Nachfolger wurde Fritz Pliska, der Willi Lippens dreimal beim Training beobachtete und anschließend ein deutliches Votum aussprach: »Den Bauern aus Kleve will ich unbedingt. So clever habe ich einen Außenstürmer noch nicht erlebt. Ein abgezockter Typ, der uns helfen wird!«

Ein Problem gab es allerdings. Zur damaligen Zeit durften die Profi-Vereine nur drei neue Spieler verpflichten. RWE hatte diese drei schon. Aus

Am Uhlenkrug schickte man ihn weg, an der Hafenstraße RWE nahm man ihn auf.
Im Pokalduell gegen ETB beglich Lippens durch sein Tor die alte Rechnung, August 1968.

Schalke kam Nationalspieler Willi Koslowski, von RW Oberhausen Franz Fliege und vom STV Horst-Emscher Dieter Borchmann. Nach einem tragischen Todesfall wurde doch noch ein Platz für Lippens frei. Richard Will erlag einem Krebsleiden. Lippens erhielt seinen allerersten Profivertrag. »Ich bekam 80 DM im Monat und musste davon für mein Zimmer unter der Tribüne an der Hafenstraße 30 Mark bezahlen. Ich war überglücklich. Wenn ich aus diesem Zimmer ging, stand ich direkt im Stadion und nahm mir jedes Mal vor, hier als Torjäger von 30.000 Zuschauern gefeiert zu werden!«

RWE-Präsident Georg Melches war seiner Zeit schon ein Stück voraus. Es war schon so etwas wie das erste kleine Fußball-Internat. Willis Zimmer in der Tribüne war für junge Spieler schon ein kluger Schachzug. Sie standen täglich unter Beobachtung. Paul Nikelski, langjähriger Geschäftsführer bei RWE, musste jedoch Willis Eltern erst davon überzeugen, dass dieser Platz für ihren Sohn genau das Richtige war. »Der Vater sah es gar nicht gerne, dass sein Sohn vom ländlichen Kleve in die Großstadt Essen kam. Nur mit viel Geduld konnte ich den Senior davon überzeugen, dass Willi bei uns in den besten Händen war. Der Stadionwirt wird ihn verpflegen. Der Verein hätte die Fürsorgepflicht und würde schon aufpassen, dass nichts passiert!«

Wilhelm Lippens gab nach einigem Zögern seine Zustimmung. Als Paul Nikelski den neuen jungen Stürmer erstmals sah, war er begeistert: »Ich wusste sofort, dass wir ein Juwel verpflichtet hatten. Willi stand vor einer großen Karriere. Er hatte Tricks drauf, die ihm keiner nachmachen konnte. Keiner konnte ihm das Wasser reichen. Er hat sein Publikum großartig unterhalten. Ich kannte ihn natürlich auch als eiskalten Partner in Vertragsverhandlungen. Willi kämpfte mit dem Vorstand um seine Position und hat uns Funktionäre auch am runden Tisch oft glatt ausgespielt. Gegen seinen Wortschwall waren wir machtlos. Waren seine Forderungen manchmal zu hoch, hat er allerdings auch klein beigegeben. Für uns war er eigentlich unbezahlbar. Von linksaußen kamen seine Flanken maßgerecht. Mit seinem nicht zu kopierenden Laufstil spielte er aber auch regelmäßig seinen Gegenspieler aus und machte wichtige Tore!«

Paul Nikelski begann seine langjährige Tätigkeit bei RWE zu einem überaus günstigen Augenblick. Er war gerade ein paar Monate Geschäftsführer, als sein Verein mit dem 4:3-Erfolg in Hannover gegen den 1. FC Kaiserslautern Meister wurde. Bei Nikelski liefen alle Fäden in einer kleinen Geschäftsstelle zusammen. Er hatte glänzende Kontakte zur Stadt. Wenn er sich an Lippens erinnert, dann erwähnt er auch die Art, wie er später mit jungen Spielern umging. »Es hat mir sehr gefallen, wie Willi sich um diese jungen Spieler gekümmert hat. Er hat sie getröstet, wenn es mal nicht so gut gelaufen ist. Dann hat er sie aufgebaut. Das könne doch jedem passieren. Willi hat die Jungs mit zu sich nach Hause genommen, wo seine Frau Monika ein Essen anbot. Er hat nie vergessen, wie es ihm erging, als er zu uns kam.«

Ab dem Sommer 1965 kickte Willi Lippens an der Hafenstraße in der Regionalliga West. In der Vorbereitung zur neuen Saison verletzte sich Franz Fliege, der neue Linksaußen, den man von Rot-Weiß Oberhausen geholt hatte. Fritz Pliska fragte den Jungen vom Lande, auf welcher Position er denn gespielt hätte. »Auf Linksaußen«, antwortete er forsch, was allerdings nicht stimmte. »Ich war eigentlich Rechtsaußen, aber weil der Linksaußen krank war, glaubte ich auf diese Art, eine Chance zu bekommen«, schmunzelt er in Erinnerung an seine damalige Frechheit noch heute. Lippens spielte als Rechtsfuß auf links und überzeugte. Beim Pokalspiel gegen den unterklassigen FC Karnap 07 schoss er eine Woche vor Saisonbeginn beim 7:1-Sieg fünf Tore. So war er auch für das erste Meisterschaftsspiel gegen Eintracht Gelsenkirchen am 15. August 1965 gesetzt.

»Dieses Spiel vergesse ich nie. Nach dreißig Minuten gab es Elfmeter für uns und Heinz-Dieter Hasebrink schoss den Ball in die Arme des Torwarts. Allerdings ließ der Schiedsrichter den Elfmeter wiederholen, weil der Torhüter sich zu früh bewegt hatte. Da ich eine freche Sau war, nahm ich mir jetzt den Ball, legte ihn auf den Punkt, lief an und schoss… daneben. Alle waren am Toben! ›Was ich mir denn erlauben würde‹, hat Pliska draußen geschrieen, denn es stand noch 0:0. Er hätte mich am liebsten sofort vom Platz geholt, aber damals durfte man ja noch nicht auswechseln. In der Halbzeitpause hat er mich ordentlich nieder gemacht. Aber es war ja nicht so schlimm, denn ich hatte ja die Chance, das wieder in Ordnung zu bringen. Und tatsächlich: Zehn Minuten vor Schluss gab es eine Ecke für uns, und ich sehe den Ball am Sechzehner stehend auf mich zu kommen. ›Jetzt musste ihn reinmachen‹, dachte ich und wischte den Ball volley genau ins Eck. Mit dem Tor war alles wieder gut.«

Herausforderung und Bewährung, Provokation und Passion also gleich im ersten Spiel. »Es war meine Frechheit und natürlich auch viel Glück. Wenn beides nicht zusammengespielt hätte, wäre ich vielleicht auf der Ersatzbank gelandet und hätte dort ewig schmoren müssen, denn als Auswechselspieler hereinzukommen, diese Chance gab es ja noch nicht«, erinnert sich Lippens an diesen Drahtseilakt zu Beginn seiner Karriere. Der Junge aus Kleve war also von Anfang an dabei. Bereits eine Woche später überschrieb die WAZ den glatten 4:0-Triumph der Essener bei Eintracht Duisburg: »Lippens wie ein Tornado«.

2.
Ein Wasservogel geht vor Anker

Was Willi Lippens besonders gefiel, waren die ausgezeichneten Ergebnisse in den Lokalduellen. »Eine Genugtuung waren für mich die 3:1- und 2:1-Siege gegen unseren Lokalrivalen ETB Schwarz-Weiß. Die Missachtung meiner Leistungen beim Probetraining am Uhlenkrug habe ich bis heute nicht vergessen. Da haben die Schwarz-Weiß mal erleben dürfen, welchen Fehler sie gemacht haben, als sie mich nicht wollten.«

Seine erste Profi-Mannschaft hat Lippens sehr gut in Erinnerung. »Wir waren ein tolles Team. Gern denke ich an Helmut Littek zurück. Ein superschneller Spieler, der seinen Teil dazu beigetragen hat, dass ich Tore erzielen konnte. Leider hat er sich verletzt und wurde nach seinem Knorpelschaden in der Bundesliga schmerzlich vermisst. Wir beiden hatten den schmückenden Beinamen ›Li-Li-Brothers‹. So wurden wir in den Heimspielen immer von unseren Fans begrüßt!«

Da war zudem Heinz-Dieter Hasebrink. „Hase" nannten sie ihn. Keiner konnte Freistöße so direkt verwandeln wie er. Oder Werner Kik. »Er war eigentlich der erste Offensiv-Verteidiger«, erklärt Lippens und lobt seinen Vorwärtsdrang. Vom Erzrivalen Schalke 04 kam Willi Koslowski, dreifacher Nationalspieler. »Ja, der Kosa. Das war einer! 15 Jahre älter als ich. Zwei Jahre haben wir noch zusammen gespielt, und in dieser Zeit habe ich viel von ihm gelernt. Wir waren oft zusammen. Immer wieder hat er mir gute Ratschläge gegeben. Unserem Schwadden, wie ihn alle Fans nannten, habe ich sehr viel zu verdanken!«

Eckehard Feigenspan spielte eine wichtige Rolle im RWE-Team. Ein großartiger Mittelstürmer. Kopfballstark. Also genau der richtige Partner für den Flankenkönig Willi Lippens. Am 18. Mai 1960 stand »Ecko« mit Eintracht Frankfurt in Glasgow vor 128.000 Zuschauern im Finale zum Europapokal der Landesmeister. Erstmals hatte eine deutsche Mannschaft dieses Endspiel erreicht. Gegen die alles überragende Truppe des FC Real Madrid gab es aber nicht den Hauch einer Chance. Die Eintracht ging sang- und klanglos 3:7 unter. Ference Puskás erzielte vier und Alfredo di Stéfano drei Tore.

Herbert Weinberg war neben Littek der Schnellste im Team. »Herbert war unser Schwalbenkönig. Heute hätte er sich völlig umstellen müssen. Damals sind die Schiedsrichter sehr oft auf diesen Schauspieler reingefallen. Herbert brauchte man nur anzuhauchen und schon fiel er um«, sagt Lippens, betont aber, dass er gern mit Weinberg zusammen gespielt hat.

Zwischen den Pfosten stand Hermann Roß. »Wir hatten fast schon einen ganzen Zoo in unserer Mannschaft«, scherzt Lippens und nennt Torwart Roß, sich selbst als Ente, dann Franz Fliege und Hase, also Heinz-Dieter Hasebrink. »Hermann war ein Koloss. Bärenstark. Der konnte bis zur Mittellinie fausten«, schwärmt Willi und denkt schließlich ganz besonders an seinen besten Freund Hans Dörre.

»Mit Hansi habe ich elf Jahre bei Rot-Weiss gespielt. Wenn wir unterwegs oder im Trainingslager waren, lebten wir auf einer Bude. Wir beide kannten uns auswendig und haben im Doppelbett nebeneinander geschlafen. Es gab eigentlich nur ein einziges Problem. Hansi war mondsüchtig und bei Vollmond ständig unterwegs. Dann raste er in unserer Bude herum und quasselte dummes Zeug. Ich musste ihn anbrüllen, damit er wieder auf den Boden der Tatsachen zurückkam. Als wir mal in Bremen waren, ist er bei Vollmond splitterfasernackt über den Flur gelaufen. Ich war heilfroh, als ich ihn wieder in unserem Zimmer hatte!«

Hans Dörre spielte als Manndecker und Abräumer im defensiven Mittelfeld. »Hansi war ein Linksfüßler. Den rechten Fuß hatte er nur, damit er nicht umfällt. Ich erinnere mich ganz spontan an ein Spiel im Düsseldorfer Rheinstadion. Ich bekam von Hansi einen weiten Pass über mehr als 30 Meter, nahm den Ball volley mit dem Außenrist, und der nun wirklich nicht schlechte Nationaltorwart Wolfgang Fahrian hatte keine Chance. Wir gewannen das Spiel gegen die Fortuna durch dieses Tor mit 1:0. Ohne Zweifel war es ein Prachttor. Mit das schönste, was ich je geschossen habe.«

Hansi und Ente verstanden sich wirklich ausgezeichnet, sind auch zusammen in den Urlaub gefahren und waren gute Freunde. Als Lippens Essen in Richtung Dortmund verließ, und Dörre beim FV Bad Honnef seine Karriere beendete, trennten sich ihre Wege. »Schade«, sagt Lippens heute. »Aber die Entfernung trennt schon einmal Freunde. Ich würde mich freuen, wenn es bald mal ein Wiedersehen gäbe!«

Apropos Wiedersehen. Das gab es tatsächlich noch einmal. Nicht in Essen. Nicht in Bad Honnef, sondern in den USA, genauer gesagt in New Orleans. »Da mein Sohn in Kalifornien eine zweite Heimat fand, sind wir oft drüben und verbinden Besuche bei ihm mit längeren Touren durch die Staaten. 1998 landeten wir auch in der Jazzmetropole am Mississippi. Wir kamen gerade von einer Dampferfahrt über den Missisippi und schlenderten über die berühmte Bourbonstreet. Da kamen uns doch tatsächlich Monika und Hans Dörre entgegen. Monika erkannte ich zuerst, denn der einst pechschwarze Hansi hatte jetzt schlohweiße Haare. Das sei eine Fügung Gottes, rief er und wir fielen uns in die Arme. Es ging in die nächste Kneipe, wo wir stundenlang über gute alte Zeiten plauderten und uns am Abend ein fürstliches Essen gönnten.«

Gleich in der ersten Saison ging es in die Aufstiegsrunde zur Bundesliga. Lippens glänzte keineswegs bei den packenden sechs Spielen, und das hatte einen Grund. »Wenn man sich an diese Runde zurück erinnert, muss ich ganz ehrlich sagen, dass Fritz Pliska mich nicht hätte aufstellen dürfen. Ich war nicht gesund, konnte das aber im Hinblick auf das große Ziel ganz gut verstecken!« Beim 3:1-Heimsieg gegen Alemannia Aachen knickte Willi an der Außenlinie mit seinem Fuß um. Pliska merkte die Verletzung nicht und wunderte sich, warum es bei Lippens nicht mehr rund lief. Gewechselt werden durfte zu diesen Zeiten noch nicht. Lippens biss auf die Zunge und hielt durch. »Nicht auszudenken, wenn ich in der Aufstiegsrunde hätte zusehen müssen«, meinte Lippens. RWE-Vereinsarzt Dr. Hechelmann hatte den Fuß behandelt und keineswegs grünes Licht gegeben. Fritz Pliska verlangte nach dem Abschlusstraining noch einen Härtetest. »Wenn ich daran zurück denke, läuft mir heute noch ein Schauer den Rücken runter. Pliska hetzte mich die Treppen in der Tribüne rauf und runter. Wieder habe ich auf die Zähne gebissen und alle Schmerzen unterdrückt. Ich konnte mit Mühe unseren Trainer davon überzeugen, dass ich einsatzbereit war. Ich war jung und wollte unbedingt in die erste Liga!«

Rot-Weiss Essen und der FC St. Pauli dominierten die Aufstiegsspiele. Am Hamburger Millerntor verlor RWE mit 0:1, wobei der sonst so sichere Elfmeterschütze Manfred Frankowski einen Strafstoß nicht verwandeln konnte. »Er schoss den Elfer in die fünfte Etage. Auf der Reeperbahn suchen die Hamburger immer noch nach diesem Ball«, meint Lippens und war damals heilfroh, dass sich dieser verschossene Strafstoß nicht nachteilig bemerkbar machte, denn der Kiezklub patzte gegen den 1. FC Saarbrücken und gegen Schweinfurt 05. Zum Finale im Georg-Melches-Stadion vor 40.000 Zuschauer benötigten die Hamburger einen Sieg mit zwei Toren Unterschied, gewannen aber lediglich mit 1:0. »Es ist besonders tragisch«, kommentierte Paulis Trainer Krause damals, »dass wir zweimal gegen den Aufsteiger gewonnen haben und dennoch den Aufstieg nicht schafften.« Alle Spiele der Aufstiegsrunde hat Lippens mitgemacht. »Ganz sicher habe ich nicht zeigen können, was ich wirklich kann, aber wir sind aufgestiegen. Ich mit Schmerzen. Logisch, dass ich mich im Essener Klinikum untersuchen ließ. Der Arzt stellte eine Absplitterung im Gelenk fest und behauptete tatsächlich, meine Füße sähen aus wie die eines 60-Jährigen!« Der Mediziner schlug eine Operation vor. Er könne aber keine Garantie auf eine Heilung geben. Dazu hatte Lippens keine Lust, fuhr in den Urlaub und war wie ein kleines Wunder zum Auftakt der Vorbereitung wieder gesund.

Die Elf, die Rot-Weiss 1966 zum ersten Mal in die Bundesliga brachte: Klaus Fetting, Hermann Roß, Adolf Steinig, Heinz-Dieter Hasebrink, Manfred Frankowski, Eckehard Feigenspan, Werner Kik, Willi Koslowski, Herbert Weinberg, Hans Dörre und Willi Lippens.

Nun ging es also als Newcomer in die ersehnte Bundesliga, aber das Jahr der Träume entwickelte sich bald zum Albtraum. Der sofortige Wiederabstieg konnte nicht verhindert werden. RWE brachte es in den 34 Spielen gerade einmal auf 25 Pluspunkte und 35 Tore. Mit dieser Ausbeute war die Klasse nicht zu halten. Entscheidend war dabei ganz gewiss die eklatante Auswärtsschwäche. Unter dem Strich stand nur der 1:0-Sieg im Karlsruher Wildpark. Immerhin waren die Essener gegen den späteren Meister Eintracht Braunschweig zweimal ein gleichwertiger Partner. Man trennte sich jeweils 0:0. An der Essener Hafenstraße sah es ganz anders aus. Der FC Bayern

München wurde mit 3:1 entzaubert. RWE fertigte den alten Rivalen Schalke mit 4:1 ab. Willi Lippens kam ohne Blessuren über die Saison, musste aber bei zehn Spielen zusehen. In den 24 Begegnungen gelangen ihm immerhin zehn Treffer. »Es lag mal wieder am Trainer. Wir haben nicht weniger als fünfmal 0:1 verloren und insgesamt dreizehnmal remis gespielt. Wenn ich immer dabei gewesen wäre, hätte ich es ganz bestimmt auf 15 bis 16 Tore gebracht, und wir wären nicht abgestiegen. Ich bin auf der Tribüne fast verrückt geworden!«

Mit seinen zehn Treffern war Lippens Schützenkönig. Ihm am nächsten kam Heinz-Dieter Hasebrink mit acht Toren. Warum machte Fritz Pliska den Fehler, Lippens auf der Tribüne schmoren zu lassen? »Pliska hatte zu großen Respekt vor der Bundesliga und hat den Linksaußen geopfert, um das Mittelfeld kompakter spielen zu lassen. Wenn ich allein an das Remis in Nürnberg denke. Mit den alten fränkischen Säcken hätte ich Jojo gespielt, hockte aber auf der Tribüne. Ich war blutjung und wollte lernen, das aber hätte ich nur als ständiger Spieler machen können. Selbstvertrauen hat mir in dieser Saison unser Trainer nun wirklich nicht gegeben!« Mit einer verstärkten Defensive war kein Blumentopf zu gewinnen. Pliskas System funktionierte nicht. Als er das merkte, war es schon zu spät. Da wollte er seinen Sturm, in dem Koslowski, Weinberg, Littek, Feigenspan und Hasebrink agierten, mit Willi Lippens verstärken. Als dann auch der Satz fiel, Willi sollte »kleine Brötchen« backen, reagierte er böse und motzte Pliska an: »Gehen Sie doch zu denen, die das ganze Jahr gespielt haben!«

An den einzigen Auswärtssieg beim KSC kann sich Lippens sehr gut erinnern. »Wir standen am Bahnhof. Unser Betreuer Jupp Breitbach zählte durch. Es fehlte einer. ›Nobby‹ Fürhoff war nicht im Tross. Wir mussten ihn vergessen haben. Also zurück ins Stadion, wo er im herrlich warmen Entmüdungsbecken eingeschlafen war. Jupp und unser Masseur Hannes Weinheimer weckten ihn, und wir mussten den nächsten Zug nehmen!« Günter Fürhoff war einer der wertvollsten Spieler in der RWE-Geschichte. In 309 Spielen lief er für Rot-Weiss auf und erzielte dabei 77 Tore. Er war ein glänzender Techniker und ist heute noch mächtig stolz, dass er Fußballgrößen wie Overath, Löhr oder Weber irgendwann einmal den Ball durch die Beine spielen konnte. Für den Spitznamen »Nobby« sorgte übrigens Lippens höchst persönlich. »Nobby hatte in einem Zweikampf einen Schneidezahn verloren und erinnerte mich sofort an den englischen Kämpfer Nobby Stiles. Bei der Jubiläumsfeier der Essener trafen wir uns wieder. Da erzählte er mir, dass er in seiner neuen Heimat nur unter ›Nobby‹ bekannt sei!«

Aber der, der Spitznamen verteilte, musste sich selbst bald mit einem arrangieren. Die »Ente« tauchte in den Medien auf. Erfunden hat ihn

Essener Freistoß-Varianten Anfang der 1970er Jahre: »Nobby« Fürhoff mit Vollspann ...

natürlich ein Journalist. Damals gab es den berühmten »Sport-Beobachter«. Chefredakteur Harald Landefeld legte großen Wert auf Aktualität. Seine Redakteure und Reporter brachten ihre Berichte per Auto oder Motorrad von den Spielen in die Redaktion, und eine Stunde nach dem Abpfiff hatten die Fans schon ihre Lieblingszeitung in den Händen. Einer dieser Reporter war der leider allzu früh gestorbene Jürgen Abel. Der ständige Beobachter der Essener Fußballszene erfand den Namen »Ente« und setzte ihn selbstverständlich in eine Nachbetrachtung einer RWE-Partie. Willi Lippens hatte sofort den »Sport-Beobachter« in den Händen, war mal wieder über Abels Kritik begeistert und entdeckte zunächst sein neues Attribut überhaupt nicht. »Als ich dann meinen Spitznamen las, bekam ich doch einen mächtigen Schrecken. Was hatte ich mit einer Ente zu tun? Das war doch eine Beleidigung. Wie konnte man mir so etwas antun?« Das hat dem Willi gar nicht gepasst. Wenn er beispielsweise mit seiner Monika in Essen einkaufen ging, hörte er mehr als einmal den Satz: »Na, Ente, wie geht es dir denn so?« Erst war er entsetzt, aber es dauerte dann doch nur ein paar Wochen, bis Willi Lippens festgestellt hatte, dass es eine Ehre war, einen Spitznamen erhalten zu haben. »Ich bin doch wie die meisten Fußballer

... und der ›Schnibbler‹ Lippens.

etwas eitel«, erzählt er. »Wer will schon gern mit einer Ente verglichen werden? Ich glaube allerdings nicht, dass ich vom Äußeren diesem Federvieh gleiche. Das lag wohl mehr an meinem Laufstil. Der war immer etwas schwankend. Das Hin und Her hat mir diesen Namen eingebracht. Man sollte dabei bedenken, dass alle großen Spieler einen Spitznamen getragen haben und noch tragen. Wer Franz Beckenbauer meint, spricht doch sofort vom Kaiser. Gerd Müller war der Bomber oder Nationalspieler Willi Koslowski der ›Schwadde‹. Die Braven taugen einfach nichts und bekommen auch keinen Spitznamen!«

Gut, in der Familie war der Spitzname tabu. Da ruft ihn heute jeder nur Willi, vielleicht auch Wilhelm, aber unter seinen Fans wurde dieser Name sehr schnell Kult. »Die Fans waren lieb und nett und wollten mich nun wirklich nicht beleidigen. Ich habe mich schnell an den Namen gewöhnt!« Er galt bei den Fußballfreunden als Qualität. »Die ›Ente‹ war tatsächlich in allen Stadien ein Begriff. Vielleicht hat der Name auch dazu beigetragen, dass ich eigentlich nirgendwo ausgepfiffen wurde. Man mochte die ›Ente‹ und freute sich auf mein Spiel. Warum das einfache Tor machen, wenn es noch eine andere attraktivere Art gab? Oft genug ging ich ganz gern ein

Risiko ein. Klar, dass ich dabei auch mal auf die Fresse gefallen bin. Das aber gehörte dazu!« Trotz des schmückenden Beinamens musste Willi Lippens immer wieder erklären, wie der Journalist Jürgen Abel auf den Namen Ente gekommen ist. Willis Antwort passte zu dem Spaßvogel aus Hau bei Kleve: »Die Erklärung dafür ist recht einfach. Unsere Familie stammt aus Holland. Meine Vorfahren hatten bereits diese Last. Sie wurden in den Niederlanden geboren, wo nun einmal alles platt und flach wie ein Kuchenteller ist. Von ihnen habe ich dann den Plattfuß geerbt. Ein Wunder ist es nicht. Wenn man stets durch eine Gegend latschen muss, in der es nicht den kleinsten Hügel gibt, muss man einfach Plattfüße bekommen!«

Dann hat Lippens gern auch weitere Auskünfte zu seinem Äußeren gegeben: »Ich habe Schuhgröße 41. Über die Plattfüße haben wir schon gesprochen. Hinzu kommt der Senkfuß, und mit meinem Fahrgestell ist auch nicht alles in Ordnung. Knie nach innen. Eine kleine Acht. Alles andere als gute Voraussetzungen, ein vernünftiger Fußballer zu werden!« Das war für die Medien auch ein gefundenes Fressen. So schrieb einmal Günther Wettläufer in der BILD-Zeitung: »Lippens hat Senk-, Spreiz- und Plattfüße. Darunter krumme O-Beine. Er stoppt den Ball mit dem Hintern, täuscht rechts an und geht möglichst mit einem Beinschuss links vorbei!« Treffender hätte man Willis Spiel wohl kaum schildern können.

Wer »Ente« sagt, der denkt sofort an eine zweite wunderbare Geschichte des Linksaußen, die als Anekdote schließlich in den Fußball-Pantheon eingegangen ist. Rot-Weiss Essen spielte in Herne am Schloss Strünkede. In welcher Saison das Spiel war, weiß Willi selbst nicht mehr genau. Wie viele andere kulturelle Mythen hat auch diese Geschichte sich im Lauf der Jahre und des ständigen Wieder- und Weitererzählens quasi verselbstständigt. Jedenfalls besaß die dortige Westfalia zu dieser Zeit noch einen guten Namen, kämpfte aber meistens im Tabellenkeller der Regionalliga West um den Klassenerhalt. In dieser Situation zählte oft mehr der harte Einsatz als technische Brillanz und dies bekam gerade ein torgefährlicher Dribbler wie Lippens zu spüren. Wie so oft wurde er von seinem Gegenspieler ein um das andere Mal traktiert. Irgendwann wurde es ihm zu bunt. Er revanchierte sich und stieß seinen hartnäckigen Gegner zu Boden. Der ließ sich theatralisch fallen. Der Schiedsrichter, der die ständigen Attacken nicht geahndet hatte, wertete Willis Foul nicht als Tätlichkeit, ermahnte aber Lippens mit den bekannten Worten: »Herr Lippens, ich verwarne Ihnen!« Willi glaubte zunächst, sich verhört zu haben. »Also habe ich erst mal gestutzt, dann aber ist mir spontan der Satz eingefallen, der über dem Eingang zu unserem Restaurant steht und in die Fußballgeschichte eingegangen ist«, meint Lippens heute. »Ich danke Sie«, rief er dem Unparteiischen zu, der seinen grammati-

Verzweiflung auf der Essener Bank im Mai 1967: Masseur Weinheimer, Trainer Fritz Pliska, Obmann van Almsick und Vorstandsmitglied Jansen sehen dem sofortigen Abstieg aus der Bundesliga entgegen.

kalischen Fehler natürlich gar nicht bemerkt hatte; er hörte nur die Widerworte und stellte Lippens vom Platz. »Als ich vom Platz gestellt wurde, war mir die Tragweite der Geschichte noch gar nicht bewusst. Zwei Wochen musste ich zusehen, aber diese Antwort hat mein ganzes Leben und natürlich meine Fußball-Karriere positiv beeinflusst. In unserer Speisekarte haben wir sogar diesen berühmtesten Feldverweis im deutschen Fußball als Comic verewigt!«

1967 war RWE also wieder im Unterhaus gelandet. Das Ziel hieß natürlich direkter Wiederaufstieg, aber das sollte auf Anhieb nichts werden. Hinter Bayer Leverkusen belegte man zwar den zweiten Platz in der Regionalligasaison 1967/68, aber in der anschließenden Aufstiegsrunde hatte man gegen Hertha BSC das Nachsehen. Statt der geplanten Bundesligafahrten nach München oder Hamburg trottelte der RWE-Bus 1968/69 auf ein Neues nach Bonn und Neuss. Allerdings sollte eine dramatische Saison mit einem packenden Finale für die (vorerst) nicht erfüllten Aufstiegshoffnungen entschädigen. Rot-Weiß Oberhausen stieg unter Trainer Adi Preißler direkt auf, während RWE sich lediglich durch das bessere Torverhältnis

Bedient: Lippens nach einem Platzverweis, Oktober 1971.

Mit einem 3:1-Sieg über den VfL Osnabrück ging es 1969 zurück in die Bundesliga: Herbert Weinberg, Fred Bockholt, Jürgen Glinka, Wolfgang Rausch, Werner Kik, Heinz Stauvermann, Georg Jung, Jan-Egbert ter Mors, Günter Fürhoff, Helmut Littek und Willi Lippens.

gegen den VfL Bochum durchsetzte, der lange Wochen alleiniger Zweiter war. Das entscheidende Duell fand an der Hafenstraße statt. »Es ging um alles oder nichts«, erinnert sich Lippens. »Das Spiel stand zehn Minuten vor dem Schlusspfiff 1:1. Dieses Unentschieden hätte Bochum gebraucht, um die Aufstiegsrunde zu erreichen. Es gab einen Foulelfmeter für uns. Keiner wollte schießen. Unser Trainer rief, dass ich schießen sollte. Schließlich war ich besonders torgefährlich. Ich nahm den Ball. Den Weg in den Bochumer Strafraum habe ich nie vergessen. Ich dachte an nichts, lief wie in Trance an, lockte den Bochumer Keeper in die andere Ecke und hatte mit meinem nicht exakt geschossenen Elfer Glück!«

Es ging erneut in die Bundesliga-Aufstiegsrunde, in der Willi Lippens zum »Held der acht Spiele« avancierte und einen Rekord für die Ewigkeit aufstellte: Zehn Tore in dieser Runde. Er traf wie im Traum und sorgte in erster Linie für den erneuten Aufstieg in die Eliteliga. Sechs Siege, zweimal remis und keine Niederlage bei 28:9 Toren. Vergessen war nun die verkorkste erste Bundesligasaison, nun also der heiß ersehnte Wiederaufstieg unter Interimstrainer Willi Vordenbäumen, der Kuno Klötzer abgelöst hatte. Was war das für ein unbeschreiblicher Jubel, als RWE nach einem 5:0 über TuS Neuendorf zurück in die Ruhr-Metropole kehrte. Essens Fans bereiteten den Fußballern einen triumphalen Empfang. Zwei Spiele standen noch aus, aber keiner zweifelte mehr am Comeback. In dieser Runde wuchs das Team mit dem überragenden Linksaußen Willi Lippens zu einer Klassemannschaft, die dann auch in der höchsten deutschen Klasse bestehen konnte.

Unvergessen ist die imponierende Heimstärke der Essener in diesen Wochen und Monaten. RWE blieb tatsächlich in 52 Heimspielen unbesiegt! Statistiker haben haargenau mitgerechnet. Zwei Jahre, acht Monate und dreizehn Tage konnte keine Mannschaft mehr in Essen siegen. 4.680 Spielminuten ohne Niederlage. Ein einmaliger Rekord! Alle diese 52 Begegnungen fanden übrigens nicht an der Hafenstraße statt. Man spielte auch am Uhlenkrug und in der Gruga, wo Werder Bremen, der 1. FC Kaiserslautern, Hannover 96 und Rot Weiß Oberhausen vergebens auf einen Sieg gegen den Gastgeber RWE hofften. Am 21. Januar 1968 verlor RWE zuletzt durch ein Eigentor von Adolf Steinig mit 0:1. Erst Eintracht Braunschweig beendete die tolle Serie. Am 10. Oktober 1970 siegten die überaus abwehrstarken Niedersachsen mit 1:0. Dieser Heimstärke stand allerdings kurioserweise auf den Plätzen der Rivalen eine nicht zu übersehende Schwäche entgegen. Es wurde wirklich nur eine Auswärtsbegegnung gewonnen. Beim 1:0 in Duisburg war Lippens nach einer Verletzung erstmals wieder dabei und erzielte mit einem »Wackelknie« auch den Treffer des Tages. Trainer war Herbert Burdenski, der Willi Lippens 21-mal spielen ließ und sich über zwölf Tore freute. Damit war »Ente« mal wieder der Torjäger Nummer eins. Erich Beer spielte inzwischen bei RWE. Auch Diethelm Ferner, Wolfgang Rausch und nach wie vor die »alten Recken« wie Torwart Fred Bockholt, Helmut Littek, Werner Kik, Herbert Weinberg, »Nobby« Führhoff, Egbert ter Mors oder Heinz Stauvermann.

Man hatte sich ernsthaft vorgenommen, mit dieser Mannschaft auch auswärts anders aufzutreten. Dann müsste doch auch nach oben etwas möglich sein. Schließlich war RWE zu Hause eine echte Macht. Da gab beispielsweise der spätere Meister Borussia Mönchengladbach seine Visitenkarte ab. Vor dem Spiel trafen sich Willi Lippens und Gladbachs Spielgestalter Günter Netzer. »Sag mal, Ente. Wenn wir heute Unentschieden spielen, dann wäre das doch für beide Klubs gut. Wir werden Meister, und ihr könnt nicht mehr absteigen!« – »Du hast Recht. Ein Unentschieden wäre perfekt! Warum nicht?« Natürlich floss kein Pfennig. Bestechung war es ganz bestimmt nicht. Beide grinsten und zogen sich um.

Willi Lippens hat ein schlechtes Gewissen, wenn er dann an die neunzig Minuten denkt, ist aber heute noch stolz darauf, dass immer-

Gala-Auftritt gegen Hertha BSC am 6. September 1969:
Lippens überlistet Berlins Torwart Volkmar Gross zum 2:0.

hin ein Klassespieler wie Günter Netzer großen Respekt vor RWE hatte. »Jeder musste uns damals ernst nehmen, aber dass wir dieses Spiel 1:0 gewannen, passt eigentlich nicht ins Bild. Ausgerechnet ich habe dann auch noch in der 75. Minute das Siegtor gemacht. Aber das Tor war praktisch nicht zu vermeiden!« Eine Viertelstunde vor dem Abpfiff flog der Ball nach einer Ecke in den Gladbacher Strafraum. Torwart Wolfgang Kleff lauerte auf den Ball. Ente Lippens war schneller, sprang vor allem höher und erwischte den Ball mit dem Hinterkopf. Die anschließende Bogenlampe überraschte Kleff, und es stand 1:0. »Ich habe nach Netzer geschielt. Der guckte streng und bemühte sich um den Ausgleich. Es war ein ungewolltes Tor, das ja an Uwe Seelers Hinterkopftor bei der WM in Mexiko erinnerte. Zum Glück sind die Mönchengladbacher trotz dieser Niederlage noch Deutscher Meister geworden!«

Natürlich trafen sich die beiden nach dem Spiel. »Das war ja wohl nicht nötig. Abgemacht ist abgemacht. Auch unter uns Fußballern gilt ein Wort!« – »Günter, was soll ich machen. Man kann nicht nur neunzig Minuten rumstehen und nichts tun. Der Kleff muss doch eine solche Bogenlampe halten!«

Unvergessen wird auch ein in dieser Deutlichkeit nie erwarteter 5:2-Sieg gegen Hertha BSC Berlin im September 1969 bleiben. Vor 28.000 Besuchern war es ohne Zweifel eines der besten Spiele in Willis Karriere. Lippens sorgte bis zur achten Minute für eine schnelle 2:0-Führung. Nach zwanzig Minuten gelang Horr der Anschlusstreffer, aber Helmut Littek stellte in der 29. Minute den alten Abstand wieder her. Noch einmal etwas Sorgen bei den Essenern, als Bernd Patzke per Handelfmeter erneut verkürzte, aber »Ente« und Georg Jung stellten den perfekten Sieg sicher. Trainer Herbert Burdenski allerdings wollte vom Attribut »perfekt« nicht viel wissen. Der gestrenge Coach hatte doch in der Abwehr den einen oder anderen Fehler nicht übersehen. »Viel Arbeit liegt vor uns. Wir können noch mehr«, war sein Kommentar. Sein Gegenüber Helmut Kronsbein lobte RWE über den berühmten »grünen Klee« und war vor allem von der Kampfkraft und dem Witz der Rot-Weissen begeistert. Das Wort Witz galt naturgemäß dem dreifachen Torschützen, der einmal wieder mit seinem späteren Freund Helmut Rahn verglichen und von den Journalisten in ganz Deutschland zum »Spieler des Tages« gewählt wurde.

Lippens stand nach diesem vierten Spieltag mit fünf Treffern vor den berühmten Torjägern Gerd Müller und Uwe Seeler an der Spitze. Träumt

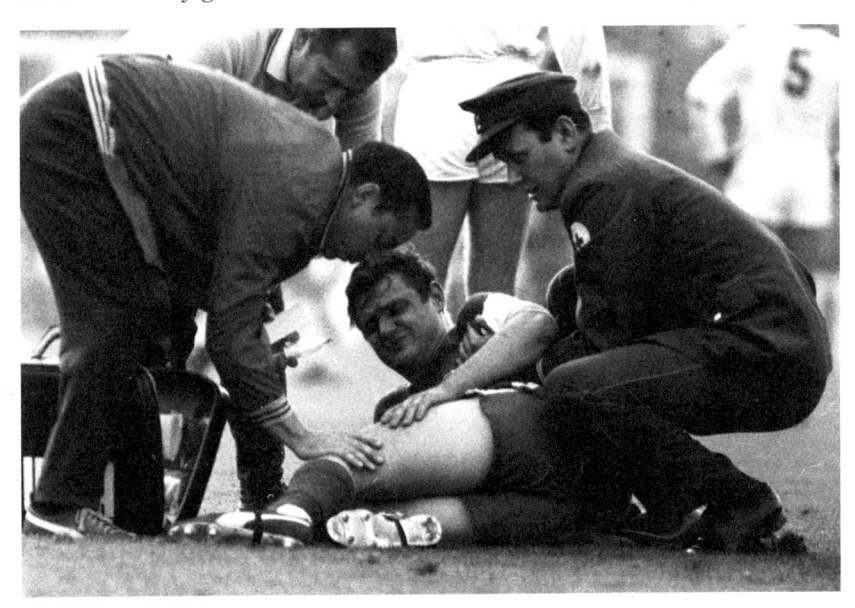

Die Gangart wurde ruppiger: Willi Lippens verletzt am Boden, Oktober 1969.

man da vielleicht schon von der Torjägerkanone? »Geträumt habe ich schon davon, aber die Konkurrenz war ja gewaltig groß. Ich hatte mich damals schon sehr darüber gefreut, dass ein so ausgeschlafener Abwehrspieler wie Bernd Patzke gegen mich nie eine Chance besaß. Das hatte aber auch den Nachteil, dass nun alle Trainer in der Bundesliga auf mich aufmerksam geworden sind und stets ihre besten Spieler gegen mich stellten!«

Der junge Sportjournalist Benno Weber stand noch am Anfang seiner Laufbahn, fand aber nach diesem grandiosen Auftritt von Willi in seiner Nachbetrachtung diese lobenden Sätze: »Wollen Sie Fußball erleben, wie er schöner nicht sein kann? Wollen Sie Fußball erleben, wie er komischer nicht sein kann? Dann fahren Sie ins Georg-Melches-Stadion, denn dort in Essen gibt es den 23 Jahre alten Willi Lippens, den ›fliegenden Holländer‹, den neuen Torschützenkönig der Bundesliga. Wir garantieren Ihnen: Sie kommen voll und ganz auf Ihre Kosten! Denn der Willi ist nicht nur ein Pfundskerl, er ist außerdem eine echte Wundertüte!«

Im Umgang mit den Medien waren das wunderbare Zeiten für die Sportler. Es gab die örtlichen Tageszeitungen. In Nordrhein-Westfalen hörte man den Westdeutschen Rundfunk, während das Fernsehen versuchte, aus den Kinderschuhen zu kommen. Die Fußballfreunde lasen den KICKER und den Sport-Beobachter aus Essen und als Boulevardblatt, was keineswegs negativ gemeint sein soll, die BILD-Zeitung. Alles war überschaubar und jeder kannte seine »Pappenheimer«. Willi Lippens lächelt: »Wenn die Berichterstatter der BILD in unserer Nähe waren, mussten wir höllisch aufpassen. Nicht nur wir Spieler, sondern auch die Funktionäre und Trainer. Wir hatten uns darüber gewundert, dass im Sportteil die Neuigkeiten oft einen Tag vor den anderen Medien veröffentlicht wurden. Irgendwann haben wir gemerkt, woran das lag. Eine so große Tageszeitung hat nun einmal an allen Ecken und Kanten ihre Zuträger. Auch beim Fußball!«

Als Lauscher für die schlagzeilenkräftige Zeitung agierte »Pumpen-Schmitz«. Er war Wirt einer gut besuchten Kneipe und hatte sie »Pumpe« genannt. Daher sein Spitzname. Fußballfan war er sowieso und bei allen Spielen der Essener dabei. »Wenn wir ausgepumpt und emotional aufgeladen nach den 90 Minuten das Spielfeld verließen, kam der Schmitz freundlich auf uns zu, um zu erfahren, wie wir das Spiel gesehen hatten. Wenn uns dann irgendetwas Unangenehmes raus rutschte, stand es natürlich einen Tag später mit einer knalligen Überschrift in der Zeitung!« Lippens stellte sich rasch auf »Pumpen-Schmitz« ein. Wenn der fragte, ob Willis Gegenspieler nach einem harten Foul nicht besser vom Platz fliegen musste, antworte Lippens clever: »Danke der Nachfrage. Bei mir zu Hause ist alles in Ordnung, und über das herrliche Wetter am heutigen Tag freue ich mich ganz besonders!«

Diesen »Zuträger« hatte Lippens dann ganz schnell vom Hals. Seine kuriose Antwort änderte allerdings nichts daran, dass man sich eine Stunde später bei einem Glas Bier in aller Ruhe über das Spiel mit einem Journalisten unterhalten hat. »So schnell konnte man mich nie auf das Glatteis führen«, meint er heute und betont, dass sein Verhältnis zu den Medien im großen Ganzen in Ordnung war. »Durch mein nun wirklich nicht alltägliches Spiel war ich für die Journalisten hoch interessant. Wo ich war, da war schließlich immer was los. Die Medienvertreter hatten stets eine lustige Geschichte, die sie auch über die Grenzen unseres Bundeslandes NRW verkaufen konnten. Sie haben mich so akzeptiert wie ich war. An problematische Zwischenfälle kann ich mich beim besten Willen nicht erinnern!«

Willi Lippens war auch in TV-Sendungen ein gern gesehener Gast. Zum Beispiel im »Aktuellen Sportstudio«. Bei einem seiner ersten Auftritte musste er dem Moderator Wim Thoelke noch erklären, was der Spitzname »Ente« bedeutet. Einige Jahre später traf er unter der Regie des Moderators Harry Valérien auf Pelé. »Das war für mich ein unvergessenes Erlebnis. Der bekannteste Fußballer der Welt war zusammen mit mir im Mainzer ZDF-Studio. Natürlich haben wir auf die berühmte Torwand geschossen. Pelé traf nur einmal, ich aber habe zweimal den Ball in die Löcher schießen können. Meinen Sieg haben wir nach der Sendung am Biertisch noch heiß diskutiert!« Dieser Edson Arantes do Nascimento, kurz Pelé, ist im Übrigen Ehrenmitglied bei Rot-Weiss Essen. Lediglich der langjährige Geschäftsführer Paul Nikelski und der Ex-Funktionär Manfred Sander dürfen sich neben dem dreifachen Weltmeister aus Brasilien Ehrenmitglieder bei RWE nennen. Sympathisch wie dieser Brasilianer immer war, meinte er nach der Ehrung: »Es ist für mich eine große Ehre, dem Verein anzugehören, wo einmal Helmut Rahn spielte. Schon als kleiner Junge habe ich Rahn bewundert!«

3.
Der Hafenstraßen-Roar

Ein Spieler mit diesen wirklich nicht alltäglichen Qualitäten versteht sich selbstverständlich ganz ausgezeichnet mit seinem Publikum. »Das war für mich schlichtweg eine Voraussetzung«, sagt Willi Lippens heute: »Was wären wir ohne unser Publikum? Gar nichts! Die Fans auf den Rängen haben mich getragen. Wenn die Stimmung da war, wenn es gekracht hat im Stadion, dann sind mir Dinge eingefallen, die ich vorher selbst nicht gekannt hatte. Volksnähe nennt man das wohl, denn ich habe mir immer Zeit für unsere Zuschauer genommen. Nie habe ich einen weg geschoben. Ganz im Gegenteil. Ich habe mich mit unseren Besuchern unterhalten und mit ihnen auch mal ein Bier getrunken!«

Wenn Lippens über seine Fans spricht, dann erzählt er besonders gern über die »Westkurve« im Stadion an der Essener Hafenstraße. Dort saßen seine Freunde. Dort brodelte das Stadion. Dort wurden Spiele entschieden, denn dort saß der »zwölfte Mann«. »Unsere Westkurve war in ganz Deutschland bekannt und unter unseren Gegnern auch gefürchtet. Dort war der Hafenstraßen-Roar zu Hause. Eigentlich war es gar keine Kurve. Zumindest nicht im Laufe der vielen Jahre, wo unsere Fans gejubelt und gelitten haben, wo sie uns anfeuerten, und ihren Club verehrten«, berichtet Lippens. Alte Fotos aus der 100-jährigen Geschichte dieses Traditionsklubs zeigen allerdings, dass es ursprünglich doch eine Kurve war. Sie wurde im August 1939 eingeweiht. Natürlich mit einem Spiel gegen den Erzrivalen FC Schalke 04. Das Georg-Melches-Stadion drohte aus den Nähten zu platzen. Über 30.000 waren gekommen und verfolgten die derbe 1:5-Niederlage gegen die »Königsblauen« aus Gelsenkirchen.

Aus dieser Westkurve flog auch einmal ein Messer auf den Rasen, als RWE in einem unvergessenen Duell mit dem FC Bayern einen 3:1-Sieg feierte. Zum Glück wurde keiner getroffen. Münchens Nationaltorwart Sepp Maier hat es aufgehoben und zum Schiedsrichter getragen. Erwin

Remplewski berichtete in der NRZ: »Ein 18-Jähriger, der stark angetrunken war, warf ein 30 Zentimeter langes Brotmesser auf das Spielfeld und in die Nähe von Sepp Maier. Der ohnehin nervöse Sepp lief sofort zum Schiedsrichter und meinte, sein Leben sei bedroht. Das Messer wird jetzt dem DFB als Corpus delicti für ›schlechte Platzordnung‹ übermittelt, der Junge von der Polizei kassiert. Er weinte bitterlich … « Willi lacht, wenn er an diesen Zwischenfall denkt: »Das hat unserer Westkurve den schlechten Namen bei unseren Gästen eingebracht. Wir alle hatten viel Glück. Der Sepp nahm das alles nicht so tragisch. Der Schiedsrichter beließ es bei einer Ermahnung, und das Spiel lief normal weiter.« Was heißt schon normal bei einem solch großartigen Sieg der Essener? Das Stadion glich einem Hexenkessel. Unbeschreiblich, was sich in der Westkurve abspielte. Wer dabei war, wird diese Begegnung nie vergessen. Die entfesselten Zuschauer trugen ihren Teil zum Triumph bei. »Für mich ist es stets ein großer Vorteil gewesen, im heimischen Stadion zu spielen. Mit einem so einmalig mitgehenden Publikum musste sich der Erfolg einfach einstellen.«

Willi Lippens nimmt die Essener Fußballfreunde rundum in Schutz, wenn er mit Nachdruck feststellt. »Unsere Fans waren ganz bestimmt keine schlechten Jungs. Sie waren genauso gut oder schlecht wie die Zuschauer in anderen Stadien. Gern haben sie sich mit den Schalker Fans geprügelt, wie das ja auch später immer mal wieder der Fall ist. Ich kann immer nur wiederholen, dass die Zuschauer aus der Westkurve für uns Spieler enorm wichtig waren!«

Wird an Essener Stammtischen über Fußball diskutiert und dabei an die Westkurve erinnert, dann dauert es nicht lange, bis drei Namen fallen: Lothar Dohr, Sirenen-Willi und Moses. Drei Essener Urgesteine, die für ihren SC Rot-Weiss durchs Feuer gingen.

Lothar nannten sie den »Einpeitscher aus der Westkurve«. RWE war drei Jahrzehnte sein Zuhause. Er war ein Wellenbrecher, der die Stimmung einheizte und der den schmückenden Beinamen »Der Schreck vom Niederrhein« trug. Lothar war rein äußerlich ein Koloss, bestimmt 130 Kilo schwer und baumlang. Er hatte seinen speziellen Platz in der Westkurve und wartete bei jedem Spiel auf die Forderungen der Zuschauer, endlich seine Show zu beginnen. »Lothar, wir bitten dich!«, hallte es über die Reihen. Als er das hörte, war er nicht mehr zu halten! Sein Spektakel hörte sich so an: »Wer ist der Schreck vom Niederrhein?« Die Antwort aus tausend Kehlen: »Nur der RWE!« – »Wer spielt den Gegner an die Wand?« Die Entgegnung: »Nur der RWE!« – »Wer schießt Tore am laufenden Band?« Der krönende Abschluss: »Nur der RWE!«

Der Hafenstraßen-Roar **43**

Die gefürchtete Westkurve vor der
industriellen Kulisse Vogelheims, Ende der 1960er Jahre.

Dazu Willi Lippens: »Das erlebten wir Spieler vor jedem Heimspiel. Lothar war unbezahlbar. Keiner hat diese Gesänge mit den Fans je vergessen. Die bedankten sich dann bei ihm stets mit den Worten: Lothar, wir danken dir! Er hat uns immer wieder geholfen, unsere Heimspiele zu gewinnen. Lothar wurde später im Verein Fan-Beauftragter und ein großer Helfer in der Betreuung unserer RWE-Freunde!«

Das war aber auch »Sirenen-Willi«. Seinen bürgerlichen Namen Willi Schick kannte kaum einer. RWE-Fan durch und durch, entsprechend seine

Kleidung: rechts ein weißer und links ein roter Socken, natürlich im rotweißen Dress und in der Hand die Feuerwehrsirene. Er arbeitete als Wiegemeister auf einem Schrottplatz, wo er in einer kleinen Holzbude wohnte. Eigentlich ein »harter Hund«, schließlich diente er einige Jahre in der Fremdenlegion.

Willi Lippens erinnert sich gut an ihn: »Er war bei jedem Auswärtsspiel schon vor uns da. Ich habe keinen treueren RWE-Fan kennen gelernt. Als wir einmal beim HSV im Hamburger Volksparkstadion gespielt hatten, stand Sirenen-Willi am Hauptbahnhof und wusste nicht, wie er zurück nach Essen kommen sollte. Willi hatte keinen Pfennig in der Tasche. Schließlich genehmigte er sich ganz gern auch einmal das eine oder andere Bierchen!« Natürlich halfen sie ihm. RWE fuhr im Zug zurück nach Essen. Kontrolliert wurden die Spieler sowieso nicht. Sirenen-Willi konnten sie unter keinen Umständen im hohen Norden stehen lassen. »Wir nahmen ihn mit in unser Schlafwagenabteil und haben uns aufgeteilt. Willi ganz oben, Hansi Dörre in der Mitte und ich ganz unten. Soweit so gut. Dann aber zog unser Gast seine Schuhe aus, und es stank in wenigen Augenblicken ganz erbärmlich nach seinen Schweißquanten. So konnte es nicht weitergehen, und wir beschlossen, das Fenster so weit zu öffnen, dass er seine Käsemauken in die frische Luft halten konnte. So kamen wir einigermaßen gut nach Essen. Wir haben ihn alle sehr gern gehabt. Als Wiege-

Drei Essener Originale: Manni Burgsmüller, Willi Lippens und Sirenen-Willi.

meister und Entrümpler kam er an so manches gute antike Stück, mit dem er uns versorgte!«

Überaus schade, dass es bei Rot-Weiss Essen kein gutes Ende mit Willi Schick nahm. Es stand damals unter der Überschrift »Willis Sirene heult nicht mehr für RWE« ganz groß in der NRZ. Sirenen-Willi fühlte sich vom RWE-Vorstand beleidigt und kündigte nach zwanzig Jahren dem Verein die Treue. Jahrelang erhielt er eine Karte für die Heimspiele. Er durfte schon mal mit dem Mannschaftsbus zu den Auswärtsspielen reisen. Er könne sich doch selber eine Karte kaufen, hieß es und manchmal habe er sich auch nicht besonders gut benommen. Klar, von heute auf morgen konnte er RWE nicht vergessen. Es tat ihm unendlich leid, als sein Klub wieder absteigen musste. Eine Stadt wie Essen müsse einfach einen Verein in der höchsten Liga haben, meinte Willi und ließ seine Sirene künftig am Essener Uhlenkrug für den ETB Schwarz-Weiß ertönen. Den Unterschied zwischen der neuen und der alten Heimat bemerkte er schnell und bekannte gegenüber einem Journalisten: »Neulich habe ich mich mal zum Uhlenkrug verlaufen. Wissen Sie, was einer dort neben mir sagte, als ein Tor gefallen war? ›Sehr ordentlich, sehr ordentlich … ‹ – Bei uns hätten sie die Bude abgerissen.« Fußballerisch zog es Sirenen-Willi schließlich auch nach Dortmund: »Weil dort inzwischen mein Freund Willi Lippens spielte. Ihn durften die Rot-Weissen nie laufen lassen. Willi ist und bleibt mein Idol. Es ist immer wieder ein Leckerbissen, ihn spielen zu sehen. Ich bin übrigens nicht der einzige Essener, der nach Dortmund fährt, um Willi Lippens stürmen zu sehen«, bekannte er 1976.

Aber noch ein paar Worte zum »Dritten im Bunde«: »Das war Moses«, erzählt Lippens. »Ein kleiner Kerl, der im Stadion Mandeln verkaufte und Lebkuchen mit netten Aufschriften. Das war sein Geschäft. Moses trug bei den Spielen immer eine weiße Jacke. Auf dem Rücken hatte er stets eine Karikatur des Starspielers der Mannschaft, die er bei uns in NRW besuchte!« Natürlich war es das Ziel des ehrgeizigen Willi Lippens, auch einmal den Rücken dieser schneeweißen Jacke zu zieren. Willi Koslowski war aus Schalke nach Essen gekommen. Lippens staunte über dessen Bild auf dem Rücken von Moses. »Wenn du ein Star geworden bist, dann ist es eine große Ehre, auf diesem Rücken platziert zu sein«, erklärte ihm »Der Schwatte«, wie seine Freunde Koslowski nannten. Lippens war ja eigentlich zu dieser Zeit schon ein »Großer«. Es fehlte eigentlich nur noch sein Konterfei auf dem Rücken von Moses. Ein Jahr später war es endlich soweit. »Ich war stolz wie ein Spanier. Vor jedem Spiel kam Moses zu mir und präsentierte mir seinen Rücken. Er hielt ein wenig seine Hand auf, und ich war einen Zwanziger los!« Den hat »Ente« aber gern bezahlt. Moses war im Übrigen in allen Stadien von NRW heimisch und besaß natürlich einige weiße Jacken mit den Karikaturen der dortigen Stars. Beim MSV Duisburg war es Helmut Rahn, in Dortmund Lothar Emmerich oder auf Schalke die Kremers-Zwillinge. Als Cassius Clay in Frankfurt gegen Karl Mildenberger boxte, ist Moses mit dem Bild des Amerikaners auf dem Rücken seiner weißen Jacke in das Trainingslager gefahren und wurde vom Management für zwei Wochen als Maskottchen eingeladen. Moses war ganz schön clever!

Noch eine nette Episode: Als Monika Lippens im Borbecker Krankenhaus den Markus zur Welt brachte, war Moses mit einem Geschenk zu ihr gefahren. Vorher tauchte er auf dem Großmarkt bei dem Händler Peter Engels auf und wollte etwas für »Ente seine Frau« haben. Engels schenkte ihm eine Schale mit blauen Trauben, die dann die werdende Mutter erhielt.

Das gute alte Fußballwort »Elf Freunde müsst ihr sein« hatte zu diesen Zeiten schon keine Berechtigung mehr, aber im Gegensatz zu später traf man sich doch noch nach einem packenden Spiel. So auch die Essener. Kleine Abstecher waren schon an der Tagesordnung, und so dann und wann führte die Neugier die jungen Spieler auch einmal in die »Gurke«. »So nannten wir Essener damals den Puff, den wir uns ganz ehrlich nur aus Interesse einmal ansehen wollten. Unser Pech: Moses verkauft dort auch seine Mandeln und Lebkuchenherzen. Natürlich hat er uns beobachtet und

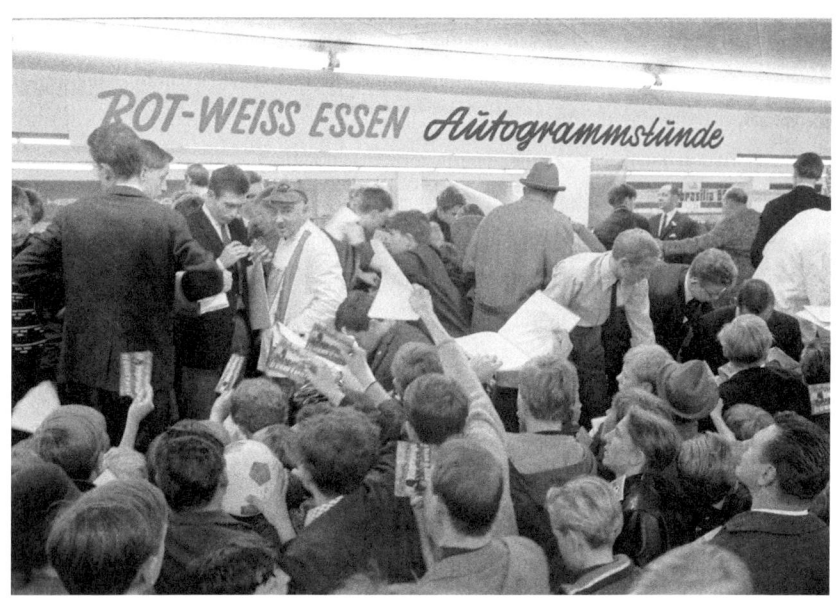

Autogrammstunde von Rot-Weiss 1966,
in der Bildmitte mit weißem Anzug und Kappe: »Moses« Lenz.

»Wenn wir kämpfen und uns neunzig Minuten bemühen, dann kommen wir bei unseren Fans an.« Lippens in der Matsche, 1970.

uns das beim nächsten Spiel auch brühwarm vor allen Leuten wissen lassen. Jeder hat es gehört als er sagte: ›Wenn ihr das nächste Mal in der Gurke seid, dann könnt ihr mich auch grüßen.‹ Wenn wir dann mal nicht so gut gespielt haben, wurden natürlich gleich die Stimmen laut. In den Puff können sie gehen, aber auf dem grünen Rasen enttäuschen!«

Wenn Lippens sich runde vier Jahrzehnte nach seiner großen Zeit immer wieder gern mit den Essener Fußballfans beschäftigt, kommt er ins Schwärmen. Weil eben die Menschen im Revier aus einem besonderen Holz geschnitzt sind. »Die Fans aus dem Kohlenpott sind unglaublich begeisterungsfähig. Ich kenne in Deutschland keine Gegend, wo die Leute so viel vom Fußball verstehen wie hier bei uns. Bluffer haben bei uns keine Chance. Wir Fußballer müssen nicht unbedingt Filigrantechniker sein. Wenn wir kämpfen, hinter jedem Ball herlaufen und uns neunzig Minuten bemühen, dann kommen wir bei unseren Fans an. Wer da nicht mit macht, der kann ganz schnell einpacken. Schnelligkeit und Kampf! Das waren unsere Attribute. Das hat unser Spiel geprägt. Dieser Stil elektrisierte die Massen. Dadurch entstanden gute Beziehungen zwischen Mannschaft und Zuschauern. Deshalb kamen die Essener auch dann ins Georg-Melches-Stadion, wenn es RWE nicht sonderlich gut ging!«

»Jeder Künstler braucht sein Publikum.«
Fans der Westkurve, September 1973.

Auch wenn es um seine Showeinlagen geht, hat Lippens nie den Kontakt zu seinen Fans verloren: »Wenn die Atmosphäre stimmte, wurde ich vom Publikum geradezu angestachelt, etwas Besonders zu machen. Den Entertainer in mir musste man nicht lange bitten, aber jeder Künstler braucht sein Publikum und wird von ihm getragen. Die Sachen, die dann auf dem Platz passierten, entstanden spontan. Da gab es nichts Geplantes. Man muss zu Zeiten sein Tor machen, man muss auch bemüht sein, und das steht im Vordergrund, das Spiel zu gewinnen, aber sobald ein gewisser Vorsprung erreicht wurde, sollte man auch daran denken, den Zuschauer zu unterhalten. Schließlich hat er dafür ja die Kohle bezahlt.« In dieser gelungenen Mischung aus Showeinlagen und Effizienz sieht er auch die Ursache für seine bis heute andauernde Popularität. Dabei sei diese Balance jedoch nicht ohne Risiko: »Wenn man das Ganze übertreibt oder nicht im richtigen Moment den Absprung von der Show schafft, dann wird man auch vom Publikum gnadenlos ausgepfiffen.« Auf die Gegenfrage, ob ihm das passiert sei, schmunzelt Lippens stillschweigend in sich hinein. »An der Hafenstraße hatte ich bei unseren Fans immer einen Bonus, weil ich so eine treue Seele war«, sagt er nach einer Weile grinsend.

Dabei gehen für Lippens die Verbundenheit und das Heimatgefühl mit Essen und dem Ruhrgebiet weit über den Fußball hinaus. »Hier gefällt mir besonders, dass die Menschen offen und ehrlich sind. Sie haben ihr Herz da sitzen, wo es hingehört. Manchmal geht es deftig zur Sache, es wird gestritten, aber dann ist es auch wieder erledigt. Den Menschenschlag des Ruhrgebiets findet man auf der Welt kaum wieder. Vielleicht liegt es auch daran, dass hier in der Geschichte so viele Menschen zusammengeströmt sind. Von daher war es für mich immer klar, dass ich hierher zurückkehren würde, auch wenn ich zwischenzeitlich mal einen kleinen Ausflug gestartet habe. Ich fühle mich hier wohl und bin ein sehr bodenständiger Typ. In meiner Profi-Karriere habe ich ja gerade einmal drei Vereine in 17 Jahren gehabt. Von daher war ich nie ein Wandervogel oder eine Wanderente.«

Es gab beispielsweise im Herbst 1970 eine TV-Reportage über den Essener Klub. Der Reporter fand eine passende Bezeichnung, als er von einer Mannschaft sprach, die ihr Publikum immer wieder begeistern kann. »Auf dieses Zitat waren wir alle mächtig stolz. Es war nun mal so: Wer bei uns nicht kämpfte, kam nicht an und wurde ausgepfiffen. Ballstreichler oder Phlegmatiker hatten wir nicht. Wenn dann tatsächlich einer mal so spielte, dann hatte er nach Meinung unserer Zuschauer bei RWE nichts zu suchen. Es hat mir immer sehr gefallen, wenn sich die Fans unkompliziert und überaus ehrlich ausgedrückt haben. Sie hatten nun einmal ihre spezifische, eigene Sprache!«

Deswegen hatten die Essener Fußballer nach dem Spiel oder auch nach dem Training immer etwas Zeit für ihre Anhänger. Auch die Berichterstatter mussten sich den Fans in gewisser Hinsicht anpassen. Verärgern durften sie ihre Spieler ganz bestimmt nicht. Lippens erinnert sich an einen Sportjournalisten, der neu nach Essen gekommen war: »Er hatte als Zugereister gleich am Anfang voll ins Fettnäpfchen getreten und einfach noch nicht mitbekommen, wie vorsichtig man auch als neutraler Kritiker mit den Spielern umgehen musste. Nach einem Spiel hatte er sich auf unseren Helmut Littek eingeschossen und ihm in seinem Bericht eine schlechte Leistung bescheinigt. Montagmorgen klingelte auf seiner Redaktion das Telefon. Am anderen Ende der Leitung ein RWE-Fan, der den Journalisten nach Strich und Faden beschimpfte!« Und das hörte sich dann so an: »Hörense mal, wenn se keine Ahnung haben, dann müssen sie eben türkischen Honig verkaufen. Hörense gut zu: Wennse nochmal unsern Helmut so durch die Scheiße ziehen, dann reißen wir ihnen den Arsch auf, dat ihnen kein Kragenknöpken mehr passt!«

Beim nächsten Training erzählte der Berichterstatter Willi Lippens von diesem Telefonat und erhielt vom RWE-Flügelstürmer die einzig richtige Antwort: »Bleiben Sie ruhig! Nicht zurückpoltern. Das hilft gar nichts. Sollten Sie das noch mal erleben, bleiben Sie ruhig und lassen die Leute aussprechen. Sie kühlen sich doch ganz schnell wieder ab!«

Da Willi Lippens während seiner sportlichen Karriere nie ein Blatt vor den Mund genommen hat und auch sonst stets seine Meinung sagte, hatte er offene Ohren, als ihn eines Tages ein Essener Journalist der NRZ ansprach: »Sag mal, Ente. Hättest du Lust, bei uns im Sportteil am Montag aus deiner Sicht über die Spiele deiner Mannschaft zu schreiben?« Und ob er Lust hatte. Das gefiel ihm. Er gab nun regelmäßig seine Kommentare zu den Spieltagen zum Besten. Das kam im Leserkreis bestens an, weil Lippens haargenau die Sprache der Menschen an der Ruhr kannte. »Ja, ich hatte als Junge aus Kleve ein sehr gutes Gehör für die unterschiedlichen Dialekte im Ruhrgebiet. Wenn man so will, redete und schrieb ich in ihrer Sprache«, meint Willi und sah darin auch einen großen Vorteil. »Das sollte doch auch recht locker und flockig sein. Vielleicht auch etwas ironisch. Da konnte ich auf eine keineswegs beleidigende Art dem einen oder anderen auch mal einen einschenken.«

4.
Verlockungen

Auf ewig wird »König Fußball« in Deutschland Sportart Nummer eins bleiben. Die neun Spiele der Bundesliga werden oft genug von über 400.000 Zuschauern besucht. In unserer Republik stehen die schönsten und zweckmäßigsten Stadien Europas. Man nennt sie schon längst »Arenen«. Die grenzenlose Begeisterung der deutschen Fans ist nun einmal ein wesentlicher Grund dafür, dass aus diesem faszinierenden Mannschaftssport für jeden Verein gleich zu Beginn des 21. Jahrhunderts ein riesengroßes und damit auch gnadenloses Wirtschaftsunternehmen wurde. Dass dabei hässliche Begleiterscheinungen nicht ausblieben, liegt auf der Hand. Für treue hanseatische Fußballfreunde war es ein heftiger Schlag ins Gesicht, als der holländische Nationalspieler Rafael van der Vaart nach einem erfolgreichen Start des HSV in der Saison 2007/08 heftig mit dem FC Valencia liebäugelte, schon das Trikot des spanischen Erstligisten in die Kameras hielt und von 17 bis 20 Mio. Euro Ablöse gesprochen wurde. Zum Glück stellte sich das Hamburger Management stur, und der niederländische Ballkünstler blieb an der Alster. Allerdings nur für ein weiteres Jahr. Anfang August 2008 wechselte van der Vaart schließlich zu den »Königlichen« nach Madrid.

Unsummen sind inzwischen auch in Deutschland an der Tagesordnung. Da griff der Rekordmeister Bayern München tief in die Tasche und bastelte mit über 70 Millionen Euro eine neue Meistermannschaft zusammen. Die Ablösesummen für Spieler wie Luca Toni, Frank Ribéry, Miro Klose gingen für deutsche Verhältnisse fast schon ins Uferlose. In Italien, Frankreich, Spanien und England lachen die Manager über diese Gelder, was nicht darüber hinweg täuscht, dass in den Hochburgen des Fußballs nur Millionäre zu Hause sind. Der FC Bayern hat eindrucksvoll bewiesen, dass Geld doch Tore schießt. Wenn Lippens heute von den Geldern spricht, die zu seiner Zeit im Umlauf waren, haben die jetzigen Manager nur ein müdes Lächeln übrig. Wenn für Lippens einst 900.000 DM geboten wurden, bekommt man dafür heute vielleicht gerade einmal einen jungen talentierten Spieler. »Das waren damals für uns Summen, die man sich überhaupt nicht vorstellen konnte«, meint Willi Lippens und erzählt von seinen Möglichkeiten, den Rot-Weiss Essen zu verlassen. Da war zum Beispiel die Geschichte mit Ajax Amsterdam.

Schon damals bekamen Fans den verräterischen Glanz in die Augen, wenn von Ajax gesprochen wurde. In Amsterdam wurde mit der beste Fußball in Europa gespielt. Klar, dass ein Spieler wie Lippens auch von Ajax träumte. Das war nun einmal ein Verein, der allen anderen Klubs meilenweit voraus war. Die niederländischen Späher hatten auch ein Auge auf den Essener »Tausendsassa« geworfen und ihn kurzer Hand nach Amsterdam eingeladen. Dort war man sich schnell einig. Jetzt ging es nur noch um die Ablösesumme. Ajax hatte tatsächlich für Lippens 900.000 DM angeboten. Eine Woche später kam Willi vom Training und entdeckte vor der Geschäftsstelle einen amerikanischen Straßenkreuzer mit einem gelben Nummernschild. »Ich wusste sofort: Ajax ist beim RWE-Vorstand. Ich war ganz schön nervös, weil ich schon ahnte, was passieren würde!« Diese Ahnungen wurden Wirklichkeit. Während die Amsterdamer hundertprozentig davon überzeugt waren, dass Lippens spätestens in zwei Wochen im Ajax-Trikot auflaufen würde, schüttelten die Essener Chefs mit dem Kopf. Der Linksaußen wurde nicht freigegeben, denn man wusste ganz genau, was man an ihm hatte. Präsident Will Naunheim erklärte den Journalisten und auch den erstaunten Holländern den Entschluss des Vorstandes: »Es ist unseren treuen Anhängern nicht zuzumuten, Lippens gehen zu lassen. Wenn er nach Amsterdam wechselt, könnte es unter unseren Zuschauern doch zu Zwischenfällen kommen. Für uns ist Lippens unverkäuflich. Auch nicht für diese ungewöhnlich hohe Summe!« Die holländischen Vertreter verstanden nach ihren Verhandlungen die Fußballwelt nicht mehr. Es gab schließlich nur ganz wenige Spieler in Europa, für die überhaupt ein Club bereit gewesen wäre, solch eine Summe auf den Tisch zu blättern.

Lippens selber war erst einmal enttäuscht: »Ajax Amsterdam! Das war doch schon immer eine ausgezeichnete Adresse im Fußball. Ich hatte mich schon sehr gefreut, dorthin zu wechseln. Wenig später holte Ajax den Europapokal der Landesmeister. Ich wäre dabei gewesen. Unvorstellbar! Als sie mich nicht bekommen haben, holten sie sich einen Klassespieler wie Horst Blankenburg, der mit Ajax dreimal Europas wichtigste Trophäe gewann. Später war Horst auch beim HSV eine ganz große Nummer!« In der Hamburger Arena ist Blankenburg Dauergast. Als Borussia Dortmund mal wieder im Hamburger Volkspark gastierte, erinnerte sich Blankenburg auch an Willi Lippens: »Ganz ehrlich: Ich hätte bei Ajax liebend gern mit Willi

Verlockungen

Wieder einmal: Lippens! Durch den Erfolg an der Hafenstraße weckte der Linksaußen Begehrlichkeiten bei anderen Vereinen, September 1970.

gespielt. Das habe ich erst genießen können, als wir mit Promi-Mannschaften durch die Gegend tingelten. Er ist für mich einer der besten Fußballer, die ich je gesehen habe. Er hatte einfach Spaß am Spiel. Als Gegner hatte man große Schwierigkeiten. Man hatte nur eine Chance, an den Ball zu kommen, wenn er sich ihn zu weit vorlegte. Gut, hier in Hamburg spielt ein van der Vaart, aber ›Ente‹ war doch einen Tick genialer!«

Essens Vorstand hatte richtig entschieden. Als in den Zeitungen darüber berichtet wurde, dass Lippens nach Holland gehen wollte, brach eine Welle der Entrüstung über den Traditionsverein zusammen. In den ersten Minuten der Partie gegen den SV Werder wurde Willi gnadenlos ausgepfiffen. 32.000 wollten es gar nicht glauben, demnächst ihr Idol nicht mehr bewundern zu können. Nach einer Viertelstunde schoss Willi »sein Tor«, und seine Fans waren beruhigt. Noch heute klingen Lippens die Gesänge der versöhnten Zuschauer in den Ohren. Aus der Westkurve kamen die ersten Lieder, und wenig später sangen 32.000 Menschen einmütig: »Willi, du darfst nicht gehen!«

»Da stand mir doch die eine oder andere Träne im Auge. Was hatten wir für ein großartiges Publikum. Das war für mich ein Gänsehautgefühl. Irgendwie hat es mir auch gefallen, dass unser Vorstand mich als unverkäuflich bezeichnete. Ein Riesenlob! Ganz bestimmt!«

Lippens wurde in Essen zweifelsohne geliebt. Seine Popularität war enorm, egal ob RWE in der Bundesliga, in der Regionalliga West oder mal wieder in der Aufstiegsrunde kickte. Anfang 1969 erschien ein Leserbrief in der NRZ, in dem ein Fan den neusten Witz über Rot-Weiss kundtat: »Rot-Weiss muss zum Regionalliga-Spitzenspiel nach Oberhausen. Wegen des Schnees auf den Straßen bleibt der Bus mit den Spielern auf der Strecke stecken. Nur Fred Bockholt und Willi Lippens, in einem Privatwagen gefahren, erreichen rechtzeitig das Stadion und nehmen allein den Kampf gegen die elf Oberhausener auf. Nach 10 Minuten heißt es nach einem Alleingang der ›Ente‹ 1:0 für RWE. Eine Minute vor der Pause gelingt Lippens sogar das 2:0. Beim Gegenzug der Oberhausener prallt Bockholt mit Krauthausen zusammen und muss vom Platz geführt werden. Bei Halbzeit steht es jedoch weiterhin 2:0 für RWE. Als Fred nach einer Weile aus seiner Ohnmacht erwacht, erblickt er Willi Lippens in der Umkleidekabine. Gespannt fragt er ihn, wie denn nun das Spiel ausgegangen sei. ›5:2 für Oberhausen‹, muss Willi gestehen. Bockholt starrt ihn entgeistert an: ›Was, wir haben doch 2:0 geführt.‹ ›Ja, weißt du‹, antwortet Willi enttäuscht, ›in der Halbzeit ist der Mannschaftsbus eingetroffen‹.«

Die Angebote flatterten also weiter auf den Tisch: Auch der FC Barcelona hatte sich in Essen einmal mit Willi Lippens auseinander zu setzen.

Verlockungen 55

Der torgefährliche Dibbler Lippens hier mit Schalkes Norbert Nigbur und Verteidiger Heinz van Haaren, April 1970.

Die sieggewohnten Katalanen hat »Ente« ganz schön durch einander gewirbelt. Er machte zwei Tore und begeisterte die spanischen Gäste. »Wir alle hatten davon erfahren, dass man als guter Spieler in Spanien 100.000 Mark pro Saison verdienen könne. Die spanischen Funktionäre sprachen mich an, ob ich irgendwann mal Lust hätte, bei ihnen in Barcelona zu spielen. Natürlich hatte ich Lust, aber sie waren zu dem Zeitpunkt ausgebucht. Ebenso sah es in Italien zu. Schade, ich hätte sofort zugesagt!« Feyenoord Rotterdam versuchte, ihn nach Holland zu locken. Standard Lüttich scheiterte bei den Verhandlungen mit RWE. Er war gefragt, aber da er an RWE hing, blieb er im Revier. »Das habe ich im Grunde nie bereut. Ich betone es immer wieder gern. Ich bin ein Mensch, der seine Heimat liebt. Das habe ich zu Hause gelernt. Als mein Vater arbeitslos war, habe ich durch meine Beziehungen erreicht, dass er bei RWE als Mitarbeiter im Stadion das Geld verdienen konnte, auf das ich nach Verhandlungen mit dem Vorstand verzichtet habe!« Trotzdem kamen die Verlockungen weiter – auch aus der Bundesliga.

Es war in der Saison 1970/71. Hertha BSC stand in der Spitzengruppe und belegte nach dieser Spielzeit hinter Borussia Mönchengladbach und Bayern München den dritten Platz. In den Abendstunden klingelte bei Lippens die

Glocke. Vor der Tür stand ein baumlanger Mensch mit einem Aktenkoffer in der Hand. Willi hatte ihn noch nie gesehen. »Guten Abend! Kann ich Ihnen helfen?« – »Ich merke, dass Sie mich nicht kennen. Mein Name ist Holst. Ich bin aus Berlin vom Vorstand der Hertha. Darf ich rein kommen?« Natürlich hieß ihn Willi willkommen. Er wusste sofort, was der Berliner Manager vor hatte, und schielte neugierig auf den Koffer. Der blieb vorerst geschlossen, denn Holst musste erst einmal seine Wünsche vortragen: »Sie können sich vorstellen, warum ich heute bei Ihnen bin. Wir beobachten Sie schon seit einigen Wochen. Ihr Stil passt zur Hertha. Ein Wechsel nach Berlin wird sich für Sie enorm auszahlen!« Dann öffnete der Berliner Funktionär seinen Koffer. Willi staunte nicht schlecht. Fein aufgereiht lagen dort sage und schreibe 600.000 DM. Zahlen haben Willi immer etwas gesagt. Jetzt sollte er von einem Tag auf den anderen nach Berlin. »Natürlich war ich von diesem Angebot begeistert. Meine Monika wollte direkt nach Berlin. Der Vertrag lag auf dem Tisch. Ich musste nur noch unterschreiben. Spontanität war allerdings nie mein Ding. Manchmal habe ich sogar zu lange überlegt!«

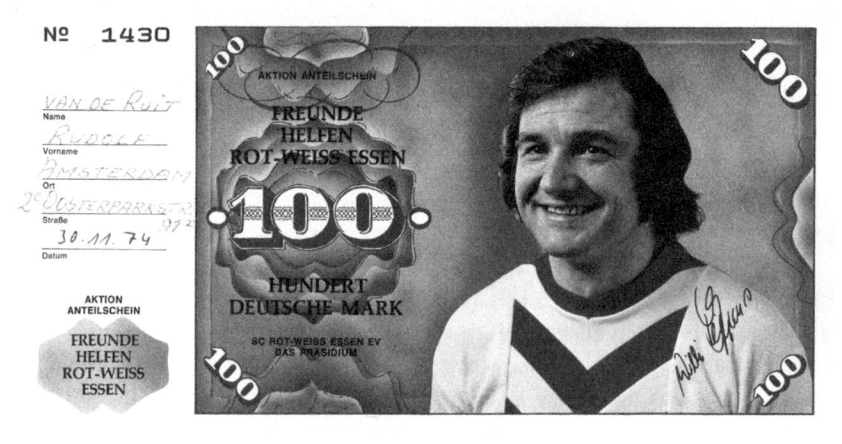

Echt was wert: Aktion zum Ausbau der Hafenstraße.
Lippens auf einer Quittung für eine 100-DM-Spende, 1974.

Es gab also an diesem Abend keine Unterschrift. Lippens wollte ein paar Nächte darüber schlafen und sich dann entscheiden. Holst hatte Willi eine dreitägige Frist eingeräumt. Das Geld wurde beim Berliner Anwalt König in Essen deponiert. Die Kanzlei befand sich am Essener Hauptbahnhof im dritten Stock eines Bürohauses. Der Berliner hatte ihm noch einmal bei einem Glas Wein zugesichert, dass er nur bei Rechtsanwalt König den dort liegenden Vertrag unterschreiben müsse. Dann könne er von dort das Geld gleich mitnehmen.

Willi Lippens war hin und her gerissen »Dreimal bin ich zum Hauptbahnhof gefahren und nervös um das Haus geschlichen. Auf eine Bank habe ich mich gesetzt und überlegt. Gehe ich hoch oder bleibe ich unten. Wieder schob ich die Entscheidung vor mir her.« Er ist nicht hoch gegangen. Prompt kam der Anruf aus Berlin. Lippens zögerte, nahm aber die Einladung der Hertha an, sich einmal in Ruhe Berlin anzuschauen. Schon ein paar Tage später flogen Monika und Willi Lippens an die Spree und wurden dort nach allen Regeln der Kunst verwöhnt. Nobelhotel, Rundfahrten durch die Stadt, Tanzabend auf der Dachterrasse des Hilton, Barbesuch! Alles vom Allerfeinsten. Lippens blieb trotz der Versuche seiner Frau standhaft. »Es hat uns in Berlin sehr gut gefallen, aber ich wollte in Essen bleiben. Jetzt musste ich mir nur überlegen, wie ich die Berliner auf eine faire Art wieder loswerden kann. Wir standen damals vor dem Umzug nach Kupferdreh. Da wir sehr gute Beziehungen zu den Brauereien hatten, erzählte ich dem Hertha-Manager, dass Stauder die noch fehlenden 30.000 DM bezahlen wolle. Da könne ich nicht undankbar sein und müsste bei RWE bleiben. Wenn ich 100.000 gesagt hätte, dann hätten die Berliner das auch bezahlt. Mit viel Geschick bin ich dann aber doch aus der Geschichte herausgekommen!«

Trotz aller Verlockungen blieb es beim Essener Kennzeichen: Lippens mit seinem Wagen, September 1973.

Die Affäre blieb jedoch auch seinem Publikum nicht verborgen, das beim Punktspiel gegen Arminia Bielefeld im Februar 1971 reagierte, wie Essens Journalisten-Legende Erwin Remplewski für die NRZ berichtete: »Der Würstchenverkäufer vergaß das Kassieren. Er konzentrierte sich auf die Stimme des Stadionsprechers. ›Nr. 9: Hohnhausen‹ (Beifall), ›Nr. 10: Peitsch‹ (Beifall). ›Jetzt kommt's‹, sagte er und riss Ohren und zusätzlich den Mund auf. ›Nr. 11: Lip-pens!‹ – Pfiffe, wüste Pfiffe für ›Ente‹, die Abtrünnige, die es wagt, nach Berlin zu schielen. ›Das dachte ich mir doch‹, sagte der Würstchenverkäufer und war ein zufriedener Mensch. Denn seine Vermutung hatte sich bestätigt. Tausende waren mit ihrem Idol unzufrieden.« Aber letztlich konnte Lippens »seine Fans« wieder durch seine Leistung hinter sich bringen, wie auch Remplewski in seinem Artikel nur wenige Zeilen weiter eingesteht: »Nach zehn Minuten, als Lippens spielte, dirigierte, dribbelte, passte und schoss, war aller Groll vergessen. Aus dem exzentrischen Sorgenkind war wieder ›unser Willi‹ geworden, dem man fast alles verzeiht, wenn er so spielt, wie er gegen Arminia spielte.« Lippens blieb in Essen. Dem RWE-Vorstand fiel eine Zentnerlast vom Herzen. Willi wurde Repräsentant bei Stauder. Gern spielte er mit dem dortigen Chef Tennis. Man verstand sich. Lippens hat es nicht bereut, das Traumangebot der Hertha abgelehnt zu haben. Auch wenn er dort das Doppelte hätte verdienen können.

Wie die Hertha scheiterte auch Borussia Mönchengladbach. Zu damaligen Zeiten waren die Gladbacher neben den Bayern führend in Deutschland und spielten auch in den internationalen Wettbewerben eine glänzende Rolle. Mitverantwortlich für diese Erfolge war Manager Helmut Grasshoff. Mit Torwart Dietmar Danner besuchte er die Familie Lippens. Man hatte an der Niers erfahren, dass Willis Vertrag auslief. Die Rechnung war denkbar einfach. In Essen bekam Lippens ein Handgeld von 5.000 Mark. Mönchengladbach winkte mit 18.000 DM. Auch das Gehalt beim VfL Borussia war erheblich höher. Alles in allem eine vernünftige Verhandlungsbasis.

Drei Spieler durften verpflichtet werden. Stichtag für Transfers war der 30. Juni. An diesem Samstag sollte der Vertrag im Gladbacher Offizierskasino unterschrieben werden. Mit seinem Vorstand wartete dort Hennes Weisweiler, der Lippens unbedingt wollte. Viel zu diskutieren gab es nicht mehr. Lippens war eigentlich einverstanden. Es war ein Samstag in der Sommerpause. Willi hatte Langeweile. Bei RWE gab es ein Jugendturnier. Als Willi zu seiner Frau sagte, dass er sich den Nachwuchs einmal etwas näher anschauen wolle, versuchte Monika vergeblich, ihn davon abzuhalten. Sie kannte ihren Willi bestens. Wenn er jetzt zu diesem Turnier ginge, würde er nie in Mönchengladbach unterschreiben.

Verlockungen

»Ich beruhigte Monika und versprach ihr, am Abend nach Gladbach zu fahren, um den Vertrag mit der Borussia zu unterschreiben. Ich fuhr zum Turnier und traf dort den kompletten Essener Vorstand. Irgendjemand hatte von den Verhandlungen Wind bekommen und RWE verständigt!« Erste entscheidende Frage: »Was wollen die Mönchengladbacher dir geben?« Lippens nannte ehrlich die Zahlen und erreichte in Windeseile, dass sein Essener Klub tiefer in die Tasche greifen musste und das Gehalt von Lippens entsprechend erhöhte. Er unterschrieb bei RWE, und im Offizierskasino warteten Weisweiler & Co vergeblich. »Ich war jung. Gerade 21 Jahre alt. Vieles war mir egal. Als ich Hennes Wochen später traf, nahm er mich ins Gebet und meinte, dass ich wenigstens telefonisch hätte absagen können. Etwas feige war ich damals wohl auch!«

Noch etwas zum Schalker Versuch, Lippens nach Gelsenkirchen zu holen. Oskar Siebert hatte diesen Wunsch und lockte mit Fantasiesummen. »Das Angebot hat gereizt. Auch auf Schalke hätte ich viel mehr verdienen können, aber es ging nicht. Als Essener Idol nach Gelsenkirchen? Unmöglich. Viele haben es nicht verstanden, warum ich abgelehnt habe, das aber konnte ich den Fans nicht antun. Wenn ich über die Kettwiger Straße ging, liefen meine Fans mir hinterher. Nein, ich konnte sie nicht im Stich lassen!« Er hing halt mit jeder Faser seines Herzens an Rot-Weiss. Dass er später nach elf Jahren doch RWE verließ und nach Dortmund ging, wurde natürlich auch kritisiert. Es gab aber eine Fangemeinschaft zwischen RWE und dem BVB 09. Einziger Kommentar von Lippens: »Wenn man mich nicht gezwungen hätte, nach Dortmund zu gehen, dann wäre ich bestimmt in Essen geblieben!«

5.
Tschüss – wir kommen wieder!

6. Juni 1971! Ohne Zweifel ist das der schwärzeste Tag in der deutschen Fußballgeschichte. Horst Gregorio Canellas, Präsident der Offenbacher Kickers, feierte im Kreis der heimischen Journalisten seinen 50. Geburtstag. Zum Feiern war in der großen Runde allerdings keinem zu Mute. Canellas packte aus und brachte mit Tonbandaufzeichnungen den größten deutschen Fußballskandal an die Öffentlichkeit. Sein Belastungsmaterial stellte der Offenbacher Funktionär dem Deutschen Fußball-Bund zur Verfügung. Keiner konnte das Unermessliche dieser Beichte begreifen. Der OFC gehörte zu den Absteigern. Die Wut war riesengroß. Der Präsident wählte den Weg nach vorn, aus welchem Grund auch immer: War es Enttäuschung nach dem Abstieg seines Klubs? War es Rache an Bundesligakonkurrenten, die in der Liga geblieben sind? Auch Canellas hat darauf nie eine Antwort gefunden.

Langsam wurde es auch auf der Geburtstagsfeier im Hause Canellas zur Gewissheit: In der entscheidenden Phase der Meisterschaft wurden Spiele verschoben, Spieler gekauft. Ohne Skrupel wurde manipuliert. Die Korruption ging ins Uferlose. Auf den Bändern hörten die Journalisten die Stimmen bekannter Fußballer, Nationalspieler waren darunter. Man feilschte um Geld, Tore und Punkte. Alle Mittel schöpften die Betrüger aus.

Rot-Weiss Essen litt am meisten unter dem Skandal. Arminia Bielefeld hatte sich gerettet, dafür aber mindestens drei Spiele gekauft. Demoralisiert verlor RWE das letzte Heimspiel gegen den HSV mit 1:3 und wollte auf dem Rechtsweg den Erhalt der Klasse erreichen. Dr. Georg von Wick, damals RWE-Präsident, sagte es der Presse: »Ohne die Punkte aus erwiesenen Bestechungsfällen wäre Arminia Bielefeld zusammen mit den Offenbacher Kickers abgestiegen. Auch ohne diese Rechnung hätte der DFB diese beiden Klubs mit dem Abstieg bestrafen müssen. Ich begreife es nicht, warum man beim DFB uns gegenüber der Treuepflicht nicht nachgekommen ist!«

»Als Schalke mal ganz unten stand, hat man von Seiten des DFB sofort die Bundesliga um zwei Plätze erweitert«, erinnert sich Willi Lippens und deutet damit an, dass mit zweierlei Maß gemessen wurde. Dann lacht er und meint: »Wir waren damals wohl zu blöd, um dabei mitzumachen!«

Mit 3:1 entzauberten Willi Lippens, Dieter Bast, Erich Beer, Walter Hohnhausen & Co. Bayern München an der Hafenstraße, aber am Ende der Skandalsaison 1970/71 steht der erneute Abstieg.

Kurt Roetger, der ein Jahr später das Amt des RWE-Präsidenten übernahm, hatte noch einmal alles versucht, den DFB umzustimmen, aber die nächste Saison begann in der Bundesliga ohne Rot-Weiss Essen. Auch auf dem nächsten Bundestag änderten die DFB-Funktionäre ihre Meinung nicht. Man bestrafte die Schuldigen, übersah aber die Geschädigten, für die es noch nicht einmal eine Entschuldigung gab. Natürlich wurde auch in der Essener Klubzeitschrift »Kurze Fuffzehn« der Skandal und die Absage an RWE kommentiert. Pressesprecher Ewald Karp nahm dabei kein Blatt vor den Mund: »Die Rot-Weissen aus Essen, die unsinnigerweise den Klassenverbleib auf dem grünen Rasen erkämpfen wollten, stören beim DFB in Frankfurt den Ablauf der Dinge. Ständig muss sich dort jemand damit beschäftigen, die Anträge abzulehnen. Weiße Westen sind beim DFB unmodern geworden. Man ist immer noch der Meinung, dass ihr satzungsgemäßes Verhalten belohnt werden müsse. RWE ist abgestiegen. Ob da beim DFB jemand ein schlechtes Gewissen hat?«

Zur Erinnerung: DFB-Chefankläger Hans Kindermann kehrte mit dem Eisenbesen. 52 Spieler wurden bestraft. Darunter befanden sich hochkarätige Nationalspieler. Zwei Trainer wurden langfristig gesperrt, und ähnlich erging es sechs Funktionären. Auch der ruhmreiche FC Schalke 04 spielte seinerzeit eine schlechte Rolle. Scheingeschäfte wurden dem Gelsenkirchener Traditionsklub nachgewiesen.

Erst am 9. Dezember 1976 endete der Skandal mit einem Kompromiss zwischen Schalke-Präsident Dr. Hütsch und DFB-Präsident Hermann Neuberger. Im KICKER-Sonderheft »100 Jahre deutscher Fußball« schrieb der Essener Journalist Harald Landefeld in seiner Nachbetrachtung zu diesen schweren und vor allem peinlichen Vorkommnissen abschließend: »Sechseinhalb Jahre nach dem Skandalbeginn hatte Schalke 04 endlich jene Affäre hinter sich, die den Verein bis zur Zerreißprobe belastet hat. 66 Monate, die den deutschen Fußball in seinen Grundfesten erschüttert haben!«

Im Nachhinein gab es zahlreiche Begnadigungen. Die Beschuldigten zeigten Reue und zahlten ohne Murren jeder 10.000 DM an die Deutsche Krebshilfe. Sie hatten sich zuvor mit der geradezu lächerlichen Summe von 2.400 Mark bestechen lassen. Auch Willi Lippens wird nur höchst ungern an diese Zeiten erinnert: »Schade, dass wir beim DFB keine Chance hatten. Wir mussten drin bleiben. Die anderen haben vorher alles so gedreht, dass für sie nichts passieren konnte. Wieder einmal hatte es Rot-Weiss getroffen. Wir wurden quasi ins Nichts gestürzt!«

In der Schlussphase der Meisterschaft spielte RWE gegen die Offenbacher Kickers und verlor 2:3. Drei Gegentreffer für Fred-Werner Bockholt, der 155-mal das RWE-Tor hütete. »Nach der Niederlage haben wir erfahren, dass Freddy zu den Offenbacher Kickers wechseln wird. Ich hatte gedacht, mich verhört zu haben. Von seinem künftigen Verein hatte er drei Stück kassiert. Ich stellte ihn sofort zur Rede!« Willi Lippens zweifelte an der Gerechtigkeit. »Wenn wir das vor dem Spiel gewusst hätten, dann hätten wir dich nicht ins Tor gestellt. Das riecht verdammt nach Wettbewerbsverzerrung!«

Lippens atmete hörbar auf, als er wenig später erfuhr, dass auch der OFC in die Regionalliga verbannt wurde. Nur vier Punkte fehlten am sportlichen Erhalt der Klasse. Die Schwäche auf fremden Plätzen war mit entscheidend. Nur ein Spiel konnte man auswärts gewinnen. Ausgerechnet mit 2:1 auf dem Bieberer Berg in Offenbach. »Wir hatten Meister Borussia Mönchengladbach zweimal einen heißen Kampf geliefert. Zu Hause nur 1:2 verloren und beim 3:4 auf dem Gladbacher Bökelberg eine tolle Leistung geboten. Gegen den FC Bayern blieben wir ohne Niederlage. Zu Hause gab es vor ausverkauftem Haus einen sensationellen 3:1-Sieg und in Bayern schafften wir nach einer 2:0-Führung ein 2:2.« So richtig enttäuscht hatten die Essener eigentlich nur in Dortmund, als der BVB 09 die Rot-Weissen mit sage und schreibe 7:2 entzauberte.

»Ente« steigt am höchsten, und »Nobby« Fürhoff schaut zu.
In der Aufstiegsrunde 1972 scheitert RWE aber schließlich
aufgrund des Torverhältnisses an den Offenbacher Kickers, Juni 1972.

Fahrstuhlmannschaft! Diesen nun wirklich nicht schmückenden Beinamen wollte Rot-Weiss Essen unter allen Umständen ablegen. Noch einmal rauf und dann oben bleiben. Das würde sich doch ganz anders anhören. Als Pressesprecher Ewald Karp seine vorerst letzte Bundesligaausgabe zusammenstellte, fand er im Klubmagazin »Kurze Fuffzehn« eine gelungene Schlagzeile: »Tschüss – aber wir kommen wieder!« Davon war jeder Essener Fußballfan restlos überzeugt. Zweieinhalb Jahre später erfüllte sich diese optimistische Prognose, aber alle hatten früher damit gerechnet.

Zunächst mal wieder zweite Liga, aber eine erfolgreiche Saison: Zweiter Platz hinter dem großartig aufspielenden Wuppertaler SV, der sich gerade einmal zwei Niederlagen in 34 Meisterschaftsspielen erlaubte und mit 60:8 Punkten deutlich Meister wurde. Ungern denkt man in Essen an die 0:5-Heimniederlage gegen den späteren Gruppensieger zurück. Halbwegs gelang mit einem torlosen Unentschieden im Wuppertaler Stadion am Zoo die Revanche. Nur Zweiter, aber doch Rekordhalter: 113 Tore hat in der 2. Liga keine Mannschaft mehr erzielt. RWE traf aus allen Lagen. Natürlich erneut mit Willi »Ente« Lippens an der Spitze. Von dem peinlichen 0:5 gegen die Bergischen abgesehen legte RWE eine prächtige Heimbilanz vor. Nur Aachen und Viktoria Köln brachten aus Essen einen Punkt mit. Ansonsten Kantersiege in Serie an der Hafenstraße: Jeweils 8:1 gegen die Spielvereinigung Erkenschwick und Eintracht Gelsenkirchen. Sogar 8:0 gegen den VfL Klafeld. 7:0 gegen Bayer Leverkusen. 7:1 gegen den VfR Neuss und auch 6:0 gegen Westfalia Herne. »Das waren Spiele zum Verlieben«, erinnert sich Lippens. »Unsere Stürmer hatten unglaublich viel Spaß bei ihrer Jagd auf Tore. Wer schießt schon in einer Saison 113 Tore?«

Ortsderbys waren in jeder Klasse absolute Höhepunkte, und da machte die Ruhr-Metropole keineswegs eine Ausnahme. ETB Schwarz-Weiß gegen RWE. Das waren Spiele, die man nie vergisst. Ganz besondere Spiele waren es natürlich für Willi Lippens, der unter höchst seltsamen Bedingungen vom Uhlenkrug an die Hafenstraße geschickt worden war. Einmal gewann Rot-Weiss mit 3:2 zu Hause. ETB siegte dann im Heimspiel mit 1:0. »Natürlich waren das für mich außergewöhnliche Spiele. Den Schwarz-Weißen wollte ich es doch zeigen, welchen Fehler sie gemacht hatten, als sie mich nicht wollten. Fußball ist Kopfsache. Verständlich, dass ich doch etwas gehemmt war. Als ich endlich das erste Tor gegen den ETB geschossen hatte, war das wie eine Befreiung! Wenn ich ehrlich sein soll, gebe ich zu, dass ich gegen meinen SW-Gegenspieler Stoffmehl immer einen ganz schweren Stand hatte.«

Zurück zur packenden Aufstiegsrunde zur Bundesliga. Eigentlich hätte es nach der tollen Saison in der 2. Liga dort keine großen Probleme geben dürfen, aber man hatte die Rechnung wohl ohne die Offenbacher Kickers gemacht. Der OFC gewann das erwartete Duell, aber nur auf Grund der besseren Tordifferenz. Beide blieben ohne Ausrutscher, aber letzten Endes fehlten Rot-Weiss zwei lächerliche Tore. »Es war zum Verzweifeln«, stöhnt »Ente« heute noch. »Da verliert man kein Spiel, erreicht drei Unentschieden und muss doch in der Regionalliga bleiben.«

Sportlich besonders tragisch, dass ausgerechnet Willi Lippens auf dem Bieberer Berg in Offenbach den Aufstieg vergab – und das schon zum Auftakt der Runde. Die entscheidende Partie der beiden Favoriten stand zehn

Dieter Bast, Hermann Erlhoff, Roland Peitsch und Willi Lippens niedergeschlagen:
Am Anfang der 1970er Jahre stand erst der Abstieg aus der Bundesliga,
dann die verpatzte Aufstiegsrunde 1972.

Minuten vor dem Schluss auf des Messers Schneide: 2:2. Das nächste Tor musste entscheiden. Willi sieht die Szene in der 80. Minute heute noch vor sich. Einst spielte er ja mit Fred Bockholt bei RWE in einer Mannschaft. Die besten Freunde waren es nie. Vor allem nicht nach dem letzten Spiel in der Skandalsaison, als Bockholt drei Tore der Offenbacher Kickers bekam und bei einem Treffer von »Pille« Gecks alles andere als gut aussah. »Diese für mich nun wirklich nicht gute Szene habe ich auch nach 38 Jahren nicht vergessen. Schließlich war noch eine Rechnung mit Fred offen. Es kam ein langer Ball aus unserer Abwehr, und ich stand plötzlich allein vor Bockholt. Mich stach der Hafer und ich sagte mir: So, mein Freund, jetzt werde ich dich nach allen Regeln der Kunst verarschen. Ich hätte den Ball in die Ecke dreschen sollen und wir wären aufgestiegen. Ich aber wollte es ganz elegant machen und den Ball lässig über Fred hinweg heben. Es wäre alles so einfach gewesen. Bockholt ließ sich täuschen, kam nicht an die Kugel, die aber kratzte noch die Querlatte und springt ins Aus! Das musste ich erst einmal verdauen!«

Lippens wählte also den schwereren Weg, und da halfen auch keine Glanzsiege mehr zum Aufstieg. 6:1 gegen den FC St. Pauli, 5:0 und 4:0 gegen Wacker 04 Berlin, jeweils 2:1 gegen den SV Völklingen, aber nur 1:1

Lippens am Ball in der Aufstiegsrunde gegen Röchling Völklingen. Ungeschlagen marschieren die Rot-Weissen durch die sechs Spiele und melden sich in der 1. Bundesliga zurück, Juni 1973.

im Rückspiel gegen Offenbach. Für »Ente« gab es aus dem Mannschaftskreis keine Vorwürfe. Er hatte schließlich in so unendlich vielen Partien für die siegbringenden Tore gesorgt.

Im Jahrbuch des Fußballs 1971/72, herausgegeben von Karl-Heinz Huba, heißt es zum Schicksal der Essener: »Den Bogen zwischen Bundesligaskandal 1971 und Aufstiegsrunde 1972, unter dem Essens doppelgleisiger Bundesligaweg in eine sportliche Sackgasse endete, schnitzte Kickers Offenbach. Der Verein, obwohl DFB-offiziell der versuchten Manipulation überführt, was sich in der Ämtersperre von Skandalvater Gregorio Canellas verdeutlicht, wurde gleichwohl nicht bestraft, weder mit Punkteabzug noch mit Strafversetzung.« In der manipulierten Saison 1970/71 war man also abgestiegen und einer der »unbestraften« Manipulateure versperrte RWE ein Jahr später die Rückkehr in die Bundesliga. Dass erneut (unbewiesene) Bestechungsgerüchte aufgrund des Offenbacher 7:2-Kantersieges gegen Röchling Völklingen kursierten, passt nur ins Bild des grassierenden Misstrauens gegen die sportlichen Resultate.

Ein Jahr später war der Kummer jedoch vergessen. Das Projekt Wiederaufstieg konnte in der großartigen Saison 1972/73, die mit dem Meistertitel in der Regionalliga West abgeschlossen wurde, verwirklicht werden. Fünf Punkte vor Fortuna Köln und ein tolles Torverhältnis von 104:40. Lippens & Co verloren an der Hafenstraße nur zweimal, 0:2 gegen den späteren »Vize«, der Fortuna aus Köln, und 0:1 gegen Borussia Dortmund. Die SG Wattenscheid 09 entführte aus dem Georg-Melches-Stadion beim 2:2 immerhin noch einen Punkt. Die Essener Heimstärke bekamen vor allem der 1. FC Mühlheim beim 10:1, DJK Gütersloh beim 6:0, Eintracht Gelsenkirchen beim 5:1 und Bayer Uerdingen beim 4:0 zu spüren. Auf der anderen Seite waren die Essener heilfroh, den Ortsrivalen ETB Schwarz-Weiß am 12. November 1972 denkbar knapp mit 6:5 besiegt zu haben. Kein Spiel für schwache Nerven. Eben ein typisches Lokalderby. Auch in der gefürchteten Aufstiegsrunde, die letzte übrigens für RWE, das aber konnte zu diesem Zeitpunkt noch keiner ahnen, ließ die Truppe von Trainer Horst Witzler nichts mehr anbrennen. Sechs Siege und nur zwei Unentschieden katapultierten RWE in die Bundesliga.

6.
Der eiserne Fritz und der schöne Erich

17 lange Jahre Fußball-Profi, 17 Jahre und 17 Trainer, wobei Essens Alt-Meister Heinz Wewers allerdings im Juni 1967 nur bei einem Essener Spiel als Trainer auf der Bank saß. Die Frage, wer denn wohl sein Lieblingstrainer gewesen sein kö nnte, beantwortet Lippens nicht direkt, denkt dabei insgeheim aber an seinen ersten Sportlehrer, bei dem er als blutjunger Stürmer viel lernte. Fritz Pliska hatte den »Bauern aus Kleve« zwei Jahre unter seinen Fittichen. »Manchmal hätte ich nach einem Training oder nach einem Meisterschaftsspiel liebend gern die Stiefel in die Ecke geschmissen und wäre auf schnellstem Weg zurück nach Hau in mein Elternhaus geflüchtet. Natürlich habe ich von diesem Fußballkenner profitiert, aber er hat mich auch zur Verzweiflung gebracht!«

So sieht Lippens viele Jahre später in einem Gespräch am Kamin in dem urgemütlichen Restaurant die harte Lehrzeit unter Pliska, und über die heutigen Trainer hat er nach wie vor seine eigene Meinung. »Manchmal habe ich einfach den Eindruck, dass sich unsere Trainer zu wichtig nehmen. Natürlich gilt nach wie vor der alte Satz im Fußball, dass der Trainer stets das schwächste Glied in der Kette ist, aber dafür verdienen sie sehr viel Geld. Auch wenn es bei einer vorzeitigen Entlassung Schmerzensgeld ist. Die Trainer haben dafür zu sorgen, dass die Stimmung in der Mannschaft in Ordnung ist und dass er eine Truppe ins Spiel schickt, die konditionell bestens vorbereitet wurde. Systeme sind im Training bis zur Perfektion zu üben, und während des Spiels muss der Coach Fehler seiner Mannschaft durch Positionswechsel oder durch Auswechslung abstellen!«

Während der neunzig Minuten auf dem Platz liege es allein an den Spielern, wie die Partie ausgeht. »Ein Trainer schießt keine Tore und verhindert sie auch nicht. Das Verhältnis zwischen beiden Lagern muss stimmen. Jeder in der Mannschaft muss alles dafür tun, dass man sich versteht. Notfalls muss man sich zusammenraufen. Wenn es ihn überhaupt gibt, stelle ich mir den

Idealtrainer so vor, dass er nicht nur stur nach seinem Schema arbeitet, sondern mit viel Psychologie versucht, die Spieler für sich einzunehmen. Durch Überzeugung natürlich und nicht mit der Peitsche. Am besten gelingt ihm das, wenn es die Spieler gar nicht merken!«

Das Gefühl für eine Mitverantwortung solle dadurch bei den Spielern geweckt werden. Sie fühlen sich dann eingebunden.»Wenn das ein Spieler spürt, geht er überaus motiviert in die Spiele und gibt sein Bestes. Er fühlt sich dann wie ein wichtiges Glied und nicht wie einer, der als Achter oder Neunter gerade noch so in die Mannschaft gerutscht ist. Wenn ein Spieler zu viel während seiner Einsatzzeit überlegt, ob er denn nun alles richtig gemacht hat, ob sein Trainer sauer auf ihn ist und ob er vielleicht gleich ausgewechselt ist, dann bringt er keine Leistung. Er muss davon überzeugt sein, dass der Trainer auch noch zu ihm hält, wenn er mal einen schwachen Tag erwischt hat!«

Er habe eigentlich mit keinem Trainer Probleme gehabt. Mit allen sei er gut ausgekommen. Am besten mit denen, die sehr schnell seine Fähigkeiten erkannt haben und ihm den nötigen Freiraum gaben. »Versteht mich aber um Gottes Willen nicht falsch. Ich wollte nie und nimmer alle Freiheiten haben. Fußball ist und bleibt schließlich ein Mannschaftsspiel. Disziplin muss sein, aber ich brauchte für mein Spiel schon einen gewissen Freiraum. Ganz früher gab es halt diese diktatorischen Trainer. Die jüngeren dachten dann glücklicherweise doch ganz anders!«

In Essener Fußballkreisen nannte man den Ritterkreuz-Träger Pliska den »Eisernen Fritz«, was Willi Lippens bestätigt: »Krieg und Fußball! Das waren seine Lieblingsthemen. Oft hat er uns nach dem Training von seinen Kriegserlebnissen erzählt. Dann konnte er auch ein gut gelaunter Typ sein, der mit Emotion von seiner Zeit als Soldat berichtete.« Bereits als aktiver Spieler in der Oberliga West verkörperte Pliska als Verteidiger den Stil, den er später auch als Trainer fortsetzte. »Wenn es bei uns mal nicht so lief, wie es sich Fritz Pliska vorgestellt hat, dann hatte er ein probates Mittel zur Hand. Nichts hielt ihn mehr auf der Bank. Über die Aschenbahn ging er hinter das Tor des Gegners und machte seinem Herzen Luft. Da hat er uns quasi verhext und wir haben oft genug noch die entscheidenden Tore zum Sieg geschossen!« Zu jenen Zeiten ließen das die Unparteiischen noch zu. Später war das einfach undenkbar, und heute haben sich beide Trainer und Mitstreiter in der sogenannten »Coaching-Zone« aufzuhalten. Wehe, sie verlassen diesen Bereich! Dann können sie das Spiel von der Tribüne aus beobachten.

Die Erfolge des »Eisernen Fritz« blieben nicht aus, und so kam er auch bei den Fans in der berühmten Westkurve an. Der Aufstieg in die höchste

Der eiserne Fritz und der schöne Erich

Der Bundesligist trainiert auf Asche: Herbert Weinberg, Werner Kik, Vlado Saric, Willi Lippens und Willi Koslowski müssen sich sputen, denn der »Eiserne Fritz« schaut schon ungeduldig auf die Uhr, 1966.

Liga 1966 wurde in Essen frenetisch gefeiert. Das gibt Lippens ohne weiteres zu, aber er denkt manchmal auch mit Grausen an diese Zeiten zurück. »Hansi Dörre und ich mussten als jüngste Spieler bei Reisen mit dem Zug alle Koffer von Bahnsteig zu Bahnsteig schleppen. Massiert wurden die Älteren. Wenn wir dran waren, hatte der Masseur fast schon Feierabend. Das aber hat uns letzten Endes zu Vollblutspielern gemacht!«

Da ging es in der Bundesliga bei Eis und Schnee nach München. Der TSV 1860 war Gastgeber. Bei den »Sechzigern« hütete ein Idol von Lippens das Tor, der unvergessene »Radi«! Petar Radenkovic rangierte mit seinem Lied »Bin i Radi bin i König« in den Hitlisten weit vorn. 215-mal stand er bei den Münchnern zwischen den Pfosten und war durch seine weiten Ausflüge ins Feld bekannt wie der berühmte »bunte Hund«. 1966 holte er mit 1860 die Deutsche Meisterschaft. »Das war ein Spiel, das ich nie vergessen werde«, erzählt Willi Lippens. »Natürlich gab es noch keine Rasenheizung. Es war ein strenger Winter. Der Platz war schneebedeckt. Eisige Stellen machten das Spiel nicht leicht. Trotzdem waren wir gleichwertig. Urplötzlich hatte ich eine Riesenchance. Unser Torwart Hermann Ross schlug einen

Willi Lippens und Torhüter Radi Radenkovic, 1967.

Ball weit in die Münchener Hälfte. Hans Küppers verpasste die Kugel. Ich war rechtzeitig gestartet und stand nun allein vor meinem Idol. Radi, dieser großartige Keeper. Ganz in Schwarz gekleidet. Die Arme weit ausgebreitet. Ich täuschte an. Radenkovic flog in die falsche Ecke. Leicht zog ich an ihm vorbei. Etwas geriet ich nach außen, was für mich nie ein Problem war. Ich brauchte den Ball doch nur noch ins leere Tor zu schieben. Mit rechts holte ich aus und wollte mit links schießen. Unter dem Schneeboden war blankes Eis. Ich rutschte mit dem Standbein weg und lag auf der Fresse. Radi war längst wieder oben und nahm den Ball auf. Aus war es mit dem Sieg. Am Ende hieß es 1:1!«

Das war für »Ente« einmal wieder diese berühmt-berüchtigte Situation, wo er am liebsten sieben Klafter in den Boden versinken wollte. »Wir brauchten doch jeden Punkt zum Klassenerhalt. Fritz Pliska hat mich vor versammelter Mannschaft fertig gemacht, wie das schon mal seine Art war. Er hat so gemeckert, dass ich heulend aus der Kabine gelaufen bin!« Geschäftsführer Paul Nikelski war natürlich mit an die Isar geflogen und erinnert sich gut an diesen Tag. »Pliska hat sogar beim Rückflug keine Ruhe gegeben und ›Ente‹ auch über den Wolken nach allen Regeln der Kunst gemaßregelt. Willi kam aus dem Heulen gar nicht mehr raus!«

Willi Koslowski, von Schalke nach Essen gekommen, konnte besser mit Pliska umgehen. Wenn ihm im Spiel etwas misslang, ergriff er in der Kabine

Lippens tanzt in typischer Haltung die ETB-Verteidiger Hülsmann und Mozin aus, 1967.

die Initiative und kam der Kritik seines Chefs zuvor: »Also, Trainer, das war so. Ich wollte den Ball mit dem Spann nehmen, und da rutscht mir doch das Standbein weg. Tut mir leid!« Damit war Pliska der Wind aus den Segeln genommen. Ihm blieb nur die diplomatische Antwort: »Lass man, Kosa, das kann jedem schon mal passieren!«

Bei Willi Lippens war Pliska ganz anders. Nachtragender. Nach drei Tagen sollte doch eigentlich alles vergessen sein. Nach dem Training traf sich die Mannschaft zum Essen. Willi hatte einen Mordshunger und haute rein wie ein Bergmann. Plötzlich steht Fritz Pliska hinter ihm. Lippens tat so, als ob er seinen Trainer nicht bemerkt hätte und aß mit vollen Backen weiter. Pliska hielt das für eine Provokation und schrie: »Fressen kannst du, aber Fußball spielen nicht!«

Lippens rannte aus dem Raum und heulte vor Wut. Heute denkt er etwas anders über derartige Szenen. »Er kannte mein Talent und wollte aus mir einen knallharten Kerl machen, so wie er damals in Rheydt gespielt hat.« Bei einem weiteren Zusammenprall wehrte sich Willi. Rot-Weiss war in einem Trainingslager im münsterschen Lavesum. Es war brüllend heiß. Fritz Pliska hatte sich für die Konditionsarbeit wieder etwas Besonderes einfallen lassen. Seine Schützlinge spielten auf einem Pferdeparcours im knietiefen Sand. Lippens hatte ein paar schlechtere Spiele abgeliefert und gehörte nicht zur ersten Elf. Ehrgeizig wie er war, wollte er natürlich wieder ganz schnell ins erste RWE-Team und strengte sich unter diesen harten Bedingungen ganz besonders an.

Pliska sprach während des Trainings mit einigen Journalisten und beobachtete nur halbherzig das Training. Gelegentlich schaute er auf das Trainingsspiel und beobachtete, wie Lippens sich eine ganz kurze Auszeit gegönnt hatte. Das hatte Pliska mitbekommen und nicht bemerkt, wie fleißig sein Spieler vorher gearbeitet hatte. Lippens fiel aus allen Wolken, als er die Stentorstimme seines Trainers vernahm. »Lippens, du gehst sofort in die Kabine. So etwas lasse ich mir nicht bieten. Ich schicke dich nach Hause!« Willi verstand die Welt nicht mehr. Er hatte bei einem Ausball nur mal gerade Luft geholt. Absolut unschuldig fühlte er sich und ließ sich das nicht gefallen. »Als junger Spund hätte ich das natürlich runter schlucken müssen, aber ich fühlte mich zu Unrecht beschimpft und wählte als Antwort das berühmte Zitat des Götz von Berlichingen. Ich rannte vom Platz und rief ihm zu: ›Du kannst mich mal am …!‹«

Pliska blieb erstmals die Sprache weg. Das hatte ihm noch nie ein Spieler an den Kopf geworfen. Lippens lief sofort in die Kabine und wollte direkt nach Hause. Heinz Wewers aus dem Trainerstab schaltete sich ein, um zu vermitteln, was ihm mit viel Diplomatie auch gelang. Pliska hatte kurz nachgedacht und wohl gemerkt, dass ihm ein Fehler unterlaufen war. Es wurde nicht mehr darüber gesprochen. Der Stürmer hatte Courage bewiesen und damit war er in der Achtung des Trainers gestiegen. »Fritz Pliska war oft ein Feldwebel, aber er liebte und kannte den Fußball. Ein solches Engagement habe ich bei keinem anderen Trainer mehr erlebt. Er hat zum Beispiel alles versucht, mit uns den Abstieg zu vermeiden. Wir aber verloren ein Spiel nach dem andern und stiegen aus der Bundesliga ab. Mit dem

Erich Ribbeck begann seine erfolgreiche Trainerkarriere in Essen in der Saison 1967/68.

Unnachahmlich am Ball: Lippens im Spiel gegen den FC St. Pauli, 1972.

Verein, den er in die höchste Liga brachte, musste er nun die Bundesliga verlassen. Diesen Abstieg hat er nie ganz verwunden. Die Schuld lag nicht bei ihm. Keine Mannschaft war in dieser Saison so vom Verletzungspech verfolgt wie wir!« Trotz aller Probleme, die er mit Pliska hatte, waren das versöhnliche Worte über einen Trainer, der doch in seinem Beruf zwei Gesichter hatte. Zum einen diese unerbittliche Gangart beim Training, und zum anderen seine konziliante private Seite.

Willi Lippens kommt noch einmal auf die heutige Garde der Sportlehrer im bezahlten Fußball zurück: »Über die Aufgaben unserer Trainer haben wir bereits gesprochen. Es führt aber auch kein Weg daran vorbei, dass unsere Klubs viele Fehler in der Verpflichtung ihrer Trainer machen. Warum diese langfristigen Verträge? Da wird der Kontrakt mit einem Trainer um drei Jahre verlängert. Wenn dann der Verein drei Spiele hintereinander verliert, steht der Coach schon wieder zur Disposition. Eine hohe Abfindung ist fällig. So viel Dummheit dürfte sich ein modernes Management doch überhaupt nicht erlauben!«

Lippens betont, dass die heutigen Trainer studierte Sportlehrer sind und ein Diplom der Deutschen Sport-Hochschule besitzen. Sie seien für das kurzfristige Geschäft verantwortlich. Die langfristigen Verträge wären ein zu großes Risiko. »Natürlich ist die sportliche Leitung im Hintergrund auch langfristig für die Zukunft verantwortlich, aber man sollte doch einmal darüber nachdenken, ob einjährige Kontrakte für beide Teile nicht günstiger wären. Leistet der Trainer hervorragende Arbeit, wird der Vertrag um ein weiteres Jahr verlängert. Bei einer Bruchlandung fliegt der Trainer in einer Kurzschlusshandlung raus, und alles beginnt wieder bei Null. Man mag zum

FC Bayern München stehen wie man will. Meiner Meinung nach wird dort wesentlich besser gearbeitet als woanders!« Das mag so stimmen, obwohl es in der ruhmreichen Karriere des FCB auch schon kuriose Geschichten um Trainerentlassungen gegeben hat. Man sollte auf der anderen Seite doch einmal darüber nachdenken, worauf die großartigen Erfolge dieses Rekordmeisters zurück zu führen seien.

Zurück zu den Trainern, die Willis Karriere mit geprägt haben. Da kam eines Tages ein für damalige Verhältnisse blutjunger Trainer: Erich Ribbeck. Seine künftigen Schützlinge bei RWE schauten sich verwundert an. Ribbeck? Nie gehört! Der Vorstand klärte auf. Bei keinem Geringeren als Hennes Weisweiler habe der neue Essener Trainer viel gelernt, und bei Viktoria Köln sei der Erich ein leichtfüßiger und laufstarker Spieler im Mittelfeld gewesen. Nun habe er bei Rot-Weiss seine erste Stelle als hauptamtlicher Trainer übernommen.

So weit, so gut, aber die Skepsis in seinem neuen Team musste Ribbeck erst einmal ausschalten, was ihm überzeugend gelang. Willi Lippens denkt gern an seinen Ex-Trainer zurück: »Als wir ihn das erste Mal sahen, staunten wir nicht schlecht. 31 Jahre war Erich gerade alt geworden. So alt wie beispielsweise unsere älteren Spieler Werner Kik, Herbert Weinberg, Hermann Ross oder Jürgen Glinka. Wir alle hatten damals nur einen Gedanken: Ob das wohl gut geht!«

Es ging gut, und es dauerte nicht lange, bis sich der Kölner bei seiner neuen Mannschaft durchgesetzt hatte. Ribbeck war noch topfit, konnte im Training alles vormachen und lag beim Waldlauf stets an der Spitze. Manche hatten doch schon viel Mühe, das vom Trainer vorgelegte Tempo mitzuhalten. Ein nun wirklich nicht böser Spitzname war schnell gefunden. Ribbeck sah schließlich blendend aus, und der »schöne Erich« verschaffte sich auf Anhieb Respekt in Essen. Der Erfolg stellte sich ein. Unter seiner Leitung ließ die Mannschaft rasch einige spektakuläre Abwanderungen vergessen und belegte in der Abschlusstabelle hinter der Überraschungsmannschaft aus Leverkusen den zweiten Platz. Schade, dass es zum Aufstieg in die Bundesliga noch nicht reichte.

»Wir haben ihn schließlich als einen Kenner des Fußballs akzeptiert. Da war erst mal sein großartiges theoretisches Wissen und die uns vorgemachte Praxis auf dem Rasen. Ein junger Sportlehrer, der uns jede Übung vormachte, also nicht allein mit der Pfeife regierte. Erich konnte laufen, dribbeln, schießen und im Notfall auch mit uns spielen. Er zeigte uns tagtäglich, was er noch alles drauf hatte.«

Erich Ribbeck hatte einen neuen Stil in die Essener Mannschaft gebracht. Im Laufe seiner ausgezeichneten Trainerkarriere kam seine vornehme Art

Stillleben in der Luft und ohne Ball: Lippens im Spiel gegen den Wuppertaler SV, 1972.

sogar im Ruhrpott an. »Wir haben natürlich erst etwas über seine Art zu sprechen gelächelt, aber schon bald hat uns seine Art gefallen«, erinnert sich Lippens. »Er war alles in allem ein Gentleman. Wenn wir uns in einem Trainingslager vorbereiteten, weckte er uns höchstpersönlich und hatte für jeden immer ein gutes Wort!« Willi Lippens denkt aber auch an eine von Ribbeck eingeführte Mannschaftskasse höchst ungern zurück. »Weil ich dabei Ribbecks bester Kunde war. Ehe ich mich auf den neuen Stil so richtig eingestellt hatte, stand ich schon tief in der Kreide. Ich schätze, dass ich im Laufe dieser Saison so an die 80 bis 100 Mark einzahlen musste. Auch Klaus Kolling hatte damals viel zu zahlen!«

Erich Ribbeck blieb nur eine Saison in Essen. Andere Vereine hatten seine steile Aufwärtsentwicklung beobachtet und klopften bei ihm an. Schließlich ging er zur Frankfurter Eintracht. Es folgten noch mehrere Trainerstationen beim 1. FC Kaiserslautern und sogar eine Saison beim FC Bayern München, bis er letzten Endes sogar Cheftrainer der deutschen Nationalmannschaft wurde.

Nach Ribbeck kam einer aus der großen vergangenen Trainergarde von Düsseldorf nach Essen an die Hafenstraße. Allerdings auch wieder nur für eine Spielzeit. Kuno Klötzer trainierte bei bekannten Vereinen. Von der Fortuna kam er nach Essen, erlebte vier erfolgreiche Jahre beim Hamburger SV, war zwei Jahre bei der Berliner Hertha und kurzfristig auch auf dem Bieberer Berg in Offenbach. Willi Lippens vergleicht ihn gern mit Fritz Pliska. »Ein Trainer vom alten Schlag, der bei uns sogar die Taschen kontrollierte, ob wir nicht doch eine hochprozentige Flüssigkeit mit auf unsere Zimmer schmuggeln wollten. Zum Lachen ging er gern in den Keller. Natürlich verstand er vom Fußball eine Menge. Sonst hätte er ja auch nicht diese Erfolge feiern können!«

In Liga zwei holte Klötzer zum Beispiel mit RWE Platz zwei und lag lediglich zwei Zähler hinter Meister Rot-Weiß Oberhausen. Essens Spieler waren eigentlich schon vorbreitet auf das, was unter diesem Trainer auf sie zukommen würde. Lippens erzählt vom ersten Kennenlernen: »Wir trafen uns mal wieder in der Sportschule Duisburg. Er bereitete sich mit Fortuna Düsseldorf auf die Bundesliga-Aufstiegsrunde vor und wir taten das mit RWE. Man ist froh, in so einem harten Trainingslager auch mal andere Gesichter zu sehen, freundeten uns mit den Düsseldorfern an und kamen mit ihnen ins Gespräch. Thema eins waren unsere beiden Trainer. Die Fortunen berichteten von der harten Gangart ihres Trainers, für den es überhaupt keine Kompromisse gab. Wir waren also vorbereitet!«

Unter Fritz Pliska war es üblich, nach dem Mittagessen eine Flasche Sprudel oder Limonade zu bekommen. Nach diesen anstrengenden Trainingseinheiten hatten die Essener das mit ihrem Trainer ausgehandelt. Die Düsseldorfer saßen neben den Essener Kollegen im wahrsten Sinne des Wortes auf dem »Trockenen«. Kuno Klötzer hatte seinen Spielern doch tatsächlich das Trinken verboten. Er gestattete allerhöchstens ein Glas Leitungswasser. Willi Lippens & Co hatten Mitleid mit ihren neu gewonnenen Freunden. »Ja, sie taten uns leid. Die haben uns jeden Schluck in den Mund gezählt. Die Kameradschaft wurde groß geschrieben, und wir ließen uns etwas einfallen. Wenn Kuno Klötzer außer Sichtweite war, haben wir unser köstliches Nass mit den Düsseldorfern geteilt!« Es hat letzten Endes beiden Mannschaften geholfen. Man stieg gemeinsam auf und traf sich in der nächsten Saison in der Bundesliga wieder.

Als Interimstrainer fungierte zweimal kurzfristig Willi Vordenbäumen, der als Stürmer bei Rot-Weiss Essen in 192 Einsätzen stolze 52 Tore erzielte, bevor er zu den Sportfreunden nach Gladbeck wechselte. Für ihn war es eine Selbstverständlichkeit, 1969 für zwei und 1971 für sechs Monate auszuhelfen. Nach ihm kam Herbert Burdenski, der 1950 das erste Länderspieltor nach dem Zweiten Weltkrieg erzielt hatte. Beim 1:0 Sieg gegen die Schweiz verwandelte »Budde« einen Strafstoß zum wichtigen Erfolg. »Herbert Burdenski war ein lebenslustiger Mensch, unter dem es im Training und bei den Spielen unglaublich viel Spaß gemacht hat. Budde hatte immer einen guten Spruch drauf!« Lippens hielt große Stücke auf diesen Trainer, und so erging es auch allen Spielern, die in diesen beiden Jahren für den SC Rot-Weiss spielten. Gern vertrieb man sich in den Trainingslagern und vor den Spielen auch im Hotel die Zeit mit Poker. Willi konnte schnell das berühmte »Pokerface« aufsetzen und war auch am Spieltisch ein eiskalter Partner. »Wir spielten nur um kleine Beträge, aber für mich war es eine gute Vorbereitung für die kommenden Aufgaben!« Natürlich gab es in dieser Runde auch Spieler, die sich die eine oder andere Zigarette gönnten. Eines Tages ging die Tür auf und Herbert Burdenski stand im Raum, der völlig verqualmt war. Die Zigaretten verschwanden blitzschnell, aber jeder merkte, dass hier geraucht wurde. Burdenski, der vor Qualm kaum seine Spieler erkennen konnte, blieb gelassen, öffnete das Fenster und meinte gleichgültig: »Hier raucht doch keiner, oder?« Dann verschwand er mit einem Lächeln im Gesicht. So schnell hat bei den Essenern keiner mehr zum Qualmstengel gegriffen.

Nach Herbert Burdenski gab es in der Trainersuche doch einige Querelen. Willi Vordenbäumen griff mal wieder ein. Ende Oktober 1971 setzte

Nicht immer harmonisch: Willi Lippens, Trainer Horst Witzler und »Pille« Gecks, August 1973.

es unter seiner Regie eine 0:5-Heimniederlage gegen den Erzrivalen aus Wuppertal. Ausgerechnet der frühere Essener Günter Pröpper, der in dieser Saison mit 52 Treffern das ewige Goalgetter-Limit der Regionalliga West aufstellte, traf viermal. Für den damaligen Präsidenten Dr. von Wick aber reichte das Debakel, um schon beim nächsten Spiel in Lünen für Verwirrung zu sorgen. Der Lüner SV führte zur Pause mit 2:0. Von Wick hatte bereits vor dem Spiel Geschäftsführer Nikelski gebeten, einen gewissen Herrn Bedl abzuholen und mit nach Lünen zu nehmen. »Ich wusste gar nicht, was ich mit dem sollte«, erinnert sich Nikelski. In der Pause ging der RWE-Präsident in die Spielerkabine und entließ kurzerhand Trainer Vordenbäumen. Schon zur zweiten Halbzeit saß Janos Bedl als neuer Coach auf der Bank. Am Ende stand es 2:2. Der neue Trainer war umstritten, aber erfolgreich. So sagte er einmal: »Wenn Arzt will zapfen Blut, wird nicht gehen – kommen aus meinem Körper doch nur lauter kleine Fußbälle.« Janos Bedl blieb in sechs Monaten ohne Niederlage. Da der Ungar keine gültige Lizenz besaß, griff Platzwart Alfred Kohn sozusagen als »Lizenzgeber« ein, ehe dann mit Horst Witzler wieder ein hauptamtlicher Sportlehrer eingestellt wurde. Witzler hatte bei Hennes Weisweiler in der Sporthochschule in Köln sein Diplom gemacht und schon mehrere Trainerstationen hinter sich. 1966 wurde er sogar Trainer am Essener Uhlenkrug, wo er gute Erfolge aufzuweisen hatte. Keiner dachte damals daran, dass er auch mal sieben Kilometer weiter beim Lokalkonkurrenten wirken sollte. Schalke 04 wollte ihn, auch der MSV Duisburg, aber Borussia Dortmund holte ihn. Als er dort mit einem krisengeschüttelten Verein Probleme bekam, wurde ihm kurz vor Weihnachten 1971 die Kündigung ins Haus geschickt.

Jetzt ging es endlich zu Rot-Weiss Essen. Trainer in beiden Essener Großvereinen! Das hat es in der Fußballgeschichte nur weitere drei Male gegeben. Der schon erwähnte Kuno Klötzer, Dieter Tartemann und Frank Kontny bereiteten am Uhlenkrug und an der Hafenstraße Spieler für die Meisterschaftsspiele vor. Man war sehr gespannt auf den neuen Trainer und fieberte dem ersten Trainingstag entgegen. Daran erinnert sich Willi Lippens mit einem breiten Grinsen gern zurück: »Wir kamen glänzend erholt aus dem Urlaub zurück und freuten uns darauf, wieder Fußball spielen zu können. Ich fuhr an dem ersten Trainingstag auf unseren Parkplatz, als ich einen VW-Käfer-Cabrio entdeckte. Wer saß darin? Braunverbrannt und blendend aussehend unser neuer Trainer. Der entdeckte mich und zitierte mich an sein Cabrio. Er begrüßte mich mit den Worten: ›Schön, dass ich Sie jetzt treffe, Lippens, ich habe viel von Ihnen gehört. Sie machen es den Trainern nicht so einfach. Wenn Sie diese Mätzchen auch bei mir machen, dann kann ich auch sehr schnell auf Sie verzichten!‹«

Willi Lippens und Trainer Diethelm Ferner, der direkt vom Spielfeld auf die Trainerbank wechselte, Februar 1974.

Was war das für eine Begrüßung. Anstatt sich zu freuen, einen solchen Ausnahmefußballer in seinen Reihen zu haben, hatte er seinen Stürmer so instinktlos begrüßt. »Ja, das hat mir wirklich nicht gefallen, und an dem Tag habe ich mir geschworen, es dem Witzler zu zeigen«, meint »Ente« im Rückblick auf diese erste Begegnung.

Es hatte sich im Revier inzwischen auch herumgesprochen, dass Horst Witzler der bestbezahlte Trainer in dieser Liga war. Er war aber zumindest in der ersten Saison sein Geld wert. Man schaffte den Aufstieg in die Bundesliga. Dort aber wehte ein anderer Wind. Nach acht Spielen hatte RWE gerade einmal eine Partie gewonnen, aber viermal verloren. Nach dem Spiel auf Schalke, als RWE zwar durch einen Treffer von Dieter Bast 1:0 führte, aber mit 1:3 unterlag, kam die Kündigung. »Eigentlich ein Tag, der mir ganz gut gefallen hat«, gibt Lippens zu und erinnert sich an den letzten Trainingstag. Die Mannschaft wartete, was sich in einem Gespräch zwischen Horst Witzler und dem Vorstand ergab. In der Chefetage zog man die Reißleine. Als der geschasste Trainer nach diesem Rausschmiss mit blassem Gesicht zu seinem Auto eilte, hielt es Lippens nicht mehr aus. Er schlenderte auf Witzler zu und sagte mit einem breiten Grinsen: »Trainer, jetzt brauche ich Sie nicht mehr!«

Es folgte Diethelm Ferner, der blitzschnell als langjähriger Spieler in Essen seinen Trainerschein gemacht hatte und für zwei Jahre RWE übernahm. Der schweigsame Ivica Horvat folgte »Didi«, bevor Hermann Erlhoff das Kommando an der Hafenstraße übernahm. Mit ihm ging eine elfjährige Spielzeit von »Ente« Lippens bei RWE zu Ende.

In Dortmund traf er noch auf Otto Rehhagel. Dann und wann trifft Lippens den großen Trainer heute noch, der gern behauptet, ein »Kind der Bundesliga« gewesen zu sein. »Otto ist mit Griechenland sensationell Europameister geworden und hat bei diesem Turnier in Portugal alle hohen Favoriten mit einem System ausgeschaltet, das wir in der Anfangszeit bei Rot-Weiss gespielt haben. Er hat sich überhaupt nicht mit den modernen Fußball-Taktiken aufgehalten. Er spielte mit Libero, und die großen Stars aus den führenden Fußball-Nationen haben es nicht begriffen, dass sie plötzlich hautnah gedeckt wurden und dabei die ganze erlaubte Härte der Griechen zu spüren bekamen.« Kind der Liga. Stimmt genau. Für Hertha BSC und für den 1. FC Kaiserslautern spielte er 201-mal in der ersten Liga und schoss 22 Tore. Zuvor war er aufgrund seiner Härte und Kompromisslosigkeit ein gefürchteter Abwehrspieler bei RWE.

Al Miller trainierte mit Lippens in den USA, und als es nach einer Saison zurück nach Essen ging, war Willi so etwas wie der verlängerte Arm des Trainers Rolf Schafstall, der mit Erfolg auf die Routine seines Flügelspielers setzte. Eine lange Zeit mit 17 Trainern, und Lippens sagt es immer wieder: Er habe nie ernsthafte Probleme mit ihnen gehabt.

7.
Als die Ente Amok lief

Bundesliga in den siebziger Jahren, das waren die WDR-2 Radio-Konferenz und die Sportschau mit Ernst Huberty, das waren lange Haare und Kotletten, das waren Pässe aus der Tiefe des Raum à la Günter Netzer und ein bisschen Anarchie Marke »Ente« Lippens. So saß er nach einem Tennismatch mit seinem alten Freund Sepp Maier lange zusammen und redete darüber, wie man das Publikum in den Stadien noch besser unterhalten könnte. Die Idee wurde geboren: Willi plante ein Hin- und Herspiel während eines Punktspiels zwischen dem FC Bayern München und Rot-Weiss Essen. »Leider ist es dazu nie gekommen. Sepp hätte den Ball beim Abschlag zu mir geschoben und ich ihm die Kugel zurückgespielt. Sepp war zunächst von der Idee begeistert, hatte dann aber zu großen Respekt. Er befürchtete, dass ich ihm den Ball ins Netz gehauen hätte.«

Willi Lippens gab die Hoffnung nicht auf und versuchte, beim nächsten Aufeinandertreffen doch noch Sepp Maier dazu zu bringen, stieß aber auf Ablehnung. Er wollte sich unter keinen Umständen ein unnützes Gegentor einhandeln und reagierte nicht auf Willis Rufe: »Komm, spiel mich an. Du bekommst den Ball zurück!« Lippens ist heute noch von der Idee begeistert: »Ja, das wäre eine Riesenshow gewesen. Darüber hätten die Fans noch in 100 Jahren gesprochen.« Auch damals wollte er nicht klein beigeben und so schlug er die Idee auch Wolfgang Kleff von Borussia Mönchengladbach vor.

Der aber reagierte genauso wie Sepp Maier. »Nee, mein Freund, das machst du nicht mit mir. Ich kenne dich Schlitzohr doch ganz genau. Du haust mir den Ball ins Netz. Wenn das passiert wäre, dann hätte ich das Stadion sofort verlassen und wäre nie mehr zur Borussia zurückgekommen«, winkte Kleff das Angebot dankend ab. Der Doppelpass mit dem gegnerischen Torwart blieb also unaufgeführt. Lippens hätte es für sein Leben gern einmal ausprobiert. Dann eben nicht, sagte sich »Ente« und erinnert sich

Brüder im Geist und lebenslange Freunde:
Sepp Maier und Willi Lippens, Oktober 1977.

lieber noch an die gelungenen Späße mit dem Karl Valentin der Bundesliga: dem Nationaltorhüter Sepp Maier.

Maier war in jeder Beziehung ein großartiger Keeper und dazu ein Spieler, der seine Nebenleute beim FC Bayern München oder aber auch in der Nationalmannschaft immer wieder aufheitern konnte, wenn es mal nicht so lief, wie man es sich vorgestellt hatte. Bestes Beispiel dafür war die Vorbereitung auf die Weltmeisterschaft 1974. »Wir hatten unser Trainingslager in der Sportschule Kaiserau aufgeschlagen. Dort regnete es tagelang. Die Stimmung war auf dem Tiefpunkt. Ich musste mir irgendetwas einfallen lassen. In meiner Scherzartikelkiste fand ich eine überdimensionale Brille, deren Scheibenwischer mit einer Batterie betrieben wurden. Mitten im strömenden Regen setzte ich beim Training die Brille auf und hatte die Lacher auf meiner Seite. Trainer Helmut Schön fand das allerdings nicht so komisch!« Sepp Maier hatte in seiner »Grundausstattung« noch einen elektrischen Kugelschreiber, eine Gummimaus und vor allem Anleitungen, um sein Zaubertalent unter Beweis zu stellen. Lachen sei nun einmal die beste Medizin. Der Sepp war für jeden Spaß zu haben. Ein Komiker, ein Kauz mit skurrilen Ideen und originellen Einlagen. An der Isar nannte man ihn gern den »Karl-Valentin-Verschnitt« und wollte damit an Münchens bekanntesten Komiker und Kabarettisten erinnern. Auch für seine Torhüterkollegen hatte der Weltmeister einen Tipp: »Ein Torwart muss Ruhe ausstrahlen, dabei aber aufpassen, dass er nicht einschläft!«

Mit Willi Lippens verstand er sich gut. Auch wenn Bayern München an der Hafenstraße oft das Nachsehen hatte. Tennis war wie erwähnt eine gemeinsame Leidenschaft. Maier »verführte« seinen Essener Freund aber auch zu einem »Laster«. »Wir haben gemeinsam oft geschnupft, und als das die Vertreter einer Firma in der Zeitung lasen, haben sie uns beiden regelmäßig ›Schnupfproben‹ nach Haus geschickt.« Wer die einstige »Katze aus Anzing« heute nach Willi Lippens fragt, bekommt eine schnelle Antwort: »Was soll man viel über ihn sagen? Für mich war er der Stürmer mit der besten Technik. Wenn es gegen Essen oder Dortmund ging, mussten wir auf ihn ganz besonders aufpassen!«

Da war zum Beispiel die Partie am 23. November 1974. An diesem 14. Spieltag ging es in München gegen den klar favorisierten FC Bayern. Schiedsrichter Ohmsen galt in Expertenkreisen als Heimschiedsrichter, und diesen zweifelhaften Ruf hat der Hamburger auch an diesem Tag zumindest nach Meinung der Essener eindeutig unter Beweis gestellt. Das mögliche 1:0 der Essener durch Dieter Bast nach drei Minuten gab Ohmsen nicht. RWE-Coach Diethelm Ferner war hellauf verzweifelt, als der Schiri seiner Elf zwei Elfmeter verweigerte. Aber die Essener ließen sich nicht beeindrucken. Lippens zog sein gewohnt gekonntes Spiel auf. Erst vernaschte er den Dänen Johnny Hansen und später auch »Katsche« Schwarzenbeck. Nach 18 Minuten die Führung der Gäste: Hansi Dörre stoppte eine Flanke mit der Brust, hob den Ball über Schwarzenbeck zu Manfred Burgsmüller, der mit einem Volleyschuss Sepp Maier keine Chance ließ. Nach 23 Minuten schien schon alles wieder Makulatur gewesen zu sein. Ein unberechtigter Strafstoß für die Bayern. Gerd Müller tritt an, aber Glanztat von Torwart Heinz »Bolle« Blasey. In der 35. Minute vielleicht schon eine Vorentscheidung. Ein Essener Spielzug wie aus dem Bilderbuch. Hermann Erlhoff flankte auf Lippens. Willi gab den Ball weiter auf Hansi Dörre und es stand 2:0 für die jubelnden Gäste. Zu früh gefreut, denn Gerd Müller wollte seinen Fehler wieder wettmachen, was ihm auch überzeugend gelang. Erst sein Anschlusstreffer und sechs Minuten vor Schluss auch das 2:2. »Unentschieden in München! Das konnte sich sehen lassen, aber bei einer besseren Leistung des Unparteiischen hätten wir 4:1 gewinnen können«, erinnert sich Lippens.

Da Willi immer seinen Senf dazu geben musste, hatten es auch die Schiedsrichter mit ihm nicht leicht – oder umgekehrt. Walter Eschweiler, einer der populärsten deutschen Schiedsrichter, kommt allerdings auf ein ganz harmonisches Urteil: »Willi war auf dem Spielfeld ein liebenswerter

»Wenn ich den Ball erst einmal hatte, gab ich ihn freiwillig nicht mehr her.«
Lippens im Zweikampf mit Hamburgs Manni Kaltz, 1974.

und netter Kamerad. Für mich war es immer ein Vergnügen, ein Spiel mit ihm zu pfeifen.« Man will Eschweiler nicht widersprechen, denn der Bonner pfiff sage und schreibe 256 Bundesligaspiele, war zwanzig Jahre FIFA-Schiedsrichter und hat bei Welt- und Europameisterschaften bedeutende Partien geleitet. Unvergessen war der Vorfall beim WM-Spiel zwischen Italien und Peru 1982 im spanischen Vigo. »Ich sah den Peruaner Velasquez nicht und er mich auch nicht. Es kam zum unvermeidlichen Zusammenstoß, und es folgte meine wohl weltbekannte Rolle rückwärts. Eine deutsche Eiche kann wackeln, aber wenn sie mal umfällt, dann steht sie wieder auf!« Das Spiel lief live im Fernsehen, und so sah es auch Eschweilers Chef, Innenminister Hans-Dietrich Genscher, denn der Eschweiler ist im Auswärtigen Amt der Bundesregierung für die gesamte Sportdiplomatie der Regierung zuständig. Genscher rief also in der Halbzeit an und erkundigte sich, wie es Walter ging. Eschweiler nahm Haltung an und meinte: »Lieber Herr Minister, außer dem angeborenen rheinischen Dachschaden keinerlei Probleme!«

Zurück zu seinem Lieblingsspieler Lippens. »Willi hatte bei mir immer eine echte Überlebenschance, weil er meiner Meinung nach ein grundehrlicher Kerl war und heute noch ist. Ich hatte nie Probleme mit ihm. Er hatte stets einen Scherz parat. Ich meine, dass ein Unparteiischer diese humorvolle Art eines Spielers einfach braucht. Seine Spielweise fehlt uns. Wenn es heute ein Fußballer versucht, etwas mit Willis Stil zu erreichen, dann wird er doch mit allen gebotenen und auch verbotenen Mitteln bekämpft. Das ist traurig, aber damit müssen wir leben!« An Walter Eschweiler kann sich Willi Lippens bestens erinnern. »Er ist nun einmal ein waschechter Rheinländer. Wenn wir einen Eckball bekamen, und ich den Ball treten wollte, lief er auf mich zu, und es gab eine kleine Unterhaltung!« Das hörte sich dann in etwa so an: »Na, Wilhelm, wie geht es denn so? Zu Hause alles in Ordnung?« – »Danke, es geht prima. Alles bestens. Was wollen wir jetzt machen? Noch eine Unterhaltung, oder soll ich jetzt vielleicht den Eckball ausführen?«

Es hat beiden stets viel Spaß gemacht, neunzig Minuten gemeinsam auf dem Platz zu stehen. »Ärger gab es nie. Für uns alle war es immer ein herrliches Bild, wenn Walter mit durchgedrücktem Hohlkreuz kerzengerade über das Feld lief. Ich habe mich mit ihm immer ausgezeichnet verstanden. Für mich war es unerklärlich, dass manche ihn kritisierten und ihn als eine Diva bezeichneten. Das habe ich nie so empfunden. Wenn ich mal gefoult wurde und lag am Boden, lief er an mir vorbei und fragte auf seine typisch rheinische Art: ›Na, Jung', haste wat verloren?‹«

Natürlich gab es zwischen den beiden auch einmal Meinungsverschiedenheiten. Die aber wurden unter Männern an Ort und Stelle ausdiskutiert. »Ein nettes Wort zur rechten Zeit hilft auch den Spielern«, meint Eschweiler. »Man muss sie nicht immer anblaffen. Ein paar freundliche Worte entkräften doch eine heikle Situation. Ich muss heute leider immer wieder feststellen, dass unsere Schiedsrichter meinen, die Zuschauer wären ins Stadion gekommen, um sie zu erleben. Was für ein Blödsinn! Schiedsrichter sind dafür da, ein Spiel nach den Regeln zu leiten. Sie sollen sich bitteschön nicht zu ernst nehmen!«

Ganz und gar nicht einverstanden: Willi Lippens und Manni Burgsmüller üben sich darin, unschuldig dreinzublicken. Nur Schiedsrichter Betz sieht alles anders, Februar 1975.

Immer wieder wird Willi Lippens die Frage gestellt, ob man den Fußball von damals mit dem heutigen vergleichen kann. Seine Antwort kommt wie aus der Pistole geschossen: »Für mich steht es hundertprozentig fest, dass zu meiner Zeit wesentlich mehr getreten wurde als heute. Bis der Schiedsrichter mal eingriff, musste schon viel passieren. Der hat sich das ein paar Mal angeguckt, dann mit dem erhobenen Zeigefinger gedroht, aber bis zum Feldverweis ließ er sich viel, viel Zeit. Die damaligen Verteidiger waren unglaublich verbissen. Für sie galt oft nur die Devise Ärmel hoch und Blut am Pfosten. Wir Techniker haben sehr viel auf die Knochen bekommen. Durch meine Spielweise fühlten sie sich natürlich auch ganz besonders provoziert!«

In diesem Zusammenhang darf nicht vergessen werden, dass Willi Lippens einmal auch dafür gesorgt hat, dass ein Schiedsrichter das Handtuch schmeißen musste. Rot-Weiss Essen spielte in der altehrwürdigen Gelsenkirchener Glückauf-Kampfbahn gegen den FC Schalke 04. Der Unparteiische hieß Dittmer und kam aus Ludwigshafen. RWE legte los wie die Feuerwehr. Lippens erzielte von der Strafraumgrenze einen herrlichen Treffer. Dittmer schüttelt mit dem Kopf. Er gibt das Tor nicht! Eben so wenig wie kurz darauf einen Kopfballtreffer von Lippens. »Das waren einwandfreie Tore«, verstand Willi die Welt nicht mehr und regt sich noch heute fürchterlich auf, wenn er an diese Begegnung zurückdenkt. »Mein Gegenspieler war Hannes Becher. Der spielte höchst ungern gegen mich. Ich würde ihn immer zuquatschen, meinte er und steckte sich Ohropax in die Ohren, wenn es gegen RWE ging. Endlich schieße ich ein Tor, gegen das Schiri Dittmer mal keine Bedenken hatte. Wir führten hoch verdient mit 1:0. Dann wird der Schalker Hans Pirkner gefoult. Dittmer pfeift und deutet auf den Punkt. Elfmeter! Das durfte einfach nicht wahr sein. Tumulte auf dem Platz und natürlich auch bei unseren mitgereisten Fans!«

Es gab seinerzeit noch keine Zäune um das Spielfeld. Im Nu war der Rasen voll von Menschen. Die Polizei tauchte mit Hunden auf. Ein Abbruch stand unmittelbar bevor. Nun griffen die Essener ein und versuchten, die Gemüter zu besänftigen. »Wir wollten unter allen Umständen weiter spielen. Schließlich führten wir und waren die bessere Elf. Wir schoben die Fans vom Platz. Es ging weiter. Der Strafstoß wurde natürlich nicht zurück genommen. Heinz van Haaren schoss, aber unser Keeper Fred Bockholt lenkte den Ball gegen die Latte. Von dort sprang er einen guten Meter weit ins Feld. Dittmer hatte sich schon umgedreht und zur Mitte gedeutet, als der Ball noch in der Luft war. Er war in diesen Momenten völlig von der Rolle und wusste nicht, was sich um ihn herum abspielte!«

Tumulte in der Glückauf-Kampfbahn: Willi Lippens und Walter Hohnhausen im Disput mit Schiedsrichter Dittmer, September 1970.

Das Tor galt, und Rot-Weiss Essen verlor mit 1:4. Am Montag stand es dann groß und breit in der Zeitung. »Als die Ente Amok lief« lautete die Schlagzeile. »Wir waren alle in dieser gereizten Stimmung. Jeder Schiedsrichter kann wie auch ein Spieler einmal einen schwachen Tag haben. Den hatte Dittmer nun wirklich, aber es kam noch schlimmer. Er behauptete und hat es auch überall erzählt, ich hätte ihn bei den Tumulten getreten. Das war ungeheuerlich. Ich war nie so dicht in seiner Nähe, dass ich dazu Gelegenheit gehabt hätte. Man trifft sich aber immer zweimal im Leben!«

In der nächsten Saison ging es für RWE nach Stuttgart. Ironie des Schicksals: Dittmer war der Schiedsrichter. Willi Lippens wurde inzwischen Kapitän und schritt zur Seitenwahl. »Ich ging auf ihn zu und reichte ihm an der Mittellinie die Hand. Er übersah sie und verweigerte mir den Sportgruß. Ich begrüßte seine Assistenten und den gegnerischen Kapitän und sprach Herrn Dittmer an. Warum er mich denn nicht begrüßen wolle. Ich hätte ihn auf Schalke getreten, und einem solchen Spieler würde er nicht die Hand reichen. Dann stellte er mir bei der Seitenwahl die Frage, ob ich rot oder schwarz haben wollte. Ich sagte daraufhin dem Linienrichter die Farbe schwarz. Er möge es dem Dittmer weiter sagen. So lief das kurze Gespräch über eine dritte Person. Unglaublich, aber wahr! Wenn ich ihn damals getreten hätte, dann hätte er mich doch des Feldes verweisen müssen!« Im anschließenden Spiel gab es keine Beanstandungen. Man trennte sich 2:2. Als die Mannschaft wieder im heimischen Essen war, informierte Lippens seinen Präsidenten Will Naunheim. Der schrieb einen Brief an den Deutschen Fußball-Bund und schilderte den Fall. Daraufhin hat Dittmer nie wieder ein Spiel gepfiffen.

Während Schiedsrichter Dittmer also aus dem Verkehr gezogen wurde, hätte sich so mancher Gegenspieler von Lippens wohl gewünscht, am Tag des Spiels gegen RWE gesperrt, verletzt oder anderweitig unabkömmlich gewesen zu sein. Ein Klassiker ist Lippens Satz zu einem verzweifelten Gegenspieler: »Wenn du den Ball haben willst, musst du dir einen von zu Hause mitbringen.« Es klingt noch nicht einmal überheblich, wenn Willi Lippens heute behauptet, dass er auf Linksaußen am liebsten gegen die besten Rechtsverteidiger gespielt hat. Die Begegnungen mit diesen Klasseakteuren hätten nun einmal seinen Marktwert enorm gesteigert. »Je mehr Länderspiele sie auf dem Buckel hatten, umso mehr freute ich mich auf sie. Die Fans haben getobt, wenn diese knallharten Abwehrspieler gegen mein Spiel keine Chance hatten. Wenn man so will, hat es eigentlich in meinen 17 Profijahren nur ein Spieler geschafft, mich richtig zu erwischen!«

Das war Horst Heese! Für Eintracht Frankfurt und für den Hamburger SV spielte er 149-mal in der Bundesliga und schoss dabei 38 Tore. Lippens kannte ihn also in erster Linie als torgefährlichen Mittelstürmer und hatte sich mal wieder auf Helmut Sandmann eingestellt, den er schon einige Male schlecht aussehen ließ. »Den kannte ich. Ratte nannten sie ihn, weil er robust zur Sache ging. Er kannte kein Pardon. Sandmann ging mit dem Kopf dahin, wo andere ihre Füße hatten!« Trainer Ernst Happel hatte immer wieder festgestellt, welche Probleme sein rechter Verteidiger hatte und ließ sich an diesem Samstag etwas einfallen. Er stellte seinen Angreifer Heese gegen Lippens, der sich also auf einen ganz neuen Gegenspieler einstellen musste. »Das war wirklich eine echte Überraschung des alten Trainerfuchses! In der ersten Viertelstunde hat Horst Heese alles versucht, mich auf die Aschenbahn des Volkspark-Stadions zu befördern. Nach 25 Minuten hat er mich dann tatsächlich erwischt. Und wie. Eine schwere Bänderdehnung hieß die Diagnose. Ich musste ausgewechselt werden, und wir bezogen eine peinliche 0:5-Niederlage!«

Kurz vor seinem Engagement in Dallas führte Hans Günther Klemm im KICKER ein Gespräch mit dem »Auswanderer«. Natürlich kam die Frage nach Willis Lieblingsgegner. Die Antwort fiel Lippens leicht: »Am liebsten

»Für Berti Vogts hättest du mich nachts aufwecken können.«
Lippens und sein Lieblingsverteidiger, 1974.

habe ich immer gegen Berti Vogts gespielt. Der hatte vor jedem Spiel gegen mich Dünnschiss. Er war so schön klein und hatte so kurze Beine. Wenn ich den Ball gut abdeckte, kam er nie an die Kugel!« Eigentlich kaum zu erklären. Berti Vogts war einer der erfolgreichsten Nationalspieler. Zwischen 1967 und 1978 spielte er sage und schreibe 96-mal für Deutschland, erlebte die Glanzzeiten bei Borussia Mönchengladbach und wurde 1974 Weltmeister. »Das alles war für mich die beste Motivation«, erinnert sich Willi Lippens heute. »Für Berti konntest du mich mitten in der Nacht wecken. Ich wäre sofort bereit gewesen. Berti lag mir. Er machte jede meiner Bewegungen mit und hat den Ball nur von weitem gesehen. Bei seinen anderen Gegenspielern hatte er mehr Erfolg. Da war Berti der Terrier, giftig und hat sich über eisenharten Kampf profiliert!«

Der spätere Bundestrainer, der mit Deutschland auch Europameister wurde, gibt zu, mit Lippens besondere Probleme gehabt zu haben. Vor einem Spiel gegen RWE oder Borussia Dortmund habe er schon nicht so gut wie sonst geschlafen. Im Magen habe es rumort. »Ente« scherzt heute noch gern über diese Duelle mit Vogts: »Berti war nach den Spielen gegen mich immer restlos fertig. Als er dann unter der Dusche stand, fragte er seinen Mitspieler, warum es denn hier regnete!«

Später war Vogts einmal bei einem Spiel mit Willi Lippens als Trainer der Juniorenauswahl kritischer Beobachter und lobte nach dem Schlusspfiff seinen einstigen »Angstgegner«: »Was der Willi mit seinen 35 Jahren und trotz leichter Verletzung noch zaubert, ist große Klasse. Kein Wunder, dass ich vor einigen Jahren nie mit ihm zurechtkam. Da war er allerdings noch ein paar Jahre jünger!«

An ein Spiel der beiden Rivalen sei einmal intensiver erinnert. Rot-Weiss Essen spielte am Bökelberg gegen die Fohlen-Elf. Die Gladbacher siegten vor 28.000 Zuschauern mit 2:1. Alles in allem ein verdienter Erfolg, aber die Essener haderten mit dem jungen Schiedsrichter Linn aus Altendiez, der zwei klare Strafstöße nicht gegeben hatte. Einmal wurde der glänzend aufgelegte Erich Beer gelegt. Vogts Attacke an Lippens im Strafraum war ebenfalls »elfmeterwürdig«. Gladbachs Coach Hennes Weisweiler erlebte neunzig packende Minuten und hatte naturgemäß die bundesligareife Leistung der Essener bemerkt. So sehr, dass er nach dem Schlusspfiff auf Essens Trainer Herbert Burdenski zulief und ehrlich meinte: »Herbert, ich entschuldige mich bei dir, dass wir gewonnen haben!«

Ein kleiner Trost, aber die Essener konnten sich dafür nichts kaufen. In der Erinnerung blieben die verbissenen Zweikämpfe zwischen Lippens und Vogts. Berichterstatter Günter Mielke hielt mit seiner Kritik am Nationalverteidiger nicht zurück: »Mit zunehmender Spieldauer konnte sich Vogts fast nur noch mit unerlaubten Mitteln wehren, ließ Lippens über die Klinge springen und hielt ihn wiederholt am Trikot fest!« Noch deutlicher schrieb es Ludger Ströter: »Schiedsrichter Linn hatte zu viel Respekt vor dem Nationalspieler! Was sich Berti Vogts gegen Willi Lippens erlaubte, war geradezu skandalös!« In der Spielerkritik kam Willi recht gut weg: »Lippens spielte Vogts regelrecht aus, dribbelte und schoss, war immer unterwegs. Als er sich zu sicher fühlte, übertrieb er allerdings seine Spielereien und provozierte Vogts zum harten Einsteigen. Vom Effekt war Lippens große Klasse, was auch Weisweiler bestätigte!«

In seiner Zeitungskolumne der NRZ beschäftigte sich Lippens auch mit diesem Duell: »Das 1:2 am Bökelberg wirft uns nicht um. Es macht uns noch selbstbewusster, denn wir haben gut gespielt und bewiesen, dass wir auch mit den besten Mannschaften der Bundesliga mithalten können. Einmal habe ich beim Studium der Zeitungen doch herzhaft gelacht. Da wurde Berti Vogts zitiert. Er habe gesagt, dass ich giftiger spielen müsste, um ein guter Linksaußen zu sein. Was meinst du denn, lieber Berti, ich war dir nicht giftig genug? Warum hast du mich denn während des Spiels ständig angemeckert? Mal ganz ehrlich. Er, der Berti, war mir viel zu giftig! Wer mir das nicht glauben will, dem zeige ich gern mal meine Beine. Die sind bunt wie ein Malkasten. Ich kann eine Menge einstecken, aber was der Berti austeilte, war entschieden zu viel! Er war einfach sauer, weil ich ihn einige Male ausgespielt habe. Er wurde unsicher, spielte foul, und als ich ihn dann fragte, ob er denn nicht Fußball spielen könne, war seine Antwort patzig und arrogant: ›Wer bist du denn?‹ Übrigens kam Berti nach dem Spiel zu mir, gab mir die Hand und entschuldigte sich. Davon hatten wir Essener aber nichts mehr!«

Willis Fans hatten es in den Zeitungen gelesen: Sein Spiel provoziere immer wieder die Abwehrspieler. Er streitet das keineswegs ab. Er wusste vor jedem Spiel, dass solche Duelle in den ersten zehn bis 15 Minuten entschieden wurden. Seine Gegenspieler waren von ihren Trainern vorbereitet. »Sie liefen mit der Order auf, es mir so richtig zu zeigen, sich Respekt zu verschaffen und anzudeuten, wer Chef im Hause ist. Ich sollte schnell die Schnauze voll haben. Den Gefallen habe ich den Trainern aber nur in den seltensten Fällen getan!« Er habe immer eine Antenne für die Angriffe seiner Gegenspieler gehabt und nannte es »Frühwarnsystem«. »Darauf konnte ich mich verlassen. Ich spürte sofort, wenn da wieder einer kam, der mich umbringen wollte und der den Baseballschläger dabei hatte. Wenn die dann die Schere ausgefahren hatten, sprang ich im entscheidenden Augenblick hoch und entging den Tritten. Das habe ich manchmal so gut gekonnt, dass sich die Verteidiger dabei selbst getroffen haben.«

Können und Anarchie: Nicht alle Ideen des Clowns Willi Lippens wurden aufgeführt.

Mit diesem eigenwilligen Stil des Essener Torjägers haben sie sich alle schwer getan. Als »Ente« sich dann einen Namen gemacht hatte, war es manchmal sogar umgekehrt. Eine sehr gute Vorstellung in den Duellen mit Lippens wertete die Nationalverteidiger auf. Man konnte es drehen und wenden wie man wollte: Wenn sich Abwehrspieler mit Lippens auseinander zu setzen hatten, wurde auf dem Rasen etwas geboten. Davon können Klassespieler wie Bernd Patzke, Harald Konopka, Horst-Dieter Höttges, der dänische Nationalspieler Johnny Hansen und auch der 44fache Nationalspieler Georg »Katsche« Schwarzenbeck ein Lied singen. Wenn der »Kaiser« Franz Beckenbauer keine große Freude hatte, gegen Willi Lippens zu spielen, rief er so laut, dass es »Ente« sehr gut verstand: »Katsche, geh du hin!« Der »Wasserträger« für Beckenbauer beim FC Bayern und auch in der Nationalmannschaft hatte dann ebenso große Mühe wie nahezu alle anderen Abwehrspieler der Liga.

Zwei Ausnahmen gab es. Oder besser gesagt eineinhalb, denn bei den Duellen mit dem Hamburger Manfred Kaltz kam es auf die Tagesform an. »Wenn Manni einen guten Tag erwischt hatte, ging dieser Zweikampf unentschieden aus. Auch ich hatte ihn dann und wann ganz gut im Griff.«

Da gab es aber einen Spieler, mit dem Lippens allergrößte Probleme hatte, und der wohnte gar nicht so weit weg von Essen: Hermann Gerland. Zwischen 1972 und 1984 bestritt er 204 Spiele für den VfL Bochum und traf viele Male auf Willi. Obwohl er »Ente« immer wieder fast zur Verzweiflung brachte, schätzt er ihn hoch ein. »Willi konnte sich bewegen und so unglaublich mit seinem Hintern wackeln. Ich habe seine Bewegungen nie mitgemacht, sondern stur auf den Ball geguckt. Wenn sich der Ball bewegte, dann war ich hellwach!« Lippens lacht gequält, wenn er sich an Gerland erinnert: »Der Sauhund ist immer stehen geblieben. Ich konnte machen was ich wollte. Wenn ich ihn an der Mittellinie umspielt habe, hatte er mich nach ein paar Metern schon wieder eingeholt. Hermann war unglaublich schnell. Wenn er den Buckel krumm machte und den Turbo einsetzte, war er einfach zu schnell für mich. Wenn ich dann zum zweiten oder dritten Mal um ihn rum wollte, hatte ich verloren. Andere Verteidiger habe ich gelockt. Wenn sie mitmachten, hatten sie verloren. Das war bei Hermann unmöglich!«

Weil der Bochumer sich für die Spiele gegen Lippens ganz besonders vorbereitete. »Heute haben es die Verteidiger leichter. Sie können im TV ihre Gegenspieler intensiv beobachten. Für mich war es damals doch weit schwerer, aber den Willi hatte ich im Griff. Mich konnte er nicht lächerlich machen wie die anderen. Wenn er wusste, es geht gegen mich, dann war ›Ente‹ schon Tage vorher ganz schön genervt!« Es hat sich ausgezahlt, dass Hermann Gerland sich so ernsthaft auf Willi vorbereitete. Viel zu bescheiden meinte er: »Willi war im Gegensatz zu mir doch ein Superspieler. Da musste ich mir einfach etwas einfallen lassen. Gut, dass es mir so oft gelungen ist, ihn zu stoppen. Ganz ausschalten konnte ihn sowieso keiner!« Weil Lippens immer gefährlich war. Auf ihn musste man höllisch aufpassen. »Zumal er mit seinem trickreichen Spiel das Volk auf seiner Seite hatte. Ein Feldtor hat er gegen mich nie gemacht. Bei uns in Bochum hatte er nur eine Chance zum Treffer, wenn er einen Freistoß schoss!« Hermann Gerland bedauert es, dass es heute solche Spieler nicht mehr gibt. »Sie sind leider ausgestorben. Wenn er heute mit seinem unverfälschten Watschelgang über die Felder liefe, dann würden die Zuschauer so begeistert sein wie zu seinen großen Zeiten!«

Auch privat schätzt Gerland seinen einstigen Gegenspieler sehr. Man trifft sich und plaudert über unvergessene Spiele. »Ja, wir wurden Freunde. Ich freue mich immer, wenn ich Willi treffe. Auch nach den Spielen haben wir gern ein Bierchen getrunken und uns auch einmal über etwas anderes unterhalten als über Fußball!«

8.
Flirt mit Oranje

»Rein rechnerisch gesehen kann ich mit meiner internationalen Karriere doch zufrieden sein. Ein Länderspiel und ein Tor! Das ist doch eine hundertprozentige Ausbeute!« Recht hat er, aber es hätte für Willi Lippens ganz anders und damit viel besser aussehen können. Helmut Schön hat vor der Weltmeisterschaft mehrfach in Essen angerufen. »Wilhelm, werden Sie Deutscher!« Natürlich hat der Bundestrainer diesen Tausendsassa aus Essen immer wieder beobachtet und war von dem gebürtigen Holländer sehr angetan. »Ich brauche Sie in der Nationalmannschaft. Bei mir werden Sie eine feste Größe«, sagte der »Mann mit der Mütze« dem jungen Burschen. Im Freundeskreis stellte der Trainer nach dem Weltturnier fest: »Willi Lippens wäre mit uns Weltmeister geworden. Ihm hätte ich ohne weiteres 40 bis 50 Länderspiele für Deutschland zugetraut. Er hat alles, nur nicht den richtigen Pass!«

Lippens Manko bestand also in seinem Ausweis: »Mein Vater ist in Heerlen, in der Nähe von Maastrich, geboren und kam in den 1930er-Jahren nach Kleve, um dort nach Arbeit zu suchen. Er fand einen Job, verliebte sich in meine spätere Mutter, heiratete und blieb. Ich bin in Kleve geboren und bekam bei meiner Geburt aufgrund der Nationalität meines Vaters einen niederländischen Pass.« Lippens sen. war es auch, der die Naturalisierung des Filius verhinderte. Er hatte die Nazis und den Zweiten Weltkrieg nicht vergessen. Er lebte zwar in der Bundesrepublik, aber mit dem Herzen blieb er Holländer. »Wenn du für Deutschland spielst, dann brauchst du dich bei uns zu Hause nicht mehr blicken zu lassen!« Harte Worte des unerbittlichen Deutschen-Hassers. Mutter Maria vergoss in dieser Nacht Tränen der Enttäuschung. Sohn Willi schäumte vor Wut, aber sein Elternhaus ging ihm über alles. Er fügte sich und sagte Helmut Schön ab. »Mir blieb gar nichts anderes übrig. Mein Vater ist während des Krieges von den Nazis mehrfach zusammengeschlagen worden. Sie wollten, dass er sich freiwillig zum Militär meldete. Er weigerte sich. Das hat er nie überwunden und immer eine

Das »anti-deutsche« Votum des Vaters stand gegen die Einladung Helmut Schöns »Werden Sie Deutscher!« Vater Wilhelm und Willi Lippens, ca. 1972.

gewisse Distanz zu Deutschland gehabt. Wenn wir ein Länderspiel im Fernsehen sahen, hielten wir immer mit der Mannschaft, die gegen Deutschland spielte. Mein Vater hatte es immer mit den Scheiß-Deutschen und dass sie immer Glück hatten. Ich habe auf ihn gehört und weiß heute, dass ich dabei den größten Fehler in meinem Leben gemacht habe!«

Die Glanzleistungen des Essener Torjägers blieben auch in Holland nicht verborgen. Die holländische Presse hatte den Bondscoach Dr. Frantisek Fadrhonc darauf aufmerksam gemacht, dass bei Rot-Weiss in Essen ein junger Spieler tätig ist, der mit seinen Späßen nicht nur das Publikum glänzend unterhält, sondern auch in der Bundesliga ein brandgefährlicher Torjäger ist. Bald folgte die Einladung zum Training mit der niederländischen Nationalmannschaft. »Ich hatte mich in das Unabänderliche gefügt und wollte nun für Holland spielen. Anfang der Siebziger war ich schließlich in Höchstform. Ich habe mich allerdings nie als Holländer gefühlt. Die Sprache beherrschte ich kaum. In Deutschland hatte ich die Schule besucht. Ich hatte immer noch die Chance abzusagen und mich über den Willen meines Vaters hinweg setzen können. Ich tat es leider nicht. Der Weg ins deutsche Team war verbaut. Einmal für Holland! Niemals für Deutschland!«

Flirt mit Oranje 99

»Sie haben mich sogar beim Training geschnitten.«
Trainer Fadrhonc, Willi Lippens, Theo Pahlplatz und Piet Kaiser.

Willi Lippens stellte allzu schnell fest, dass er bei den holländischen Spielern nicht ankam. Sie schnitten ihn. Was wolle man denn mit dem Deutschen? In Holland gebe es genug gute Spieler, um Weltmeister werden zu können. »Ich bin rauf und runter gerannt, aber die anderen Spieler ignorierten mich. Ich bekam nur wenige Bälle. Sie behandelten mich wie einen Ausländer und haben mich sogar im Training geschnitten. Ich begreife bis heute nicht, warum ich diese Sache nicht vorzeitig beendet habe. Der Bondscoach stellte mich auf den rechten Flügel, um seinem alternden Star Piet Kaizer nicht den Stammplatz auf Linksaußen zu nehmen. Mir war es egal. Ich spielte immer dort, wo die Trainer mich hinstellten!« Wenn irgendwo ein Spieler fehlte, sprang Lippens immer ein. Er war schließlich von Hause aus ein Flügelspieler. Egal ob er von rechts oder von links kam. Er hat seine Tore gemacht.

Auf dem Programm stand im Februar 1971 das EM-Qualifikationsspiel in Rotterdam gegen den Fußballzwerg Luxemburg. Willi wurde als Rechtsaußen nominiert. Piet Kaizer spielte links. Ganz offensichtlich wurde er vom Trainer und vom Verband geschützt. Kurioserweise wurde er dann bei der Weltmeisterschaft in Deutschland gar nicht eingesetzt. Für ihn spielte

Für Oranje nur ein Länderspiel und ein Tor:
Lippens mit Glücksbringer, Februar 1971.

Rensenbrink. Lippens merkte sehr rasch, dass dieser Abstecher nach Holland in seiner Situation doch eine Nummer zu groß war. Nur ein Beispiel: Man fuhr zum Training. Alle Nationalspieler an Bord des Busses. Der Fahrer kurbelte am Radiogerät und blieb beim Westdeutschen Rundfunk hängen. Das brachte den Libero Rinus Israel von Feyenoord Rotterdam auf die Palme. »Stell den Nazisender aus«, pöbelte er von den hinteren Reihen. Nun griff Lippens ein: »Sag mal, bist du völlig Banane? Unsere Generation hat mit dem Krieg überhaupt nichts zu tun. Du musst langsam umdenken!« Da hätte er immer noch aussteigen können. »Ja, ich wäre am liebsten nach Hause gefahren!« Aber er hat gespielt und beim 6:0-Erfolg auch das 1:0 geschossen. Der Ball war eigentlich schon aus seiner Reichweite, aber mit seinem Stil gelang es Willi, ihn zurück zu holen und »sein Tor« zu machen.

Die Kritiken waren in Ordnung. Lippens sollte weiter dabei bleiben. Nächste Aufgabe in der Qualifikation zur Europameisterschaft war die Begegnung in Split mit dem damaligen Jugoslawien. Die verlief dann doch ohne Lippens, der auch nie wieder eine Einladung zur Nationalmannschaft Hollands erhielt. Riesenpech spielte dabei aber eine entscheidende Rolle. »Ich war wieder in Essen. Wir bereiteten uns in der Duisburger Sportschule für das Spiel gegen Werder Bremen vor. Dort trainierte neben uns auch die deutsche Hockey-Nationalmannschaft der Damen. Uns war doch etwas langweilig, und so schauten wir den netten jungen Damen zu. Vor lauter Übermut habe ich mir einen Schläger von den Spielerinnen ausgeliehen, wollte den Ball schlagen, als ich ausrutschte und mich so schwer verletzte, dass ich das Spiel in Split absagen musste. Damit war meine internationale Karriere schon beendet, bevor sie überhaupt erst richtig begann!«

In Holland übernahm 1974 Rinus Michels als Bondscoach die Regie, der Anfang der Siebziger zum Architekten der großen Mannschaft von Ajax Amsterdam um Johann Cruyff geworden war. In der »Elftal« setzte er auf »totaal voetbal« und Blockbildung, Lippens spielte für ihn keine Rolle, obwohl die WM-Vorbereitung zum Teil sehr holprig verlief. Die Nichtberücksichtigung des jungen Fußballers aus Essen sorgte auch in der deutschen Presse für Kopfschütteln. Im März 1974 widmete die NRZ diesem brisanten Thema eine ganze Seite und stellte dabei fest, wie flügellahm die Mannschaft von Rinus Michels beim WM-Test gegen Österreich aufgetreten war. Willi Lippens, so hieß es, wurde beim mageren 1:1 schmerzlich vermisst. Der Bondscoach stellte sich stur, und RWE-Boss Will Nauheim meinte trotzig: »Willi Lippens hat es nicht nötig, sich wie Sauerbier anzubieten!« Lippens selbst nahm es bei aller Enttäuschung zunächst gelassen: »Wenn Michels mich will, dann wird er sich melden«, wurde er in den Gazetten zitiert. Als Michels dann die drei »Ausländer« Johan Cruyff aus Barcelona, Rensenbrink aus Brüssel und Geels

**Ein Aufeinandertreffen im WM-Finale 1974 wäre möglich gewesen:
Franz Beckenbauer im Zweikampf mit Willi Lippens, 1972.**

vom FC Brügge für die Weltmeisterschaft nominierte, war es klar: Eine Einladung an Lippens nach Essen blieb aus.

Nun nahm Willi in seiner NRZ-Kolumne kein Blatt mehr vor den Mund: »Schade! Ich bin doch maßlos enttäuscht. Michels hätte mir eine zweite Chance geben müssen. Das ist für mich völlig unverständlich. Die Art, wie mich mein Landsmann Michels abserviert, ist kein Paradebeispiel für Chancengleichheit, zumal Linksaußen Rensenbrink beim 1:1 gegen Österreich keineswegs überzeugte. Michels muss nun aufpassen, dass er nicht von seinem hohen Ross fällt. Hoffentlich kommt Holland durch die überhebliche Art des Trainers nicht in Not!«

Die NRZ führte in jenen turbulenten Tagen auch ein Exklusivinterview mit Rinus Michels vor den letzten Testspielen der Niederländer und bekam eine deutliche Absage. Nein, Lippens stehe nicht zur Diskussion. Er wäre nur ein Fremdkörper im Oranje-Team. Er kenne ja auch seine Nebenspieler nicht. So würde es Unruhe in seine Mannschaft bringen, wenn er ihn berücksichtigen würde! Wahrscheinlich hat sich Michels im Nachhinein geärgert, auf Willi Lippens verzichtet zu haben. Das aber hat er zumindest in der Öffentlichkeit nie zugegeben. Der augurische Schlusssatz des NRZ-Reporters Franz Josef Colli lautete damals: »Man muss die deutliche Absage von Rinus Michels akzeptieren. Ob allerdings die hoch eingeschätzten Holländer es sich erlauben können, auf einen fraglos großartigen Lippens zu verzichten, das bleibt abzuwarten!«

Die NRZ-Sportredaktion besuchte auch den Vorgänger von Michels in der Sportschule des holländischen Verbandes und traf dort in Zeist Frantisek Fadrhonc, dessen Vertrag im Juni 1974 aufgelöst wurde. Er hatte Lippens immer wieder beobachtet und ihn für das EM-Qualifikationsspiel gegen Luxemburg auch aufgestellt. Fadrhonc hatte es bis zum Vertragsende stets offen gelassen, ob Lippens nominiert werden sollte oder nicht. Sehr genau hatte er die Nichtberücksichtigung verfolgt. Er kannte also die Situation. Auf die Frage, warum der Essener nun doch nicht bei der WM im Kader stehen würde, zeigte er sich reserviert. Es gäbe bei RWE finanzielle Schwierigkeiten. Man spräche davon, das Stadion verkaufen zu müssen. In einer solchen Situation könne Lippens nicht in Höchstform auflaufen. Dann aber rief er dem deutschen Reporter noch zu: »Grüßen sie Willi und sagen sie ihm, dass ich ihm alles Gute für die Zukunft wünsche!«

Nach dem anfänglichen Ärger nahm Lippens die Nichtberücksichtigung schließlich mit dem ihm eigenen schelmischen Humor. »Natürlich hätte ich gern weiter für Holland gespielt, aber die Fußballfreunde in Deutschland können eigentlich ganz froh sein, dass mich Rinus Michels nicht mehr wollte. Hätte ich im WM-Finale für mein Heimatland gespielt, dann wäre ich in Deutschland der einzige Weltmeister gewesen. Wenn ich dem Ruf des Bundestrainers Schön gefolgt wäre, dann hätte Holland im Endspiel gegen Deutschland sowieso keine echte Chance gehabt!«

Gegen Deutschland im Endspiel. Spinnen wir den Faden einmal weiter. Er hätte sich mit seinem Lieblingsspieler Berti Vogts auseinandersetzen müssen, der so oft keine Chance gegen Willi hatte. »Na ja, und dem Maier Sepp hätte ich sowieso eingeheizt. Der Sepp konnte in absoluter Höchstform spielen, ihm habe ich immer einen eingeschenkt!« Ganz schön selbstbewusst, aber so war er damals und so ist er auch heute noch, wenn er an die früheren Zeiten zurück denkt. Es klingt noch nicht einmal bösartig, wenn er meint: »Die Holländer werden wohl nie Weltmeister. Ich gönne es ihnen auch nicht. Sie haben mir damals doch sehr weh getan. Ich habe heute immer noch einen holländischen Pass und sage es noch einfacher: Ich bin Europäer, deutscher Europäer!«

Natürlich wurde zu jenen Zeiten auch in der Öffentlichkeit über die Möglichkeit diskutiert, ob es für den deutschen Fußball gut wäre, einen Willi Lippens in der Nationalmannschaft zu haben. Auch seine berühmten Mit- und Gegenspieler äußerten sich im Nachhinein darüber. Zum Beispiel Weltmeister Wolfgang Overath: »Ich bin davon überzeugt, dass Willi in unsere Mannschaft gepasst hätte. So einen Spieler hatten wir nicht. Damals war er absolute Spitze. Auch in der heutigen Bundesliga wäre er ein gefragter und vor allem teurer Spieler. Natürlich hätte er die Weiterentwicklung des Fußballs mitmachen müssen. Bei seiner Klasse wäre Willi das nicht schwer gefallen. Das gilt natürlich auch für Spieler der Extraklasse wie Franz Beckenbauer, und auch ich hätte keinen Respekt vor dieser Liga. Knallharte Manndeckung war früher angesagt, was Willi nichts ausmachte. Wenn er am Ball war, dann sollte ihm erst einmal jemand das Leder abnehmen. Ich sehe es noch vor mir, wie er mit seinem Allerwertesten den Ball stoppte und anschließend seinen Gegner blamierte. Heute sind die Räume da. Man hat immer die Chance, an den Ball zu kommen. Ein Spieler wie Willi würde heute genau so gut spielen wie vor dreißig Jahren!«

Ähnlich sieht es der frühere HSV-Torjäger Uwe Seeler. »Ich hätte sehr gern mit Willi in der Nationalmannschaft gespielt. Natürlich gab es ausgezeichnete Spieler auf seiner Position, aber Willi brauchte sich nicht zu verstecken. Er hätte sofort den internen Kampf um seinen Stammplatz aufgenommen. Er hätte seinen Platz auf Linksaußen bei Helmut Schön sicher gehabt, weil er nicht nur in meinen Augen ein Spieler der Extraklasse war!« Auch Horst Blankenburg, der es mit dem TSV München 1860 und dem Hamburger SV auf insgesamt 75 Bundesligaspiele brachte, wird euphorisch, wenn er sich an seinen früheren Gegenspieler erinnert. »Weltklassespieler hatten die Hosen voll, wenn sie wussten, nun geht es gegen Lippens. Solche Spieler gibt es leider nicht mehr. Und wenn, dann wären sie unbezahlbar. Willi hat mit seinen Gegenspielern gemacht, was er wollte. Sie wussten kein Gegenmittel. Für die Nationalmannschaft wäre er eine Verstärkung gewesen. Schade, dass es sein Vater nicht wollte!«

Allerdings dachten nicht alle wie Overath, Seeler oder Blankenburg. Kritisch gingen auch schon mal Journalisten mit Lippens um. Zum Beispiel »Hennes« Justen. Natürlich war der langjährige Sportchef der WAZ vom Spiel des Essener Unikums begeistert, aber in der heutigen Zeit hätte er

Am Ende von Frau Antje verschaukelt?
»Die Deutschen wurden Weltmeister und ich war Karl Arsch.« (Willi Lippens)

mit dieser Art zu spielen keine echte Chance mehr gehabt.»Lippens spielte damals sehr gern aus dem Stand. Aus seiner Position schlug er hervorragende Flanken. Heute bekäme er auf Linksaußen keine Schnitte mehr. Die Anforderungen in der Bundesliga sind ganz anders geworden. Das ändert aber nichts daran, dass ich mich immer sehr gefreut habe, ihn zu erleben. Er war schlichtweg ein Begriff im deutschen Fußball!«

Da Willi Lippens immer sehr gut mit Zahlen umgehen konnte, so hat er auch einmal im stillen Kämmerlein nachgerechnet, was er zusätzlich hätte verdienen können, wenn er Deutscher und die »feste Größe« in der Nationalmannschaft geworden wäre. »Ich hätte tatsächlich wesentlich mehr in der Kasse gehabt. So an die zwei Millionen Mark. Die Deutschen wurden Weltmeister und ich war Karl Arsch. Das hat verdammt weh getan!«

Ein halbes Jahr vor dem Tod seines Vaters gab es im Elternhaus noch einmal eine Diskussion um dieses leidige Thema. Vater Wilhelm lenkte ein und meinte, dass es wohl doch besser gewesen wäre, wenn Will sich hätte einbürgern lassen. »Er hatte inzwischen längst gemerkt, dass ich zu den zwanzig besten Fußballern in Deutschland zählte. Ich habe es aber nur zu einem lächerlichen Länderspiel für Holland gegen Luxemburg gebracht. Meine Einbürgerung wäre die einfachste Sache der Welt gewesen. Rainer Bonhof, Holländer wie ich, wurde Deutscher und damit Stammspieler in der Nationalmannschaft. Die Einsicht meines Vaters kam leider viel zu spät!«

Sechs Monate nach diesem Gespräch wurde Lippens senior in Kleve auf einem Zebrastreifen angefahren und erlag seinen schweren Verletzungen. Er war auf dem Weg zum Friedhof, um das Grab seiner Frau zu pflegen. Ironie des Schicksals: Ausgerechnet ein holländischer Landsmann verschuldete den tödlichen Unfall.

9.
Höhenflug und Trockendock

Weltmeister Fritz Walter hat einige Bücher über seine großartige Karriere geschrieben. Natürlich über das wunderbare 3:2 im WM-Finale gegen Ungarn. Dann aber auch ein Buch mit dem beziehungsreichen Titel »Spiele, die ich nie vergesse«. Bewundernswert, wie er sich an Details aus großen Auseinandersetzungen erinnern konnte. Spieler von Rot-Weiss Essen und vom FC Schalke 04 werden auch bis ans Ende ihrer Tage eine Begegnung nie aus ihrem Gedächtnis gestrichen haben. Am 15. Februar 1975 trafen sich beide Mannschaften im Essener Stadion an der Hafenstraße. Es war ein echtes Lokalderby. Die Städte Essen und Gelsenkirchen gehen schließlich in einander über, wie auch das ganze Ruhrgebiet eine einzige Stadt sein könnte.

RWE gegen S 04! Dieser Hit lockte gut und gerne über 32.000 Zuschauer ins Georg-Melches-Stadion. Essens Kassierer registrierten die stolze Rekordeinnahme von 280.000 Mark. Spaßvogel Willi Lippens erinnert sich: »Wer vor dem Anpfiff an der Mittellinie stand, sah nur Köpfe. Gut, dass es an diesem Tag nicht so kalt war. Wenn die Fans alle Wintermäntel angehabt hätten, dann wären es wohl nur 25.000 gewesen!«

Wochenlang hatte man sich im Revier auf dieses Spiel gefreut. In den Betrieben gab es heftige Diskussionen. In Essen hoffte man, endlich den Erzrivalen besiegen zu können. Schalke schickte alle Stars an die Hafenstraße: Die Zwillinge Helmut und Erwin Kremers, Klaus Fichtel, Rolf Rüßmann, Klaus Fischer, Rüdiger Abramczik, Herbert Lütkebohmert, Torwart Nobert Nigbur und das neue Supertalent Hannes Bongartz. Ganz so glanzvoll war RWE nicht besetzt, aber Hermann Erlhoff, Manfred Burgsmüller, Werner Lorant, »Nobby« Fürhoff, Dieter Bast, Hansi Dörre und natürlich »Ente« Lippens wollten es dem benachbarten Favoriten so schwer wie irgend möglich machen, was ihnen auch gelang.

Die Rivalität unter den Fans war ebenso groß. So passierte etwas höchst Ungewöhnliches. Als am Spieltag die Essener Funktionäre früh ins Stadion kamen, glaubten sie ihren Augen nicht. Das Stadion präsentierte sich ihnen in den Schalker Farben blau-weiß! Die Gelsenkirchener Fans hatten ganze Arbeit geleistet. Alles was anstreichbar war, blinkte in den Farben des Gegners. Die Flutlichtmasten, die Wellenbrecher, die Tore und die Zäune. Eile war geboten. Ein Reinigungstrupp der Zeche Emil Emscher, die RWE stets zur Seite stand, schaffte das Unmögliche. Als die ersten Zuschauer ihre Plätze einnahmen, sah das Stadion aus wie immer.

Ausverkauft und Rekordeinnahme: Vor dem Spiel gegen Schalke 04 wurde die neue überdachte Stehtribüne im Georg-Melches-Stadion eingeweiht, Februar 1975.

Beim Rückspiel sollte es die Revanche der RWE-Fans geben. Die Schalker hatten das erwartet und vorsorglich die Polizei eingeschaltet. Die Essener wurden in flagranti erwischt, als sie die Torpfosten in rot-weiß anstreichen wollten. Es gab Verhaftungen, und später eine happige Geldstrafe wegen »groben Unfugs«.

Das alles unterstreicht die Bedeutung eines solchen Spiels. Bischof Hengsbach ließ es sich nicht nehmen, die Partie zu besuchen. Essens Oberbürgermeister Katzor war dabei und hat alle Spieler per Handschlag begrüßt. Als der kirchliche Würdenträger sich nach dem Abpfiff in den Kabinen mit den dreckverschmierten Spielern unterhalten hatte, meinte der Bischof im Gespräch mit seinem Kaplan: »Ich bin tief beeindruckt, wie der Fußball an der körperlichen Substanz eines Menschen zehrt!«

Damit wären wir bei einem hoch dramatischen Spiel. Es fielen in einem brodelnden Stadion nicht weniger als acht Tore. Willi Lippens, der gehandicaped durch eine Verletzung kein Tor erzielte, aber sich im packenden Duell mit Hartmut Huhse gut aus der Affäre zog, erinnert sich ganz genau: »Eine Sternstunde und ich schleppte eine Oberschenkelprellung mit mir herum, die mich wirklich hemmte. Wie gerne hätte ich an diesem Tag mein ganzes Können gezeigt, denn selten habe ich eine solche Atmosphäre bei einem Spiel erlebt. Die Stimmung war mit Worten kaum zu erklären. Die Zuschauer haben sich ausgetobt, ohne aggressiv zu werden.«

Schon nach fünf Minuten lagen sich die Fans der Gäste in den Armen. Hannes Bongartz hatte die Schalker in Front gebracht. Wütende Angriffe der Essener. Manfred Burgsmüller glich schon drei Minuten später aus, und in der 19. Spielminute ging RWE in Führung. Klaus Fichtel hatte Willi Lippens gefoult, aber der Regensburger Schiedsrichter Betz ließ weiter spielen. Dieter Bast nutzte die Verwirrung aus, und Essen führte 2:1. Aber nicht lange. Die Königsblauen konterten eiskalt. 27. Minute. Alleingang von Klaus Fischer. Alle ausgespielt. Kurzpass auf Bongartz, der keine Mühe hatte, den Ball ins Tor zu befördern. Der »Spargeltarzan«, wie sie ihm auf Schalke bald nannten, machte in dieser Saison alle 34 Punktspiele mit und schoss auch sechs Tore. Die erste halbe Stunde bleibt unvergessen! Schon vier Minuten später in der 31. die erneute Schalker Führung durch Rainer Budde. Essens Fans stöhnten. Sollte es wieder keinen Sieg gegen den Nachbarn geben?

Die Rasanz des Spiels setzte sich in der zweiten Hälfte trotz des tiefen Bodens fort. »Nobby« Fürhoff nahm sich in der 52. Minute ein Herz und traf aus 25 Metern. 3:3! Nach einer guten Stunde dann sogar die Führung für RWE. Norbert Nigbur, der nun wirklich keinen guten Tag erwischt hatte, ließ einen Ball fallen. Werner Lorant brauchte die Kugel nur noch ins leere Tor zu schieben. Nun doch endlich mal zwei Punkte gegen S 04? Nein! Nein! Nein! Vier Minuten vor dem Abpfiff sah Helmut Kremers seinen Torjäger, spielte ihn an und mit einer Grätsche bezwang Klaus Fischer den Essener Keeper zum 4:4 Endstand.

In seiner montäglichen Kolumne beschäftigte sich Lippens selbstverständlich mit diesem Krimi: »So ein Pech! Da hatten wir die Schalker fast schon sicher im Sack, und da nimmt uns Klaus Fischer noch die Butter vom Brot. Nicht ärgern nur wundern! 4:4 gegen Schalke! Das ist doch was! Es war ein tolles Spiel, und es hat großen Spaß gemacht, vor einer solchen Kulisse aufzutreten. Es ging aber an die Substanz und an die Nerven. Unsere Fans werden auf den Geschmack gekommen sein. Diese Unterstützung brauchen wir. Mit diesem Publikum im Rücken haben wir zweimal einen Rückstand aufgeholt. Mit meinem Gegenspieler Huhse hatte ich viel Mühe. Mit fairen Mitteln haben wir uns gute Duelle geliefert. Ich hätte natürlich auch dem Norbert beim ›Haus der offenen Tür‹ gerne ein Ei ins Nest gelegt,

Tumulte, Tore und traumhafter Fußball beim unvergessenen 4:4 zwischen RWE und den Schalker Knappen: Norbert Nigbur bringt den Ball vor dem lauernden Lippens unter Kontrolle. Jürgen Sobieray. Hans Dörre und Klaus Fichtel sehen zu, Februar 1975.

aber viel wichtiger ist es, dass nun jeder weiß, wie stark wir sind. Man darf uns nicht auf die leichte Schulter nehmen!«

In dieser Saison waren Manfred Burgsmüller mit 18 und Willi Lippens mit 15 Treffern die Garanten für den Klassenerhalt. Bittere Niederlagen wurden immer wieder mit Kampfgeist weggesteckt. Sogar ein 1:9 im Frankfurter Waldstadion. »Erinnert mich bloß nicht an das Spiel«, murmelt Lippens, wenn er über dieses Debakel befragt wird. »Es war das schlimmste Spiel in meiner Laufbahn. Ich habe zwar im Zusammenspiel mit Burgsmüller das 1:4 gemacht, aber das half gegen diese aufgedrehte Frankfurter Elf nichts. Sie haben uns auseinandergenommen wie eine kaputte Uhr. Heinz Blasey war verletzt, und so kassierte Jürgen Rynio die neun Tore, an denen ›Dr. Hammer‹ Bernd Nickel besonders beteiligt war!« Jeder Schuss der Frankfurter war drin. Selbst aus 40 Metern. Bei der von Dietrich Weise betreuten Eintracht passte alles. Es hätte noch weit schlimmer kommen können, denn die Frankfurter scheiterten zudem an der Latte und am Innenpfosten.

Berichterstatter Horst Cronauer schrieb an jenem 6. Oktober: »Au Backe! Das war 'ne Hiebe! Der Pokalsieger Eintracht Frankfurt zog den Essenern das Fell ganz schön über die Ohren. Ein Jubelschrei löste den anderen ab. Dreifacher Torschütze war Bernd Hölzenbein!«

Rot-Weiss Essen hatte mit dem Abstieg nichts zu tun, litt allerdings auch unter dem massiven Zuschauerschwund, der nach der WM 1974 die ganze Liga betraf. Im Schnitt verfolgten nur noch 12.000 die Heimspiele. Ein finanzielles Debakel schien sich anzubahnen, gleichzeitig aber auch ein äußerst spektakulärer Wechsel auf der Trainerbank. Man munkelte, Udo Lattek sollte an der Hafenstraße anheuern.

Lattek war einer der erfolgreichsten Trainer der Welt. Allein achtmal sicherte er sich die deutsche Meisterschaft. Sechsmal mit dem FC Bayern München und zweimal mit Borussia Mönchengladbach. Er feierte internationale Triumphe mit dem FC Barcelona, mit Mönchengladbach und natürlich mit dem FC Bayern. Franz Beckenbauer überredete ihn, dieses nicht so ganz einfache Amt im März 1970 an der Grünwalder Straße anzunehmen. »Kaiser Franz« hatte zweifelsohne den richtigen Riecher. »Udo war jung und unverbraucht«, sagt er heute. »Genau so einen Trainer brauchten wir, um nicht nur deutsche Titel, sondern auch den Europapokal der Landesmeister zu gewinnen!« Latteks Ehefrau sah es aber nicht ganz so euphorisch. »Hätte ich das nur in etwa geahnt, dann hätte ich Udo wohl kaum geheiratet!«

Das Ende bei Bayern im Januar 1975 kann der Erfolgstrainer bis heute nicht vergessen. »Es war einfach unglaublich. Ich war 1974 mit den Bayern Meister und Pokalsieger geworden. In meinem Team standen sage und schreibe sechs Nationalspieler, die den WM-Titel in München gewonnen hatten. Als damals die neue Saison begann, waren wir selbstverständlich gefragt wie noch nie. Ständig unterwegs. Ein geregeltes Training war unmöglich. Spiele im In- und Ausland. Talkshows und Autogrammstunden am laufenden Band. Fast hätte ich Trainingsstunden auf den Flughäfen oder auf den Bahnsteigen abhalten müssen. So ging es nicht weiter. Ich bat um eine Unterredung mit dem Vorstand. Ende des Jahres trafen wir uns: Präsident Neudecker und Manager Robert Schwan. Den beiden habe ich klipp und klar erklärt, dass ich so mit der Mannschaft nicht weiter arbeiten könne. So sei der Titel auf keinen Fall erfolgreich zu verteidigen! Der Präsident ließ mich ausreden, holte tief Luft und sagte: Herr Lattek, Sie sind entlassen!«

Der Trainer verstand die Welt nicht mehr. Als Doublegewinner entlassen, obwohl er noch einen Vertrag bis zum Saisonende besaß. Trotz aller Erfolge wurde er vom Verein eiskalt abserviert und hat letzten Endes dem ruhmreichen Klub noch Geld geschenkt. »Ich habe in meiner ersten Wut auf Gelder verzichtet. Ein Jahr hätten sie mich noch bezahlen müssen, aber ich Idiot

**Am Ende kam er doch nicht zur Hafenstraße:
Meister-Trainer Udo Lattek.**

wollte nur ein Honorar für sechs Monate. Es gilt halt stets das alte Fußballwort, dass der Trainer das schwächste Glied in der Kette ist. Ich war ein echtes Bauernopfer. Dankbarkeit gibt es nicht im Fußball. Schon gar nicht beim FC Bayern!« Harte Worte eines restlos enttäuschten Trainers, der sich damals urplötzlich auf dem freien Markt wiederfand.

Lattek verband eine gute Bekanntschaft mit dem RWE-Präsidenten Naunheim, und der hatte eine verwegene Idee. Udo erinnert sich: »Will Naunheim machte mir den Vorschlag, nach Essen zu wechseln. Ich hatte zuletzt viel Gutes über Rot-Weiss gehört und konnte mir vorstellen, mit diesem Verein in der Bundesliga etwas zu bewegen. Wir handelten einen Vertrag aus. Ich bestand darauf, eine Klausel einzubauen, dass ich RWE verlassen könnte, wenn ein bekannter Bundesligist bei mir anklopfen würde. Diese Klausel hat dann doch für eine Menge Ärger gesorgt!« Die Presse bekam Wind von der Sache. Für die Medienvertreter war es eine absolute Sensation, dass ein so renommierter Trainer nach Essen gehen wollte. Die

Spieler lasen es in ihren Zeitungen. BILD-Redakteur Otto Stubbe zitierte in der Ausgabe vom 19. Februar 1975 Willi Lippens, der sich wie einige seiner Mitspieler nicht damit anfreunden konnte, in Zukunft unter Udo Lattek zu trainieren. »Lattek ist eine Nummer zu groß für uns«, stellte RWE-Torjäger Lippens fest. »Er wird bei uns auch viel zu viel verdienen und hat sich kürzlich sehr negativ über uns geäußert!«

Letzteres hatten die Essener Spieler nun wirklich nicht vergessen. Kapitän Dieter Bast bat seinen Präsidenten um eine Aussprache mit der Mannschaft. Es ging natürlich um Latteks Gehalt, aber auch um einen Ausspruch des Trainers nach einem Unentschieden in München gegen Rot-Weiss. Lattek hatte seine hoch gelobten Bayern-Spieler mit dem Satz konfrontiert: »Wie konntet ihr gegen diese Anti-Fußballer einen Punkt abgeben?« Nun, schon damals wurden Spieler nicht gefragt, wer demnächst sportlicher Leiter werden sollte. Ein rechtsgültiger Vertrag lag vor. Man hatte schon über Neuverpflichtungen gesprochen. Im Vorstand interessierte es keinen, dass die Stimmung in der Mannschaft alles andere als gut war. Der langjährige RWE-Geschäftsführer Paul Nikelski sah auf der anderen Seite schließlich auch einen Trainer, der seinem neuen Job mit Freude entgegen sah: »Udo Lattek war bereit, unsere Mannschaft zu übernehmen. Ich hatte durchaus

Die »Ente« und der »Kaiser« bei der Begrüßung, 1975. Wenn es Beckenbauer zu bunt wurde, hetzte er Lippens »Katsche« Schwarzenbeck auf die Socken.

den Eindruck, dass er Feuer und Flamme war, aus RWE eine Spitzenmannschaft zu formen. Es kam aber ganz anders!«

Das darf mit Fug und Recht behauptet werden. Lattek hatte sich im Pokalhalbfinale noch eine gute Leistung des SC Rot-Weiss in Frankfurt gegen den späteren Pokalsieger Eintracht angesehen, als die Essener erst in der Verlängerung 1:3 verloren, und bereitete sich auf seine eigentlich doch recht reizvolle Tätigkeit an der Hafenstraße vor. Mitten in diese Vorbereitung platzte die sensationelle Meldung, dass Trainer Hennes Weisweiler praktisch über Nacht Mönchengladbach in Richtung Barcelona verließ. Gladbachs Management schaltete sofort. Präsident Dr. Beyer rief Udo Lattek an und fragte, ob er aus dem Vertrag mit RWE heraus kommen könnte. Es gab nun mal die berühmte Klausel, und Lattek wechselte an den Bökelberg. »Der Essener Vorstand hat meine Entscheidung klaglos akzeptiert«, meint Udo Lattek dreißig Jahre später. »Aber in der Presse habe ich ganz schön eins auf die Nase bekommen!« Das kann man wohl sagen. Essens Medienvertreter waren entsetzt. WAZ-Journalist Ludger Ströter schrieb: »RWE darf sein Gesicht nicht verlieren!« Die NRZ stellte die ketzerische Frage: »Hat Udo Lattek den SC Rot-Weiss missbraucht, um wieder ins Geschäft zu kommen?« In der WAZ kommentierte schließlich Heinz Symann: »Fußball ist ein schmutziges Geschäft, bei dem Verträge nichts zählen. RWE verliert an Ansehen, wenn der Verein nicht schleunigst das Theater um Lattek beendet!« Udo Lattek hat also nicht ein einziges Mal Rot-Weiss Essen trainiert. Es klingt nicht nach einer Entschuldigung, wenn er feststellt: »Diese Entscheidung war laut Vertrag völlig normal. Das wusste Borussia, das wusste auch RWE, und vor allem wusste ich das. Damit mussten alle leben. Es stellte sich schließlich raus, dass es eine richtige Entscheidung war!« Rot-Weiss tröstete sich mit einer Ablösesumme von 25.000 DM.

Kurioserweise machte der scheidende Trainer Hennes Weisweiler Lattek keineswegs Mut für die neue Aufgabe. Udo lacht, wenn er heute daran denkt: »Hennes hat mir noch ein dickes Ei ins Nest gelegt. Die Borussen seien ausgelutscht, meinte er. So schnell könne man mit dieser Mannschaft nun wirklich nicht Meister werden. Ja, das war so seine Art!« Die Realität sah ganz anders aus. Borussia Mönchengladbach wurde unter Lattek gleich zweimal in Folge Meister und holte gegen Roter Stern Belgrad auch den UEFA-Pokal. Lattek gab auch zu, dass er mit Willi Lippens ganz gern zusammen gearbeitet hätte. »Er war ein ausgezeichneter Spieler. Ich hatte mir im Stillen schon einmal vorgestellt, wie es mit ihm gelaufen wäre, wenn ich RWE trainiert hätte. Ich wusste genau, dass es nicht einfach war, einen so unberechenbaren Spieler zu integrieren. Willi passte doch in kein Schema. Ihm musste man die nötige Freiheit geben, ihn also laufen lassen. Für jeden

Höhenflug und Trockendock 115

Schlagkräftiger Sturmpartner:
Horst Hrubesch, 1978.

Trainer ist das ein zweischneidiges Schwert. Ein Vollblut-Fußballer. Das hat man. Das kann man nicht lernen. Willi hatte Narrenfreiheit. Er durfte gerne mal den Ball verlieren, weil er im nächsten Augenblick schon wieder ganz der Alte war!«

Eine Geschichte hat auch Udo Lattek nicht vergessen. Er musste sich als Coach auf dem Bökelberg etwas einfallen lassen, als sein Nationalverteidiger Berti Vogts mal wieder »keine Schnitte« gegen Lippens bekam. »Er bekam Lippens überhaupt nicht in den Griff. Willis Täuschungsmanöver hat Berti alle mitgemacht, obwohl der Ball ruhte. Er hat den Terrier Vogts teilweise lächerlich gemacht und ist spielend leicht an ihm vorbeigezogen. So ging es nicht weiter. Wir wollten schließlich nicht verlieren.« Lattek stellte um. »In Mönchengladbach spielte Horst ›Buddje‹ Wohlers, den wir aus Hamburg vom FC St. Pauli geholt hatten. Ein Hering war das. Ganz dünne Beinchen und kein Spieler, der knallhart in die Zweikämpfe ging. Ihn stellte ich gegen Lippens und gab ihm allerbeste Ratschläge mit ins Spiel. Er solle keine Bewegung von Willi mitmachen, sondern stur auf den Ball schauen. Genau das hat ›Buddje‹ gemacht. Ente war verzweifelt und kam nicht mehr an ihm vorbei!«

Statt Lattek nahm Ivica Horvat Platz auf der Essener Bank und hätte um ein Haar den Sprung in das internationale Geschäft geschafft. Es war die Saison, als das sogenannte »Kopfball-Ungeheuer« vom TV Westtünnen nach Essen kam. Horst Hrubesch überlegte nach dem RWE-Angebot eine ganze Woche. Schließlich lagen auch Angebote aus Dortmund und Bochum vor. Am 17. April 1975 – kurioserweise genau an seinem Geburtstag – unterschrieb er. Nach den ersten Trainingstagen erzählte Willi Lippens seinen Freunden von Hrubesch: »Wir haben da einen Neuen. Rebusch heißt er – oder so ähnlich!« Das war der Lippens, den alle kannten. Damals ahnte noch keiner, dass die beiden zu einem großartigen Duo wurden, wobei mit Manfred Burgsmüller noch ein weiterer Torjäger hinzugekommen war. Horst Hrubesch 18, Manfred Burgsmüller 14 und Willi Lippens zehn Tore! Das macht 42 Saisontreffer! Dieses Trio darf getrost als Supersturm bezeichnet werden.

Hrubesch, dieser in Hamm gebürtige Ex-Handballer, war Werner Lorant aufgefallen. Er ging zu Ivica Horvat und meinte: »Trainer, ich habe da einen. Mensch, was kann der köpfen! Das ist ein Kopfball-Ungeheuer!« Horvat hatte gut Deutsch gelernt, aber es hörte sich immer noch recht lustig an, wenn er sprach. Etwa so: »Wie heißt Ungeheuer wirklich? Was kann Ungeheuer? Ich will mit ihm üben!« Dann ging der Jugoslawe zu seinem Flügelspieler Willi Lippens: »Hallo, Lippens. Du bleibst nach Training bei mir. Wir testen Ungeheuer. Will sehen, was Ungeheuer macht, wenn du gibst

Flanken. Blasey, du gehst in Tor!« Willi lacht herzlich, wenn er an diese Sonderschichten zurück denkt. »Alle anderen waren schon unter der Dusche, als wir drei mit Ivica weiter arbeiteten. Ich schlug eine Flanke nach der anderen. Horst Hrubesch hat alles versenkt. Bolle Blasey staunte nicht schlecht. Es war eine tolle Entscheidung, den Horst verpflichtet zu haben!«

Man spürt, wie gern er sich an diese Saison erinnert: »Wir haben hervorragend gespielt. Wir konnten das Spiel langsam oder schnell machen. Wenn wir am Schluss mal unter Druck gerieten, ging der lange Horst nach hinten und hat da alles weggeköpft und den Laden dicht gehalten!« Beispielsweise in Hannover. RWE führte durch Lippens 1:0, aber die Gastgeber machten das Spiel. RWE war unter Druck. Horvat nahm Hrubesch in die Abwehr und RWE machte die »Schotten dicht«. »Ich war allein vorne und zog meine Show ab. Zirkus habe ich gemacht. Den Ball auf meine Art gehalten so lange es ging. Wir haben das Ding gewonnen«, meint Willi, der von seinem Trainer ein großes Lob erhielt: »Lippens ist der beste Linksaußen in Europa. Er weiß selbst nicht, was er in der nächsten Sekunde macht!«

Horst Hrubesch passte auch menschlich in seine neue Mannschaft. Lippens: »Er war und ist ein netter Kerl. Ein echter Naturmensch. Rustikal im Spiel mit einer unglaublichen Durchsetzungskraft. Später hat er auch dem HSV sehr geholfen!« Artig gibt Hrubesch das Kompliment zurück: »Mit Willi in einer Mannschaft zu spielen, war ein echter Genuss. Ich wusste genau, wohin der Lippens die Bälle schlug, und er wusste, wohin ich lief. Wir verstanden uns wie im Traum!«

Horst Hrubesch spielte 93-mal für Rot-Weiss und erzielte sage und schreibe 84 Tore. Seine weitere Karriere ist gespickt mit internationalen Erfolgen: Horst bestritt als sechsfacher Torschütze 21 Länderspiele und holte mit Deutschland 1980 in Rom die Europameisterschaft. Mit zwei Treffern war er maßgeblich am 2:1-Finalsieg über Belgien beteiligt. Bei der WM in Spanien zählte Hrubesch ebenfalls zum deutschen Aufgebot. Nachdem in einem packenden Halbfinale Frankreich nach Elfmeterschießen ausgeschaltet wurde, und Hrubesch unter den erfolgreichen Elfmeterschützen war, verlor die deutsche Elf am 11. Juli 1982 das Finale allerdings chancenlos mit 1:3 gegen Italien. Mit Essen stieg er trotz seiner zwanzig Tore 1977 aus der Bundesliga ab und sorgte dann in der zweiten Liga mit 41 Toren für einen Rekord, der wohl nie gebrochen werden wird. Für 1,57 Millionen DM wechselte er zum Hamburger SV. Dort holte er dreimal den Meistertitel und gewann 1983 mit den Hanseaten in Athen das Endspiel um den Europapokal der Landesmeister. Felix Magath schoss bekanntlich den 1:0-Siegestreffer gegen Juventus Turin, die damals einen Michel Platini in ihren Reihen hatten.

Das gemeinsame Ziel einte sie:
Willi Lippens und Manni Burgsmüller, Juli 1974.

Im Sommer 2008 holte Horst Hrubesch als Trainer mit der U19-Nationalelf den Europameistertitel, der erste Juniorentitel für den DFB seit 16 Jahren. Nach dem 3:1-Finalsieg über Italien sagte der einstige Essener Stürmer: »Ich kann vor meiner Mannschaft nur den Hut ziehen. Sie hat alle fünf Spiele klar dominiert. Natürlich ist das auch ein bisschen die Krönung meiner Arbeit beim DFB.«

Vor dem Essener Wundersturm der Saison 1975/76 hatten alle Bundesligisten einen höllischen Respekt. Da war ja auch noch Manfred Burgsmüller. »Der Müller mit dem B davor«, wie die NRZ in Anspielung an Gerd Müller, den »Bomber der Nation«, titelte. Er kam von Hamborn 07 nach Essen, wo er in 74 Spielen 32 Tore schoss. Zum Ende seiner Karriere holte ihn Otto Rehhagel sogar noch nach Bremen, wo der »Oldie« Burgsmüller an der Seite von »Kalle« Riedle, Thomas Schaaf und Dieter Eilts noch viele unvergessliche Spiele ablieferte und 1988 Deutscher Meister wurde. »Er ist für mich einer meiner Spezies gewesen. So wie ›Meister‹ Pröpper, Frank Mill oder Horst Hrubesch. Zusammen haben wir die besten Mannschaften niedergerungen. Sicherlich, Manni und ich waren nicht die besten Freunde, aber auf dem Spielfeld war das nie zu spüren. In Essen und auch in Dortmund nicht«, urteilt Lippens. Burgsmüller bezeichnet ihn wiederum als den typischen Straßenfußballer: »Solche Typen fehlen heute. In seiner Zeit war Ente ein Unikum und ein Entertainer. Sein tiefer Körperschwerpunkt kam ihm entgegen. Damit hat er die Gegner verzweifeln lassen!«

Nicht zu vergessen seine weitere sportliche Laufbahn als »Kicker« im American Football. »Aus dem Bauch heraus habe ich mich dazu entschlossen und blieb tatsächlich sieben Jahre bei Rhine Fire. Wir Fußballer haben nun einmal dieses wichtige Distanzgefühl für den Kick durch die beiden Latten. An das Ei muss man sich allerdings erst einmal gewöhnen. Ich hatte das große Glück, dass ich in Düsseldorf mit Doug Blevins einen Spezialtrainer hatte. Er saß im Rollstuhl und hat mir alle Finessen beigebracht. Ich wurde der beste Kicker der Liga!« Als Rhine Fire dann von Düsseldorf nach Gelsenkirchen zog, beendete Burgsmüller seine zweite Karriere. Der Schalker Ingo Anderbrügge wurde sein Nachfolger.

Am Schluss der Saison fehlten Rot-Weiss lediglich ein paar Tore zur Teilnahme am UEFA-Cup. Trotzdem gab die beste Essener Bundesliga-

»Solche Typen fehlen heute.« Manni Burgsmüller über Lippens.

Platzierung aller Zeiten genug Grund zum Jubeln, nur nicht für Lippens. Der befand sich plötzlich, ohne es zu wollen, auf der Transferliste. Die WAZ brachte die zündende Schlagzeile »Ente Lippens liegt nun auf dem Trockenen« und »Hennes« Justen schrieb: »Vorstand und Verwaltungsrat haben dem 30 Jahre alten Stürmerstar den Stuhl vor die Tür gesetzt. Willi Lippens muss gehen. Präsident Will Naunheim teilte mit, dass RWE die Kündigung des Stürmers akzeptiert habe. Grund seien die unannehmbar hohen Forderungen!«

Ein Artikel, der für Furore unter den Essener Fußballfreunden sorgte. Man sah es nicht gerne, einen so hochklassigen Flügelstürmer zu verlieren und staunte über Willis Forderungen. Die vom Vorstand genannten Zahlen verneinte Lippens und machte seinem Klub den Vorwurf, ihm noch nicht einmal ein anderes Angebot unterbreitet zu haben. »Ich sollte mir einen anderen Verein suchen. Für mich hieß das eindeutig, dass mich bei Rot-Weiss keiner mehr wollte. Natürlich war das eine große Enttäuschung, denn in Essen hätte man eine Spitzentruppe in die nächste Saison schicken können. Im Endeffekt hat man überhaupt nicht versucht, mit mir über eine weitere gemeinsame Zukunft zu sprechen!«

Am 28. März 1976 lag die Kündigung im Hause Lippens. Vom Präsidenten Will Naunheim unterschrieben. Willi erfuhr, dass auch Hans Schwerdtfeger eine entscheidende Rolle gespielt hat. Schwerdtfeger wurde 1976 Nachfolger von Will Naunheim. An Willi Lippens ging die Kündigung nicht spurlos vorbei. »In dieser Mannschaft hätte ich gern weiter gespielt. Wir waren auf dem Sprung nach oben. Ivica Horvat trainierte eine Klassemannschaft. Ein ruhiger Mann. Manchmal ein Eigenbrötler, der allerdings vom Fußball unglaublich viel verstand. Wir hatten Horst Hrubesch, der wie geschaffen für mich war. Dieter Bast spielte souverän. Werner Lorant. Manni Burgsmüller. Frank Mill kam aus der A-Jugend. Matthias Herget unterschrieb in Essen. Auch Jürgen Kaminski. Mit etwas mehr Weitblick hätte man in Essen etwas Großes aufbauen können. Schade! Jammerschade!«

Klipp und klar macht Lippens heute dem Verein einen großen Vorwurf: »RWE hat mit mir und letzten Endes auch mit Manfred Burgsmüller zwei so wichtige Spieler weggeschickt. Das war die katastrophalste Entscheidung in der Vereinsgeschichte. Essen stand nach einer gelungenen Saison am Scheideweg. Die kommende Saison hat eindeutig bewiesen, wie falsch dieser Entschluss war!«

Der Journalist Ludger Ströter lieferte noch einmal eine pointierte Überschrift: »Mit Ente flattert eine Attraktion davon«. In seiner Kolumne unterstrich Willi Lippens, wie schwer ihm der Abschied von Rot-Weiss Essen gefallen ist: »Hallo, Freunde, heute spreche ich ein letztes Mal zu euch.

Höhenflug und Trockendock **121**

Nachdem sein Vertrag bei RWE nicht verlängert wurde, musste sich Lippens einen neuen Platz suchen, um Bälle zu fischen.

Ganz ehrlich: Ich habe eine Träne im Knopfloch. Ich habe elf Jahre für RWE gespielt und so an die 600 Spiele bestritten. Eine solche Zeit kann niemand vergessen. Ich wäre gern in Essen geblieben und gehe ganz bestimmt nicht aus finanziellen Gründen nach Dortmund. Es gibt aber zwei oder drei Spieler, die mich nicht mehr wollten. Was soll es. Ich scheide nicht im Bösen von Rot-Weiss. Ganz im Gegenteil: Ich hänge an diesem Klub, wo ich die schönsten Jahre meiner Fußballlaufbahn verbracht habe. Vielleicht gibt es ein Wiedersehen. Ich wünsche meinen Kameraden alles Gute – ganz besonders meinem Freund Hansi Dörre. Mein Dank gilt auch euch, ihr RWE-Fans. Eine Bitte habe ich: Lasst uns gute Freunde bleiben!«

Der Essener Sportredakteur Erwin Remplewski verfolgte jahrzehntelang leidenschaftlich und mit Kompetenz die Geschehnisse rund um die Hafenstraße. »Erwin hat mich lange begleitet und war stets ein fairer Journalist mit dem Herzen an der richtigen Stelle«, erinnert sich Lippens gerne an »Erki«, so lautete sein Kürzel unter seinen Artikeln für die NRZ und die WAZ, zurück. Die Sympathien beruhen dabei auf Gegenseitigkeit, wie Remplewski eingesteht: »Lippens war der einzige Fußballer, mit dem ich mich geduzt habe. Das hätten wir aber auch gemacht, wenn wir uns irgendwo anders kennen gelernt hätten. Willi war schon verrückt. Auf dem Spielfeld hat er seine Gegenspieler auch mental vernascht, also: ›He, Berti, guck mal, wie der Hennes Weisweiler guckt. Mensch, der nimmt dich gleich raus!‹ Und so in einer Tour. Manchmal hat er Tore vorher angekündigt, bisweilen hat es auch geklappt. Er war ein Idol an der Hafenstraße. Als es Wechselgerüchte gab, hat die ganze Westkurve gesungen: ›Willi, du darfst nicht gehen!‹« Auch zur Trennung 1976 findet »Erki« klare Worte: »Lippens hatte immer eine große Klappe, was ihn ja auch einmalig machte. Aber im Vorstand war er deswegen eigentlich nie groß gelitten. Als er älter wurde und in seinen Leistungen schwankte, war der Zeitpunkt für den Vorstand gekommen, ihn los zu werden. Was für ein Riesenfehler! So ein Mann wie Lippens, das war ein Idol. Ich meine, auch Männer wie Netzer und Overath hatten Knies mit ihren Vorständen. So sind diese Spieler eben, aber das hat man in der Chefetage der Hafenstraße nicht verstanden. Die Strafe folgte auf dem Fuß: RWE stieg ein Jahr später ab.«

Tatsächlich: Den Sturz ins Nichts konnte RWE nicht aufhalten. Im letzten Bundesligajahr blieben die Rot-Weissen ohne Auswärtssieg. Man schoss in fremden Stadien nur 15 Tore, kassierte aber 54 Gegentreffer. Es gab sage und schreibe insgesamt 103 Gegentore. Schlechter waren in der langen Bundesligageschichte nur Tasmania Berlin mit 108 und Kickers Offenbach mit 106 Gegentreffern. Zweimal wurde den Essenern die Lizenz entzogen. Es ging zweimal in die vierte Klasse. Dort steht RWE nun auch, als 2008 die eingleisige dritte Liga gegründet wurde. Trotz aller Querelen bleiben Fußballexperten dabei, dass Rot-Weiss Essen im deutschen Fußball immer noch ein »schlafender Riese« sei. Allerdings ist es zumindest ein tiefer und mittlerweile schon sehr langer Schlaf.

10.
Weggefährten

Hansi Dörre war als Junge ein richtiger Straßenfußballer und wohnte direkt neben dem Georg-Melches-Stadion. Ein Jugendbetreuer entdeckte ihn, verhalf dem talentierten Spieler zu Einsätzen in Auswahlmannschaften und brachte ihn in den Profikader von Rot-Weiss. Übrigens zur selben Zeit, als auch Willi Lippens an der Hafenstraße für kleines Geld anheuerte. »Mir ging es finanziell etwas besser als Willi, der ja auch noch das Zimmer unter der Tribüne bezahlen musste.« Beide verstanden sich auf Anhieb, hatten aber bei Trainer Fritz Pliska kein leichtes Spiel. »Ich lasse auf Fritz Pliska nichts kommen«, erzählt Dörre. »Natürlich war er ein harter Trainer, ein knallharter sogar, aber ich kann von ihm nur das Beste berichten. Wir beide waren die Jüngsten im Team und mussten den erfahrenen älteren Spielern alle Wünsche erfüllen. Wir waren zum Beispiel auf der Massagebank die Letzten. Willi kam manchmal gerade noch dran. Ich aber musste zusehen!«

Das sind nun mal die berühmten Lehrjahre, die bekanntlich keine Herrenjahre sind. Willi Lippens konnte davon auch ein Lied singen. »Er hatte es auf Grund seines Könnens doch etwas leichter als ich«, meint Dörre. »Er hatte sich damals schnell etabliert, da er so ein echtes Naturtalent war. Einfach unberechenbar. Das hat ihn so stark gemacht. Pliska ist mit ihm besonders hart umgesprungen, weil er ganz genau wusste, welches Juwel er da in seiner Mannschaft hatte!«

Um in die erste Elf zu rutschen, brauchte man Können, aber auch Glück, was mitunter des Anderen Pech war. Werner Kik verletzte sich, und Dörre übernahm seine Position im linken Mittelfeld. »Ich spielte direkt hinter Lippens. Was Besseres konnte uns beiden nicht passieren. Wir ergänzten uns und verstanden uns traumhaft!« Kik wechselte nach seiner Zwangspause schließlich in die Abwehr, wo er zu einem der stärksten Verteidiger der Liga wurde. Hansi Dörre wurde der Mann für die Sonderaufgaben, der sich mit den Besten der Liga auseinandersetzte und sie mehr als einmal zu Statisten degradierte. »Es ist mir oft genug gelungen, die Stars des Gegners kalt zu stellen. Egal ob sie Wolfgang Overath, Günter Netzer, Heinz Flohe oder Franz Krauthausen hießen!«

Ein Spiel aus jenen Zeiten ist allen in Erinnerung geblieben, der es im Niederrhein-Stadion erlebt hat. Rot-Weiss Essen gewann bei Rot-Weiß Oberhausen 3:1, und Hansi Dörre hat einen so herausragenden Stürmer wie Franz Krauthausen zur Verzweiflung gebracht. Willi Lippens schwärmt heute noch von der Klasseleistung seines Freundes: »Hansi hat das Spiel seines Lebens gemacht. Krauthausen hat gegen ihn keine Schnitte bekommen. Dörre war für RWE ein unglaublich wichtiger Spieler!« Nehmen wir nur das Spiel der Essener in der alten Müngersdorfer Kampfbahn beim 1. FC Köln. Nationalspieler Heinz Flohe hatte gegen den nur 167 cm großen und 69 Kilo schweren Mittelfeldstrategen nicht den Hauch einer Chance. Resigniert verließ der FC-Dirigent den Rasen und meinte: »Hansi Dörre: Kleiner Mann ganz groß!«

Willi Lippens hatte in dieser Schlagerbegegnung RWE in der 78. Minute mit einem Schuss aus der Drehung 1:0 in Front gebracht, aber in letzter Sekunde glichen die Kölner Gastgeber noch aus. Ausgerechnet »Nobby« Fürhoff fälschte eine Ecke von Wolfgang Overath ins eigene Netz ab. Lippens schimpfte wie ein Rohrspatz: »Seit ich in Essen bin, haben wir achtzig Spiele in der letzten Minute verloren!« Die Zahl war maßlos übertrieben, aber jeder hatte Verständnis für den verärgerten Stürmer. Im Formbarometer der NRZ gab es für Hansi Dörre nach seiner famosen Vorstellung an diesem 26. Januar 1975 die Auszeichnung »Super«. »Das hatte sich Hansi in jeder Beziehung verdient. Er war in jedem Spiel der unermüdliche Renner. Ihm am nächsten kam in diesen Zeiten lediglich der Mönchengladbacher ›Hacki‹ Wimmer«, lobt Willi Lippens seinen Freund und erinnert noch einmal daran, dass die großen Spielmacher der Topklubs oft nicht die lauffreudigsten Spieler waren. »Das hatten sie auf Grund ihrer technischen Fähigkeiten aber auch gar nicht nötig!«

Wenn zwei Spieler elf Jahre miteinander gespielt haben, bei Trainingslagern oder in Hotels stets in einem Doppelbett schliefen, dann kennen sie sich. Schließlich fuhren sie zusammen in den Urlaub. Nach Ischia zum Beispiel oder auch an die Ostsee. Eine herrliche Geschichte aus Travemünde: Willi und Hansi genehmigten sich an der Hotelbar noch ein paar Bierchen und schäkerten mit den Bardamen. Hansi ging vielleicht etwas zu weit, und es gab großen Ärger. Die Beschützer der Damen traten die Zimmertür der beiden Essener ein und wollten sie verprügeln. »Wir hatten nur eine Wahl, diesen Herren zu entgehen. Wir stemmten die Schränke vor die zersplitterte Tür, um wenigsten noch ein paar Stunden ungestört schlafen zu können«,

Der Kader 1967/68 (stehend v.li.): Rolf Lefkes, Helmut Littek, Egbert ter Mors, Herbert Weinberg, (dahinter) Günter Pröpper, Werner Kik, Heinz Stauvermann, Hans Dörre, Adolf Steinig, Klaus Kolling, (oben auf den Schultern) Fred Bockholt, Trainer Erich Ribbeck, Willi Lippens und Hans-Jürgen Neisen.

berichtet Dörre und gibt zu, dass er bei diesem Barbesuch von den beiden doch die »treibende Kraft« gewesen sei. »Aber Freunde stehen so etwas doch gemeinsam durch!«

Dörre erinnert sich aber auch daran, dass sein Freund nicht verlieren konnte. »Willi war ein absoluter Gewinnertyp. Eine Niederlage konnte er nur ganz schwer verkraften. Dann hat er unruhig an seinen Fingernägeln gekaut und konnte nicht schlafen. Mit einem Bier hat er sich dann so langsam wieder abreagiert. Wir spielten im Training immer um eine Mark. Willi war so ehrgeizig, dass er diese Mark unbedingt gewinnen wollte!« Lippens bestätigt das ohne Reue: »Diese Mark wollte ich haben und habe sie auch oft genug gewonnen. Ich kann einfach nicht verlieren. Wir spielen beispielsweise einmal in der Woche mit unseren Freunden Detlef und Doris Eickhoff Canasta. Es geht um nichts, aber ich kann nicht verlieren. Oft gibt es Theater. Das war schon als kleiner Junge in Hau so. Wenn ich verloren habe, dann lief ich hinter den Siegern her und wollte sie verkloppen. Mein Enkel Paul ist genauso!«

Lippens zieht immer noch gern Vergleiche zum heutigen Fußball. »Wenn ich das heute nach einem Spiel im Fernsehen sehe, glaube ich das manchmal gar nicht. Da haben sie sich neunzig Minuten lang bekämpft, und gehen nach dem Spiel lieb und nett aufeinander zu, tauschen ihre Trikots, schlagen sich auf die Schulter, unterhalten sich und umarmen sich sogar. Wenn ich mir vorstelle, dass nach einer Niederlage auf Schalke Klaus Fischer so auf mich zugekommen wäre, hätte ich ihn in dieser Sekunde unmittelbar nach dem Schlusspfiff weggeschickt. Eine Stunde nach dem Spiel haben wir dann natürlich ein Bier miteinander getrunken und uns emotionslos über die Partie unterhalten!«

Hansi Dörre hatte oft genug Grund, sich über seinen Freund und Mitspieler zu wundern. »Wir spielten mal im Stadion an der Hamburger Straße gegen Eintracht Braunschweig. Gut 45 Minuten vor dem Anpfiff ging Willi zu einer Bude und haute sich eine große Bratwurst rein. Das brauchte er manchmal einfach. Ich hätte das nie gekonnt. Er aber ging völlig unbefangen in diese Partie und hat ein Riesenspiel gemacht.« Lippens kontert: »Wir hatten unser Lunchpaket vergessen. Ich hatte einen Mordshunger. Ich musste vor dem Spiel etwas essen. Die Bratwurst kam mir gerade recht! Mit knurrendem Magen könnte ich mich nicht so richtig auf den Fußball konzentrieren. Wir haben 1:1 gespielt. Ich war mit mir zufrieden.« Wer hat das eine Tor für RWE geschossen? Dumme Frage! Natürlich Lippens!

Lippens und Dörre haben während der elf langen Jahr vieles gemeinsam gemacht, aber immer unter Ausschluss der Öffentlichkeit. Sie wollten der Klatschpresse keine Anhaltspunkte zu irgendeiner Story bieten. So trafen sie sich mal bei Dörres und nächstes Mal im Hause Lippens. Sie haben am Rhein-Herne-Kanal auch gern gemeinsam geangelt. Oft ohne Erfolg. »Vielleicht sind wir nach dem einen oder anderen Bierchen etwas zu laut gewesen, denn diskutiert haben wir am Rande des Kanals immer wieder gerne«, sagt Willi Lippens dazu. Irgendwann drehte der WDR auch einmal einen Film über ihn. Die Kameras beobachteten ihn beim Angeln. Auf die Frage des Reporters, ob er denn schon etwas gefangen habe, meinte Lippens schlitzohrig, wie er bei derartigen Gelegenheiten immer war: »Nee, sind keine Fische da. In Bottrop ist ein Hecht gestorben. Die sind alle zu seiner Beerdigung geschwommen!«

Mit dieser Harmonie konnte man für großartige Ergebnisse sorgen. Beim FC Bayern München führte Rot-Weiss als Tabellenführer mit 2:0 und erreichte nach großem Kampf ein 2:2. Nach der Partie traf Willi Lippens den Franz Beckenbauer, klopfte ihm kameradschaftlich auf die Schulter und meinte: »Franz, nimm es doch nicht so tragisch. Es ist doch ein Erfolg, gegen den Spitzenreiter RWE nicht verloren zu haben!« Hansi Dörre hat ein

Elf Jahre gemeinsam auf dem Platz, und oft genug lagen Erfolg und Misserfolg beieinander: Hansi Dörre schießt, während Lippens auf den Pass lauert, Oktober 1968.

Spiel auf dem Bökelberg nicht vergessen. »2:0 haben wir gegen diese Elf mit Günter Netzer an der Spitze gewonnen. Ich ging mit unserem Trainer Ivica Horvat vom Platz. Ein Reporter lief mit seinem Notizblock neben uns her und wollte einen Kommentar des Trainers zur Überraschung. Der nun wirklich nicht redselige Coach antwortete schlicht und ergreifend: ›Manchmal geht – manchmal nicht!‹ Das war nicht nur nach diesem Spiel seine ständige Antwort!«

Was ihn immer wieder begeisterte, war Willis Motivation bei einem Rückstand. »Er hat uns wieder aufgebaut und uns so viel Mut gegeben, dass wir viele Spiele noch gedreht haben. Das konnte auch Horst Hrubesch. Da lagen wir in Berlin gegen Tennis Borussia zur Pause zurück. Horst hat uns so ins Gebet genommen, dass wir mit einem unglaublichen Selbstbewusstsein in die zweite Hälfte gingen und noch gewannen!« Vor den wichtigen Spielen hat Hansi Dörre seinen Freund oft bewundernd beobachtet. »Man kann sich das gar nicht vorstellen. Willi lief völlig ungezwungen in der Kabine auf und ab. Sogar splitterfasernackt über den Gang, redete mit allen und machte Blödsinn. Wer ihn kannte, wusste ganz genau, dass er im Grunde

»So haben wir gefeiert, wenn es zwei Punkte gab.«
Lippens und Hansi Dörre im zärtlichen Tête-à-Tête.

unglaublich angespannt war. Das Tolle daran: Im Spiel war jede Nervosität weg. Bei mir und den anderen war das nicht so. Wir mussten erst in das Spiel kommen, um zu glänzen!«

Nach elf Jahren ging Willi Lippens oder um es genauer zu sagen: er musste gehen. »Das hat mir unendlich wehgetan. Es ging nicht nur ein sehr guter Spieler. Es ging auch ein Freund. Fast wäre ich ihm auch in die USA gefolgt. Das aber scheiterte an internen Dingen. Ich habe einen Kollegen, einen Freund und leider auch den Kontakt verloren!« Die Art und Weise, wie der Transfer von Lippens zum BVB 09 verlief, hat Hansi Dörre selbstverständlich nicht gefallen. »Wer aber ein so großartiger Fußballer war, der hatte nicht nur Freunde, sondern auch einige Feinde. Die haben es nicht hinnehmen können, dass Willi immer im Blickpunkt stand. Er hat ihnen quasi die Schau gestohlen. Wären Lippens und Burgsmüller geblieben, dann hätten wir eine Klassemannschaft in die Liga geschickt!«

Der Faktor Neid hat also eine Rolle gespielt. So ist es halt, wenn es um viel Geld geht. Lippens stellt eine Rechnung auf: »Wenn ich es mir jetzt noch einmal durch den Kopf gehen lasse, komme ich zu dem Ergebnis, dass ich in unserem Team dreißig Prozent Neider hatte. Es waren meiner Meinung

Torschütze Willi Lippens lässt sich von Dieter Bast feiern, 1973.

nach dumme Leute. Sie haben doch von meinem Spiel profitiert. Schade, dass auch die Spielerfrauen ihren Teil dazu beigetragen haben. Wenn ich Tore geschossen habe oder für andere Treffer vorbereitete, erhielten doch alle die Prämien und brachten es zum Wohlstand. Der saublöde Gang zum Vorstand hat den Verein kaputt gemacht. Mit dem damaligen Potenzial wären wir eine Spitzenmannschaft geworden. Gute Spieler wie Frank Mill, Matthias Herget oder Kaminski kamen hinzu. Nicht zu glauben, dass so etwas passieren musste«

Rückblickend weiß Lippens, dass er mit seiner direkten Art nicht überall auf Beifall gestoßen ist. »Lieber seine ehrliche Meinung vertreten, als ein Duckmäuser zu sein. Mit dieser Art bin ich eigentlich immer am weitesten gekommen, obwohl es auch genug Ärger gab!«

So war es auch mit seinem Mitspieler Dieter Bast. Sportlich passten beide wunderbar zusammen, menschlich auch, aber irgendwann kam der Knackpunkt. Inzwischen sind die Wogen längst geglättet. Dennoch erinnert sich der gelernte Werkzeugmacher Dieter Bast nur ungern an die Tage, als Willi Lippens und Manfred Burgsmüller den Verein verließen, oder anders ausgedrückt: verlassen mussten. »Dabei hatten wir überhaupt keinen Grund,

RWE auf Geldsuche: Zum Bau der neuen Gegentribüne wurden Bausteine (sprich Geldbeträge) verkauft. Die Anteilscheine trugen das Konterfei von Willi Lippens und Dieter Bast, 1974.

uns von diesen beiden Spielern zu trennen. RWE hatte eine Klassesaison hingelegt. Um ein Haar wären wir sogar ins internationale Geschäft gekommen. Uns trennten damals vom Vierten nur zwei Punkte!« Das änderte leider nichts an der Tatsache, dass die Ränge im Georg-Melches-Stadion nur noch ganz selten gefüllt waren. Der Rückgang bei den Zuschauern wirkte sich fatal aus. Spieler mussten schlichtweg verkauft werden, was RWE letzten Endes sehr wehgetan hat. Willi Lippens hatte in zahlreichen Interviews stets bestätigt, an Rot-Weiss zu hängen. Er wäre geblieben und kann es eigentlich bis heute nicht so recht verstehen, warum einige Mitspieler ihn nicht mehr bei RWE haben wollten: »Mit meinen Toren und Vorlagen habe ich doch meinen Teil zur guten Saison beigetragen. Warum denn plötzlich die Antipathie?«

Dieter Bast war einer dieser Spieler, die sich durch die Dominanz des Linksaußen zurückgesetzt fühlten. »Willi hatte damals mit einigen Nebenspielern Probleme. Das ist gar nicht weg zu diskutieren. Er stand immer im Blickpunkt. Alles drehte sich um ihn. Die älteren Spieler ließen sich das nicht gefallen. Reibereien blieben nicht aus. Wenn Mitspieler an diesem Denkmal kratzten, gab es natürlich Ärger. Trotzdem war es ein Fehler, Burgsmüller und Lippens zu verkaufen.«

Der Vorstand befand sich in einer Zwickmühle, hatte natürlich auch die von Bast angesprochenen Probleme mitbekommen. Man unterhielt sich mit den Spielern. Auch mit Dieter Bast. »Klar! Meine Meinung wollten die Vorstandsmitglieder auch wissen. Vorher wurde mir verdeutlicht, dass aus finanziellen Gründen ein Spieler abgegeben werden müsste. Wir alle hätten trotz der Querelen gern mit Lippens weiter gespielt. Es war ja nun wirklich nicht so, dass wir es abgelehnt haben, mit ihm weiter zu machen. Das ist absoluter Quatsch. Es war auch nicht so, dass ich zum Vorstand gelaufen bin und den Verkauf von Willi gefordert habe!«

Dieter Bast hatte nur festgestellt, dass sich Burgsmüller und Lippens nicht besonders mochten. So sei es doch besser, sich von dem einen oder anderen zu trennen. »Ich war doch damals viel zu jung, um so große Worte vor dem Präsidenten Will Naunheim zu halten. Nie und nimmer habe ich gefordert, sich von Lippens zu trennen. Die anschließende Saison hat dann gezeigt, welchen Fehler unser Verein gemacht hat. Schließlich ging auch Burgsmüller. Erst für ein paar Wochen nach Uerdingen und dann kurioserweise zu Willis neuem Verein nach Dortmund!«

Dieter Bast kam von Sterkrade 06/07 zu Rot-Weiss, obwohl auch Borussia Mönchengladbach Jagd auf das junge Talent machte. »Der Klub war aber eine Nummer zu groß für mich. Ich war gerade 18 Jahre alt und dann sehr froh, zu einem so guten Trainer wie Herbert Burdenski gekommen zu sein. Er hat mich klug aufgebaut!« So klug, dass er an der Schwelle zur Nationalmannschaft stand, dass er vier B-Länderspiele bestritt, in Los Angeles Spieler der deutschen Olympia-Auswahl wurde, für RWE 346 Spiele mit 65 Toren absolvierte, und dass er seine Bundesligakarriere beim VfL Bochum und in Leverkusen fortsetzte. Natürlich hätte er liebend gern auch in der A-Nationalmannschaft gespielt, aber er war kein »Lautsprecher in eigener Sache«, wie Journalisten damals einhellig urteilten. »Wenn ich dem Ruf von Dettmar Cramer zum FC Bayern München gefolgt wäre, dann hätte der Sprung ins A-Team gelingen können, aber ich bin nun einmal ein echter Ruhrpott-Junge! Was sollte ich an der Isar?«

An den ersten Kontakt mit Lippens kann sich Bast gut erinnern: »Willi hatte nicht vergessen, wie es ihm als Jugendlicher im Profisport ergangen ist. So hat er sich intensiv mit den jungen Spielern beschäftigt. Wenn wir zweimal am Tag trainierten, nahm er mich zum Mittagessen mit nach Hause, wo seine Frau Monika gekocht hatte. Er hatte einen großen Namen und bei RWE eine Menge zu sagen. In seinem Fahrwasser konnte ich mich glänzend entwickeln. Ich habe mich neben ihm wohl gefühlt!« Das konnte er auch,

**Plötzlich in der gegnerischen Kabine:
Willi Lippens bei seiner Rückkehr mit dem BVB an die Hafenstraße, April 1977.**

und Willi Lippens hat die Komplimente gern zurückgegeben: »Dieter Bast war bei uns ein überaus wertvoller Spieler, zog die Fäden im Mittelfeld und hat als Libero die Deckung zusammengehalten!«

Der bei Arminia Klosterhardt in Oberhausen groß gewordene Bast hatte bei aller Wertschätzung eine »Macke« bei Lippens entdeckt: »Eigentlich konnte er alles, aber Willi hat es bis heute nicht gelernt, Vollspann vom Boden aus zu schießen. Das war nicht sein Ding. Er hat viel lieber geschnibbelt und den Ball mit viel Gefühl in die Torecke gehoben. Vollspann? Nein! Das ging nicht. Er hat es auch nie versucht!«

Profitiert hat er also von Willi Lippens. »Weil er damals einer der besten Fußballer in Europa war. Ich kannte keinen, der so großartig mit dem Ball umgehen konnte. Seine Bewegungen waren genial. Nur ein Beispiel: Wenn von links ein langer Ball kam, glaubte jeder im Stadion, der Ball ginge an Willi vorbei. Der aber fuhr ein Bein aus, angelte sich die Kugel und legte sie sich maßgerecht auf den anderen Fuß. Unglaublich auch, wenn er den weiten Ball mit seinem Allerwertesten stoppte und anschließend seine Gegenspieler lächerlich machte!« Dass Spieler wie Dieter Bast zum Vorstand liefen, hat Lippens sicherlich nicht gefallen, aber irgendwie zeigte er doch etwas Verständnis: »Dieter war viel jünger als ich, und ich gebe zu, dass es manchmal nicht so einfach war, mit mir in einer Mannschaft zu spielen. Alles stürzte sich immer auf mich. Ich stand im Mittelpunkt. Das kam bei dem einen oder anderen Mitspieler nicht so gut an. Kann ich verstehen. Der Neid spielte dabei leider auch eine wichtige Rolle.«

Nach seinem Wechsel zu Borussia Dortmund spielte Lippens dann auch gegen Rot-Weiss Essen. Mit sehr gemischten Gefühlen fuhr er an die Hafenstraße, aber auf der anderen Seite war er Profi. ›Wes Brot ich esse, des Lied ich singe‹, sagt der Klassiker. Lippens hielt sich daran, aber es war schon ein blödes Gefühl, sich plötzlich in der gegnerischen Kabine umziehen zu müssen. Beide Mannschaften trafen sich wie immer bei Jupp Breitbach unter der Tribüne. Dort trank man vor dem Spiel beim Platzwart eine Tasse Kaffee. Das tat auch Dieter Bast. Lippens hatte eigentlich die leidige Geschichte in Essen längst verdrängt. Schließlich fühlte er sich in Dortmund sauwohl. Jetzt kam alles wieder hoch. »Ente« sprach seinen früheren Mitspieler an: »Na, Dieter, es sieht bei euch ja nicht gut aus. Ihr braucht die Punkte zum Klassenerhalt. Ich mache dir einen Vorschlag, wie ihr dieses wichtige Spiel gewinnen könnt. Du gehst jetzt vor mir auf die Knie, faltest die Hände und bittest mich um Verzeihung für das, was ihr mir in Essen angetan habt. Wenn du das machst, schieße ich heute kein Tor, und ihr könnt gewinnen!« Es kam die zu erwartende Reaktion. Bast sah Lippens von oben bis unten an, setzte eine bitterböse Miene auf und zitierte das »Götz-Zitat: »Du kannst mich mal!«

Lippens hatte nichts anderes erwartet. Dieter Bast reagiert etwas zögernd, wenn er heute auf diese Begegnung unter der Essener Tribüne angesprochen wird: »Ich selber kann heute nur sagen, dass mein Langzeitgedächtnis etwas gelitten hat. So genau kann ich mich an Willis Spruch nicht mehr erinnern. Wenn ich nun wirklich vor ihm in die Knie gegangen wäre, hätte das auch nichts genutzt. Er war ja bei diesem bitteren 1:5 auch unter den Torschützen. Hätte er nicht getroffen, dann hätten die anderen Dortmunder die Tore gemacht. An der Niederlage hätte das nichts geändert!«

Aus der Dortmunder Zeit ist besonders die Freundschaft mit Erwin Kostedde geblieben. Damals nannte die Presse ihn »Brauner Bomber«. Schon nach ein paar Wochen waren beide in Dortmund die Lieblinge der Fans, die rasch das nette Attribut »Fußball-Zwillinge« erfanden. Lippens hat nicht vergessen, wie übel seinem Freund Erwin Kostedde nach der Laufbahn mitgespielt wurde und hat für ihn nur lobende Worte: »Erwin ist ein feiner Kerl. Ein echter Kumpel. Wegen seiner Hautfarbe war er wohl stets etwas schüchtern. Ich kann das vielleicht am besten einschätzen, weil ich während unserer gemeinsamen Zeit bei Borussia mit ihm auf einer Bude zusammen war. Er hat nie irgendeinem weh getan, und ich bin froh, dass er durch seine fußballerischen Künste anerkannt wurde!«

Kosteddes Laufbahn begann in Münster. Zweimal spielte er bei Standard Lüttich, war Torschützenkönig im französischen Laval, wurde mit Werder Bremen Deutscher Meister und ließ seine aktive Zeit an der Bremer Brücke beim VfL Osnabrück ausklingen. Elf Vereine in seiner Profi-Karriere. Er durfte mit Fug und Recht als Globetrotter bezeichnet werden. Ganz anders als Willi Lippens, der es bei RWE, BVB und Dallas beließ. Er ist und bleibt nun mal ein »Essener Jung«.

Ein Blick in die Statistiken des DFB zeigt, dass Kostedde für den MSV Duisburg, Kickers Offenbach, Hertha BSC, Borussia Dortmund und für Werder Bremen insgesamt 219 Bundesligaspiele bestritten hat und dabei sage und schreibe 98 Tore erzielte. Zwischen 1971 und 1975 war er in Offenbach 93-mal in der höchsten Klasse dabei und schaffte allein 52 Tore. Erwins Vater war ein amerikanischer Soldat und seine Mutter eine Deutsche aus Westfalen. Er war der erste Farbige in der deutschen Nationalmannschaft. Mitte der 1970er Jahre brachte er es auf drei Einsätze unter Helmut Schön. Allerdings musste Kostedde bei allem Talent auch oftmals unter seiner Hautfarbe leiden. Rassistische Vorbehalte oder Abkanzelungen waren durchaus noch gang und gäbe. Zu einem Reporter sagte er damals: »In München war es schon schlimm, wenn man sonntags in Jeans rumlief. Aber ich trug das ganze Jahr die falsche Hautfarbe.«

Der »Ausländer« Willi Lippens begegnete Kostedde ohne Vorbehalte und sah in ihm vor allem den brandgefährlichen Stürmer: »Erwin war ungemein kopfballstark. Für mich zählt er zu den größten Torjägern Deutschlands. Als er in Offenbach Tore wie am Fließband machte, spielte ich gegen ihn. Natürlich auch, wenn RWE gegen Hertha antrat. Da pfiff ihm Walter Eschweiler mal hintereinander zwei Tore weg. Warum, das weiß er wohl bis heute nicht!«

Ganz genau kann sich Lippens noch an die Zeit erinnern, als Kostedde von der Berliner Hertha nach Dortmund wechselte. »Natürlich kannte ich ihn schon aus den Spielen gegeneinander, aber als ich nun mit ihm erstmals gemeinsam trainierte, war ich begeistert. Erste Pflichtaufgabe war ein Pokalspiel gegen TuS Haaren. Erwin schoss fünf Tore. Da habe ich ihn nach dem Spiel gefragt, ob er auch Lotto spiele, weil das Glück dem Erwin auf dem Rasen geholfen hat!« In Hamburg zauberten beide und haben bei brütender Hitze dem HSV eine kleine Lehrstunde gegeben. »Wir gewannen in einem packenden Spiel 4:3 gegen den Pokalsieger, der gern auch Deutscher Meister geworden wäre. Es war brüllend heiß. Als ich in die Hamburger Kabine

Weggefährten 135

Die Zimmergenossen Lippens und Kostedde
als erfolgreiches Sturm-Duo beim BVB, 1976.

kam, da saß der Erwin doch tatsächlich in einer Badewanne mit eiskaltem Wasser. Das aber hat geholfen. Erwin schoss zwei Tore, die ich vorbereitet hatte. Es hat viel Spaß gemacht, mit ihm in einer Mannschaft zu spielen!« So sah es auch Kostedde, der sich mit Lippens auch privat bis heute sehr gut versteht. »Willi ist ein herzensguter Mensch. Beim Spiel war er manchmal doch ein harter Knochen, aber außerhalb der Stadien war er stets ein grundehrlicher Kerl, der die Lügen hasste und dann seine Meinung vehement vertrat. Auch wenn er sich damit keine neuen Freunde schuf. Damit hat er sein Leben im Gegensatz zu mir gemeistert!«

Nach den erfolgreichen Offenbacher Jahren wollte Kostedde 1975 in Berlin eine neue Heimat finden. Kostedde selber fühlte sich wohl in Berlin. Der Profi verdiente gutes Geld und bildete mit Erich Beer ein erfolgreiches Duo. Er wohnte in der exklusiven Grunewald-Gegend, aber seiner Frau Monique gefiel es in der damals noch geteilten Stadt überhaupt nicht. Monique nannte in den Zeitungen den Grund: »Mir hat es in Berlin von Anfang an nicht gefallen. Das lag weniger an der Stadt, sondern an der drangvollen Enge und vor allem an der Mauer, die mich furchtbar bedrückt hat. Wir konnten in dieser Stadt am Wochenende nach den Spielen 60 Kilometer fahren und waren immer noch in Berlin. Wenn wir mal diese schreckliche Mauer überwinden konnten, landeten wir in Helmstedt, aber was war schon in Helmstedt los? Ich habe Erwin dann vor vollendete Tatsachen gestellt und ihm gesagt, dass ich gehen würde, wenn er noch bleiben wollte!«

Fußball sagte ihr so gut wie nichts Zu Hause wurde kaum über Herthas Spiele gesprochen. Sie selber hat sich tatsächlich nur ein einziges Spiel angeschaut und fand es unglaublich langweilig. Ihr war es wirklich völlig egal, wenn Journalisten über ihren Mann große Geschichten schrieben. Da hieß es unter dem Titel »Be-Vau-Be! Die Borussen kommen« in einer mehrtägigen Serie der BILD: »Monique hat der Borussia den Torjäger Kostedde frei Haus geliefert so wie er war. 30 Jahre alt, milchkaffeebraun, stabil, wendig, 177 cm groß, 84 Kilo schwer mit Dynamit in den Oberschenkeln. Dazu Spielwitz im krausen Köpfchen. Bomber und Techniker in einer Person!« Robert Carstens hatte keineswegs übertrieben. Genau so spielte Erwin zusammen mit Willi Lippens im Stadion »Rote Erde« und auf allen anderen Schauplätzen der Bundesliga.

Erwin hat auf seine Monique gehört und wechselte zum BVB 09. Bis es soweit war, gab es allerdings noch hartnäckige Verhandlungen mit dem Hertha-Vorstand. Erich Beer war während der Zeit in Berlin so etwas wie ein Beichtvater für Erwin. So holte er sich auch einen Rat. Nationalspieler Beer fühlte sich in jenen Tagen auch nicht mehr wohl bei der Hertha. Bei diesem Traditionsverein lief vieles nicht nach Wunsch. Die Medienvertreter schrieben von Liebestragödien und Selbstmordversuchen. Der Fußball trat dabei oft genug in den Hintergrund. Erich Beer gab Erwin den Rat, wo anders sein Glück zu versuchen. »Hör auf deine Frau und geh weg!« Natürlich wollte der Berliner Verein einen seiner besten Spieler behalten. Kostedde hielt dagegen: »Meine Frau will weg. Die Hertha hat nichts davon, wenn ich bleibe. Meine Leistungen werden darunter leiden, wenn ich allein in Berlin bleibe!« Für 550.000 DM konnte der Stürmer dann gehen. Für damalige Verhältnisse eine gewaltige Summe.

Kostedde landete in Dortmund. Vom BVB 09 hatte er eine sehr gute Meinung. Unter Otto Rehhagel könnte dieser Verein in der Bundesliga etwas bewegen. Man kannte sich, und der Trainer freute sich über sein neues Duo Lippens/Kostedde. Ein solches Zweigespann war nicht neu für die Borussia: Da gab es mal das Superduo Siggi Held und Lothar Emmerich. Genau so gut wie das Paar Timo Konietzka und Jürgen Schütz. Beim Comeback in der Bundesliga brach die Fußballbegeisterung in Dortmund mal wieder alle Dämme. Für 1,5 Millionen DM wurden Dauerkarten verkauft. Sie kosteten

Es wird scharf geschossen im Westfalenstadion: Lippens und Kostedde
bei einem Foto-Shooting für die »Neue Revue«, 1977.

für eine Saison 230 bis 380 DM. Zum ersten Heimspiel der Saison gegen den Mitaufsteiger 1. FC Saarbrücken wollten 100.000 eine Eintrittskarte. Für 53.490 war aber nur Platz. Der BVB gewann mit 2:1.

In einer Spezialvorschau auf diese Saison wurde kein Geringerer als Franz Beckenbauer auch nach dem Aufsteiger Borussia Dortmund gefragt. Der »Kaiser« sagte für den BVB eine gute Saison voraus. »Weil sie sehr vernünftig eingekauft haben. Willi Lippens und Erwin Kostedde sind auf dem Höhepunkt ihrer Karriere. Beide gehören nach wie vor zu den besten Spielern der Liga!« Ein Riesenlob aus berufenem Mund. Willi Lippens hatte zwar nach wie vor seine Fans in Essen unterhalten, aber das Ganze hatte sich doch ein wenig verschlissen. Jeder wusste inzwischen ganz genau, was die »Ente« machen würde. In Dortmund war nun alles neu, und Lippens hatte wieder große Freude am Ball, und Erwin Kostedde war auf Anhieb begeistert: »Willi schlägt wunderbare Flanken. Daraus werde ich Tore wie am Fließband machen. So viele Bälle habe ich bei Hertha nicht in vier Spielen bekommen!«

Erwin hatte also auch eine Menge Routine mit nach Dortmund gebracht, und für Lippens war er der ideale Partner. »Einen solchen Spieler in der Sturmmitte zu wissen, beruhigt kolossal. Das war mit Horst Hrubesch in Essen ganz genauso. Er haute wie Erwin die Dinger volley rein. Kostedde konnte überall angespielt werden. Hoch oder flach – ich bekam den Ball zurück. Schade nur, dass er alles in allem für diese Liga zu gut war. Er hat seine Ellenbogen nie gebraucht!«

Ganz gewiss ein Grund dafür, dass es mit Erwin Kostedde nach der Karriere bergab ging. »Er war zu naiv, hatte die absolut falschen Berater. Allen hat er geglaubt. Die aber wollten nur sein Geld. Schließlich hat man ihm noch einen Raubüberfall in die Schuhe geschoben. Man hat ihn ein halbes Jahr dafür ins Gefängnis gesteckt, obwohl nichts bewiesen war. Dann hat man den wahren Täter geschnappt und ihn mit einer Entschädigung entlassen!«

Noch heute leidet Erwin Kostedde unter dieser fatalen Geschichte. Er weiß nur allzu gut, dass bei den Mitmenschen nach einem Aufenthalt im Gefängnis immer etwas hängen bleibt. »Ich habe Glück gehabt, er aber nur Pech, nachdem er die Stiefel an den berühmten Nagel gehängt hat. Ich fühle mich einfach verpflichtet, einem langjährigen Freund zu helfen«, so Lippens, für den Kostedde kein Einzelfall ist. »Ich habe es oft genug gesagt, dass bekannte Fußballspieler von falschen Beratern um ihr Geld gebracht wurden. Dem belgischen Profi Bosman verdanken doch unsere Bundesligaspieler alles. Er hat sie durch seinen gewonnenen Prozess um die freie Berufswahl in Europa bei ihren Verhandlungen mit den Vereinen in eine ausgezeichnete Situation gebracht. Heute lebt Jean-Marc Bosman in bescheidenen Verhältnissen, weil keiner für ihn etwas tut!«

Lippens erinnert an die schier unglaublichen Honorare der Stars. »Dagegen ist der Bosman ein armes Schwein«, meint er überaus deutlich und spricht gern über seine Idee, einen Förderverein für in Not geratene Profis zu gründen. »Ich würde mich daran sofort beteiligen. Finanziell im Rahmen meiner Möglichkeiten, aber auch logistisch als Mitglied eines Vorstandes!« Willi erklärte seinen Vorschlag bereits Managern der Deutschen Fußball Liga: »Wenn Spieler mit einem deutschen Verein einen Vertrag abschließen, müsste darin eine Klausel enthalten sein, dass monatlich ein winziger Betrag in einen Topf kommt. Die Spieler würden ihren Obolus überhaupt nicht spüren. Die DFL könnte mit einem derartigen Verein ein Zeichen setzen, und die Spieler sich mit ihren Kollegen identifizieren!«

11.
Das Leben ist ein Bumerang!

19. Mai 1976! Das war in der Karriere von Willi Lippens ein bemerkenswerter Tag. Ein Journalist hat es sogar zeitlich exakt festgehalten: Um 18.30 Uhr unterschrieb Lippens einen Vertrag bei Borussia Dortmund. Elf Jahre hatte er für Rot-Weiss Essen gespielt und gegen Werder Bremen ging diese Ära zu Ende. Noch einmal genossen seine Fans seine Späße und vor allem sein großes Können. Von den Rängen erklang ein letztes Mal das Lied: »Willi, du darfst nicht gehen. In Essen ist es doch so schön!« Lippens zeigt sich noch heute gerührt: »Das hat mir natürlich noch einmal gut getan. Wenn man so lang für RWE gespielt hat, dann fällt es einem nicht leicht, diesen Verein zu verlassen. Von Manni Burgsmüller hatte sich der Vorstand auch getrennt. Mit Blumensträußen wurden wir beide verabschiedet. Es war für uns kein gutes Gefühl, den Verein zu wechseln!«

Für Monika Lippens war die Entscheidung beinah eine Erleichterung. Ihr hatte es überhaupt nicht gefallen, als bei RWE nach elf Jahren der Druck für Willi immer größer wurde. »Die Reibereien mit dem Vorstand und die Aussagen seiner Mitspieler haben Willi zugesetzt. So war es fast eine Erlösung, als der Wechsel nach Dortmund kam. Das hat ihm sehr gut getan. Frei vom Druck hat er für die Borussia wieder herrliche Spiele gezeigt!«

Borussia Dortmund war gerade die Rückkehr in die Bundesliga gelungen und auf der Trainerbank nahm Otto Rehhagel Platz, der einst als Spieler bei Rot-Weiss gekickt hatte. In Essen kannte er sich also aus. »Klar, dass er davon erfuhr, dass man mich in Essen los werden wollte. Er brauchte genau so einen Spieler für den Erhalt der Liga, einen Routinier für seine jungen Talente. Als RWE mir kein Angebot mehr unterbreitete, rief er bei mir an. Wir trafen uns in Osnabrück, also auf neutralem Boden, und wurden rasch einig!« Willi Lippens hatte gegen seinen neuen Trainer mehr als einmal gespielt. Man duzte sich, aber damit war es nach dem Treffen in einem Osnabrücker Café vorbei. Lippens lacht, wenn er an diese Zeit denkt: »Wilhelm und ›Sie‹. Das war schon komisch, aber so ist der Otto! Ich habe ab sofort nur noch ›Trainer‹ gesagt.«

Lippens im Zweikampf mit Hans-Jürgen Ripp bei seinem Bundesliga-Debut in Gelb-Schwarz: Mit 4 : 3 gewann der BVB im Hamburger Volksparkstadion, August 1976.

Autorität war für Otto Rehhagel ein wichtiges Wort. Das hat der Essener immer wieder eindeutig unter Beweis gestellt. »Wir haben als Neuling beim FC Bayern München 2:1 gewonnen«, sagt Lippens und lobt seinen Trainer. »Otto war so ein richtiger Feuerwehrmann. Was hat er uns vor diesem Spiel in München motiviert. So sehr, dass wir eigentlich dort gar nicht verlieren konnten! Er hat uns stark geredet. Wir seien genauso gut wie die Bayern. Mit dem Gefühl sind wir aufgelaufen und haben für die Überraschung gesorgt.«

Für die Dortmunder war Willi ein Schnäppchen. Seine Ablösesumme betrug lächerliche 50.000 DM. Der schlaue Taktiker hatte sich diese Ablösesumme in seinen Vertrag mit RWE schreiben lassen. Mit 30 Jahren war er noch nicht so alt, und so konnte er einen gut dotierten neuen Vertrag aushandeln. Für beide Seiten hat sich dieser Transfer also gelohnt. Die Zeit der Umgewöhnung fiel Lippens nicht sonderlich schwer. Im Gegenteil: Er freute sich auf das neue Stadion und damit auf meist über 50.000 Zuschauer.

»Das war für mich genau die Bühne, die ich brauchte. Da konnte ich noch einmal so richtig den Schappalappa raus lassen! Ich habe beim BVB schnell Fuß gefasst und war bei den dortigen Fans bald so beliebt wie in Essen. Es war eine Superzeit, die auch meiner Geldbörse ganz gut getan hat. In der Zeitung entdeckte ich dann zum Wechsel ein Zitat von Rehhagel. Otto sprach meine lange Zeit in Essen an und meinte knallhart, dass es so etwas wie Treue im Fußballgeschäft schon lange nicht mehr gäbe!«

Kuriosum am Rande: Wochen später spielten Lippens und Burgsmüller wieder zusammen in Dortmund. RWE hatte mit Manfred Burgsmüller einen zweiten teuren Spieler von der Gehaltsliste gestrichen und Ablöse kassiert. »Manni« wechselte nach Krefeld, wo er sich allerdings nicht sonderlich wohl fühlte. Burgsmüller will heute nichts davon wissen, dass er sich mit Lippens nicht so gut verstanden haben soll. »Die besten Freunde sind wir sicher nicht geworden, aber auf dem Spielfeld haben wir uns verstanden. Es mag sein, dass mich damals der Essener Vorstand nach Willi gefragt hat und ich auch die Meinung vertreten habe, dass er etwas zu dominant war, aber das änderte nichts daran, dass wir auch in Dortmund ein gutes Duo waren!«

Otto Rehhagel hatte davon gehört, dass Burgsmüller in Uerdingen nicht so glücklich war und sprach Lippens an: »Wilhelm, Sie sind doch in Essen-Kupferdreh Nachbar von Manfred Burgsmüller. Fragen Sie ihn doch mal, ob er nicht Lust hätte, bei uns in Dortmund zu spielen!« Burgsmüller hatte Lust, und so spielten die beiden Ex-Essener wieder zusammen. Wer hätte das gedacht? Beide bildeten eine Fahrgemeinschaft und waren in der Bundesliga mit entscheidend dafür, dass Borussia Dortmund keine Probleme im Kampf gegen den Abstieg bekam.

Anders erging es dagegen Rot-Weiss, und der endgültige Aderlass erfolgte ausgerechnet im Spiel gegen den BVB. »Das Leben ist ein Bumerang«, philosophierte Lippens ungewohnt zurückhaltend nach diesem denkwürdigen Spiel am 4. April 1977 an der Hafenstraße. Er spielte für den BVB 09, aber im Herzen war er natürlich immer noch Essener. Ironie des Schicksals, dass ausgerechnet er und »Manni« Burgsmüller für deren Aus sorgten. Zunächst sah es dabei keineswegs nach einem Heimdebakel für Rot-Weiss aus. Vor 18.000 Zuschauern war RWE die bessere Mannschaft. Erst als Lippens in der 40. Minute für die Dortmunder Führung sorgte und Manfred Burgsmüller nur zwei Minuten später auf 2:0 erhöhte, spielte nach dem Seitenwechsel nur noch der Gast aus Dortmund. Horst Hrubesch gelang der Anschlusstreffer, aber Mirko Votava (2) und noch einmal Burgsmüller machten dann in den letzten zwanzig Minuten den Dortmunder Kantersieg perfekt.

Zweimal »Manni« Burgsmüller und einmal Willi Lippens. Zwei Essener schickten RWE in die zweite Liga. Das tat weh. Nach diesem 28. Spieltag gab

»Das Leben ist ein Bumerang.«
Wiedersehen mit Hansi Dörre (ganz rechts).

es nur noch theoretische Chancen auf den Klassenerhalt. In seiner Nachbetrachtung schrieb Ludger Ströter in der WAZ: »Das Wort Dummheit war im Georg-Melches-Stadion am meisten zu hören. Natürlich in Verbindung mit Willi Lippens. Er zeigte allen, die ihn nach Dortmund ziehen ließen, die Größe ihres Fehlers. Seine Essener Verehrer überreichten ihm vor dem Spiel einen Blumenstrauß, und er bedankte sich mit einer Supershow. Genüsslich breitete Willi die große Kollektion seiner Fußballkunst aus. Die Essener Zuschauer jubelten ihm zu – wenngleich mit einer gewissen Wehmut. Lippens bestrafte bitter den Entschluss der RWE-Lobby, ihn nicht über elf Jahre hinaus an sich gebunden zu haben.«

Monika Lippens hat das Spiel auf der Tribüne verfolgt und konnte danach ein paar Tränen nicht verstecken. »Für meinen Willi habe ich mich natürlich gefreut, aber für RWE tut mir das unendlich leid! In diesem Spiel hat er dem Essener Vorstand und seinen früheren Mitspielern gezeigt, welchen Fehler sie gemacht hatten. Die Auswirkungen waren für RWE furchtbar. Es ging mal wieder in die zweite Liga!«

Im Stadion war auch WAZ-Sportchef Hans-Josef Justen. Am Montag nach dem Spiel war sein Kommentar in der WAZ zu lesen: »Das Schicksal hat kichernd Regie geführt: Ausgerechnet Willi Lippens und Manfred Burgsmüller, vor Saisonbeginn aus Essen und von Essen in die Fremde geschickt, taten den entscheidenden Hieb. Ihre beiden Tore waren der Anfang vom bitteren Ende, späte Demütigung eines Präsidiums, das es vor Saisonbeginn besser wissen wollte!«

Die Medienvertreter hatten sich ihre Gedanken zu den Entscheidungen der Essener Führungsetage gemacht. Dabei hatten sie keineswegs die finanzielle Notlage des Vereins übersehen. Eine halbe Million gab es für Manfred Burgsmüller. Lippens ging für die festgeschriebene Ablöse von 50.000 DM. Geld kam rein, aber es half wenig. Nach diesem fürchterlichen 1:5 gegen Borussia Dortmund hatte keiner mehr so die richtige Lust, weiter für Rot-Weiss zu spielen. Der wieselflinke Däne Flemming Lund kündigte und ging nach Düsseldorf. Hinter Horst Hrubesch war nahezu die gesamte Bundesliga her. Schließlich ging er zum HSV an die Alster. Wenn man es krass und deutlich kommentieren soll, so hat Rot-Weiss Essen aus der Not heraus seine ganze Zukunft verkauft.

Borussia Dortmund beendete die Saison auf dem beruhigenden achten Rang und hatte auch gegen die Spitzenklubs großartige Ergebnisse erreicht. Besonders die Partien gegen den Hamburger SV sind unvergessen: Zum Saisonauftakt gab es in Hamburg einen 4:3-Sieg mit zwei Toren von Lippens Sturmpartner Erwin Kostedde. Das Rückspiel verlief nicht minder dramatisch und endete 4:4. Unvergessen auch der 7:2-Kantersieg gegen den Karlsruher SC. Manfred Burgsmüller spielte stark wie selten und schoss zwei Tore. Natürlich war auch Willi Lippens unter den Torschützen. Lediglich Otto Rehhagel grummelte vor sich hin und sagte in der Pressekonferenz, dass er sich über die zwei Gegentore doch sehr geärgert habe.

Zuvor empfing Borussia Dortmund in einem Vorbereitungsspiel den britischen Spitzenklub Leeds United und gewann 2:1. Der englische Rechtsverteidiger Paul Reaney staunte über diesen Teufelskerl Lippens, der ihn mehr oder weniger zum Statisten degradierte. Der bekannte Brite Peter Lorimer belohnte Willis großes Spiel mit dem schlichten Satz: »Willi played Paul dizzy!«

In dieser Saison traf Lippens in 29 Punktspielen achtmal. Aber seine Erfolgsstory setzte sich im Westfalenstadion nicht ungebrochen fort. Zwei Operationen warfen ihn zurück. Trotzdem gab es immer wieder magische Momente, wie beim 2:1-Sieg über den Hamburger SV am 12. November 1977 vor 45.000 Zuschauern. Schon nach fünf Minuten stand Lippens allein vor Rudi Kargus, scheiterte aber noch. »Ich wollte mir die große Show für später aufheben.« Lothar Huber verwandelte nach 19 Minuten einen von Willi herausgeholten Strafstoß zur Führung der Gastgeber, und Lippens selber überraschte den Hamburger Torwart unmittelbar vor dem Pausenpfiff aus

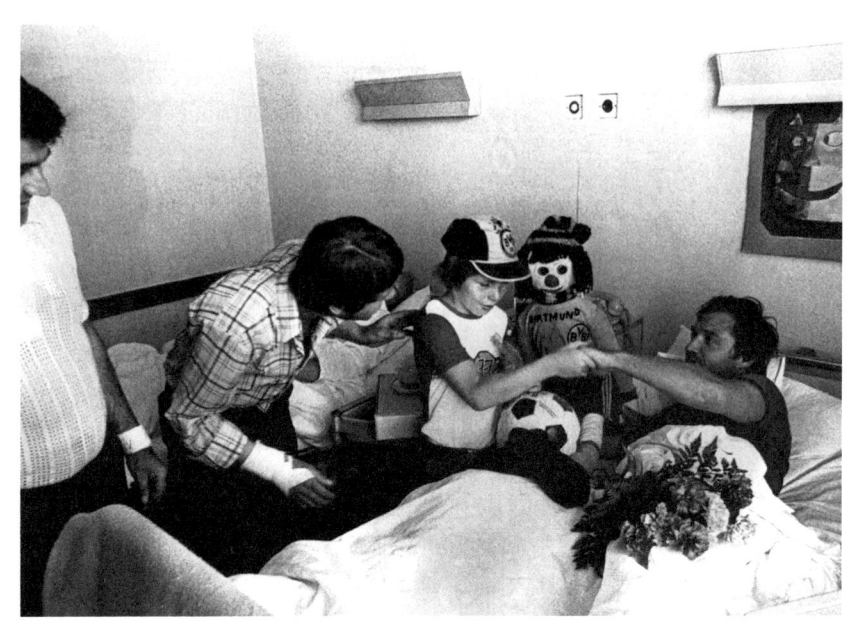

Verletzungspech: Lippens bekommt von einem jungen BVB-Fan im Krankenhaus Besuch.

spitzem Winkel zum 2:0. Mal wieder machte der Ex-Essener mit seinem Gegenspieler was er wollte. Hans-Jürgen »Ditschi« Ripp machte er geradezu lächerlich. Ein Routinier mit 177 Bundesligaspielen für den HSV hatte gegen den quirligen Lippens nie den Hauch einer Chance. Und die Schlagzeile am Montag darauf lautete: »Ente vernascht den HSV ganz allein!«

Bei einem anderen Spiel dieser Saison, das in die Bundesliga-Annalen eingegangen ist, saß er, »zum Glück«, wie er später betonte, auf der Reservebank: beim 0:12-Debakel des BVB gegen die Gladbacher Fohlen.

Zur Erinnerung das damalige Szenario: Punktgleich gingen der 1. FC Köln und Borussia Mönchengladbach in den letzten Spieltag. Die Kölner waren zehn Tore besser und hatten beim FC St. Pauli in Hamburg anzutreten. Borussia Mönchengladbach wollte im Heimspiel gegen den BVB, für den es um nichts mehr ging, unter allen Umständen diesen Rückstand aufholen. Dementsprechend war wohl auch die Einstellung gegen den Namensvetter. Trainer Otto Rehhagel, sonst eigentlich der typische Motivator, ging ohne jegliche Emotion in die Begegnung. Seine beste Elf konnte er ohnedies nicht aufbieten, die leicht angeschlagenen Siegfried Held und Willi Lippens setzte er auf die Bank.

Kölns Gegner St. Pauli war an diesem Schlusstag bereits abgestiegen. Grund dafür war die eklatante Auswärtsschwäche mit 15 Niederlagen, einem Unentschieden und nur einem Sieg beim Nachbarn HSV. Am heimischen Millerntor waren die Paulianer allerdings eine kleine Macht. Nahezu alle Ligakonkurrenten hatten auf dem engen Platz oben an der berühmt-berüchtigten Reeperbahn große Probleme. Das war natürlich auch dem 1. FC Köln nicht entgangen. Man setzte sich zusammen und ließ sich auch etwas einfallen. Hannes Löhr, mit dem FC dreimal Pokalsieger und einmal Meister, erinnert sich an eine Sitzung drei Wochen vor Saisonschluss: »Ich spielte in dieser Saison nur in der Hinserie. Unter Hennes Weisweiler hatte ich mit Auszeichnung mein Trainerdiplom gemacht, und in der Winterpause schlug Hennes mir vor, ab sofort sein Assistent zu sein. Für mich war das ein großartiger Übergang zur Trainerlaufbahn. Ich sollte für die kommende Saison Ausschau nach neuen Spielern halten und junge Spieler vorbereiten!«

Hennes Weisweiler, Karl-Heinz Thielen und Hannes Löhr trafen sich im Kölner Geißbock-Heim und hatten eine glänzende Idee, die im Nachhinein allerdings aus gutem Grund eine Menge Ärger brachte. Der 1. FC Köln erzählte dem Hamburger Vorstand, dass wohl 20.000 Kölner Fans den FC nach Hamburg begleiten würden und forderte die 20.000 Karten an. Beim FC St. Pauli witterte man das große Geschäft, schickte die Karten an den Rhein und zog ins weitaus größere Volkspark-Stadion nach Bahrenfeld. 20.000 Domstädter wollten natürlich trotz aller Begeisterung nicht nach Hamburg. Der FC musste 10.000 Karten zurückgeben, und die entscheidende Partie sahen lediglich 25.000 Zuschauer. Die Kölner Vereinsspitze versuchte mit allen Mitteln, die total verärgerten Hamburger zu besänftigen und versprachen ein kostenloses Freundschaftsspiel. Sie hatten allerdings erreicht, diese Partie nicht am gefürchteten Millerntor austragen zu müssen.

Hannes Löhr schilderte die für den FC lösbare Situation: »Wir sind natürlich davon ausgegangen, dass uns ein Sieg in Hamburg den Titel bringen würde. Mit der desolaten Vorstellung der Dortmunder gegen Gladbach hatte keiner gerechnet!« Zur Vorsicht besorgte sich Co-Trainer Löhr ein kleines Transistorgerät und verfolgte mit dem Knopf im Tor das Geschehen in Düsseldorf. Alles lief nach Plan. Nationalspieler Heinz Flohe sorgte nach 28 Minuten für das 1:0 der Kölner, und Hannes Löhr ließ sich durch eine schnelle 3:0-Führung der Mönchengladbacher noch nicht aus der Fassung bringen. Nervös wurde der zwanzigfache Nationalspieler und WM-Dritte allerdings, als die Reporter aus Düsseldorf ein 7:0 meldeten. Er lief zu seinem Chef Weisweiler und rief aufgeregt: »Hennes, die führen 7:0! Da stimmt irgendetwas nicht. Wir müssen was tun!«

»Wenn du einen Ball haben willst, bring dir selbst einen mit«, scheint Lippens seinem Gegenspieler hinterher zu rufen. Siggi Held gratuliert zum guten Spiel, 1977.

Weisweiler schaute seinen Assistenten fassungslos an und glaubte erst einmal, sich verhört zu haben. Gladbach traf weiter, und die Kölner, plötzlich im Zugzwang, verstärkten ihrerseits das Angriffsspiel. Kaum zu glauben, aber Borussia Mönchengladbach war tatsächlich ein paar Minuten lang Meister. Als es im Rheinstadion 11:0 stand und Jupp Heynckes allein vier Tore erzielt hatte, stand den Kölnern die Zornesröte im Gesicht. Sie kämpften leidenschaftlich und schossen in der letzten halben Stunde noch die entscheidenden Tore durch den Japaner Yasuhiko Okudera (60., 86.), Heinz Flohe (69.) und Bernd Cullmann (83.). Gladbachs 12:0-Sieg, das höchste Ergebnis in der Bundesliga-Geschichte, blieb folgenlos. Trotz des großen Erfolges hatten alle Kölner einen »dicken Hals«. Hannes Löhr: »Wir waren stocksauer. Es hätte einen Skandal geben können. Wenn es anders gelaufen wäre, dann hätte es für Mönchengladbach, Borussia Dortmund und für den deutschen Fußball böse ausgesehen. Man kann 0:4 oder auch 0:5 verlieren, aber nie und nimmer 0:12. So etwas darf einfach nicht passieren!«

So sahen es auch Kölns Medienvertreter. BILD titulierte BVB-Trainer Otto Rehhagel als »Torhagel«. Karl-Erich Jäger, Leiter der BILD-Sport-

BVB-Trainer Otto Rehhagel, April 1977.

redaktion Köln, kann sich an diesen Tag allerbestens erinnern: »Trotz aller Freude war auch bei uns Journalisten der Frust groß. Rehhagel hat seine Mannschaft nicht wie gewohnt heiß gemacht. Für ihn war das Spiel einfach uninteressant. Es spielte keineswegs seine beste Elf. Zum Glück hat der FC in Hamburg nichts anbrennen lassen!«

Willi Lippens hat diesen letzten Spieltag auch nicht vergessen und schwört heute noch Stein und Bein, dass in Düsseldorf alles völlig normal verlaufen sei: »Nein, das war auf keinen Fall Manipulation. Für die Gladbacher lief an diesem Tag alles wie geschmiert. Die waren motiviert bis in die Haarspitzen und wollten unbedingt den Titel. Sie führten sofort und gerieten in einen Rausch, schossen Tor um Tor und hätten fast doch noch das Unmögliche geschafft. Schließlich waren die Kölner letzten Endes doch nur drei Tore besser als die Gladbacher!« »Siggi« Held war leicht angeschlagen und saß neben Willi Lippens auf der Bank. Beim 0:7 wollte Rehhagel wechseln. »Siegfried, machen Sie sich warm«, rief er Held zu. Der schaute in die Wolken, pfiff ein Lied und schüttelte mit dem Kopf. »Dann Sie, Wilhelm!« – »Trainer, soll ich das Ding noch drehen? Hoch werden wir wohl nicht mehr gewinnen!«

Lippens blieb draußen und schaute sich das Debakel von der Bank an. »Natürlich gab es nach dieser peinlichen Niederlage heftige Diskussionen. Viele waren der Meinung, unser Trainer wollte den Kölnern die Meisterschaft versalzen. Ich bin aber immer noch felsenfest davon überzeugt, dass alles korrekt verlaufen ist. Es war garantiert keine Absprache. Es passte alles für Mönchengladbach. Wir lagen ganz schnell hinten. Peter Endrulat, der für Horst Bertram im Tor stand, flogen die Bälle nur so um die Ohren. Jupp Heynkes traf fünfmal. Alle seine Bälle flogen unhaltbar oben in den Winkel. Die Unparteiischen haben mitgejubelt. Es gab kein Abseits. Fouls blieben aus. Es spielten nur die Gladbacher. Zum Glück ließ sich der 1. FC Köln in Hamburg von unseren Zwischenergebnissen nicht beeindrucken. Es wäre eine Katastrophe gewesen, wenn die Meisterschaft durch unser 0:12 entschieden worden wäre!«

Borussia Dortmund zog nach diesem Desaster die Konsequenzen und trennte sich von Otto Rehhagel. »Uns blieb nach diesem Debakel einfach keine andere Wahl. Wir haben das Geschehen im Rheinstadion analysiert und sind einstimmig zu diesem Entschluss gekommen«, stellte der damalige BVB-Präsident Heinz Günther gegenüber der Presse fest.

Leidtragender des Debakels war auch Torhüter Peter Endrulat, dessen Karriere in der 1. Bundesliga nach diesem Spiel abrupt beendet war. In einem Interview mit dem Fußballmagazin ›11 FREUNDE‹ gestand er später: »Rehhagel fragte mich in der Halbzeitpause, ob ich weiterspielen wolle. Da hätte ich sagen müssen, dass ich nicht weitermachen will. Aber ich hatte die Einstellung: ›Jetzt hast du sechs Stück bekommen, das werden ja nicht noch mal sechs werden. Jetzt hältst du mal noch ein paar gute Bälle.‹ Ich wollte ja meinen gerade gewonnenen Stammplatz nicht gleich schon wieder loswerden. Aber das war leider die falsche Entscheidung. Heute weiß ich: Ich hätte rausgehen sollen.«

Für Lippens war Endrulat »die ärmste Sau auf dem Platz«. Während dieser sich letztlich von diesem Karriereknick nie erholte, setzte Rehhagel, von dem Lippens keine schlechte, aber auch keine ausgesprochen gute Meinung hat, seine Trainerkarriere bekanntlich sehr erfolgreich fort.

»Natürlich habe ich ihm die Europameisterschaft mit Griechenland gegönnt. Mit alten Systemen, die wir einmal vor dreißig Jahren praktiziert haben, hat er alle Experten maßlos verblüfft. Spötter, die sich über Ottos Triumph wohl nicht so sehr gefreut hatten, behaupten doch tatsächlich, die Griechen wären nur Europameister geworden, weil sie Rehhagel nicht verstanden.«

Der Kölner Hannes Löhr konnte damals also als Co-Trainer trotz des Dortmunder Versagens die Meisterschaft feiern. Oft genug zuvor hatte Löhr

»Harald, das ist der Ball!«
Lippens im Disput mit Kölns Harald Konopka, Mai 1977

gegen Lippens gespielt. Seine Meinung zum Holländer aus Essen: »Willi war einmalig. Den Ball beherrschte er wie kein Zweiter, und keiner konnte sein Publikum so gut unterhalten. Es ist nicht leicht, mit Worten sein Spiel zu erklären. Das muss man im Stadion einfach erlebt haben. Ich kann mir schon vorstellen, dass es seine Trainer manchmal nicht leicht mit ihm hatten. Zu unserer Zeit akzeptierten die Trainer solche Eskapaden nicht so einfach. Für Willi Lippens war der Fußball sein Hobby. Er hatte einfach großen Spaß daran, mit dem Ball umzugehen. Da mussten alle Trainer beide Augen zudrücken und sagen. ›Egal! Den nehmen wir!‹«

Hannes Löhr erinnert sich besonders gern an eine Geschichte mit Lippens: »Wir spielten im alten Müngersdorfer Stadion gegen Willis Mannschaft. Sein Gegenspieler war der eisenharte Verteidiger Harald Konopka, eigentlich eine ›Bank‹ in unserer Defensive. Harald hatte aber große Mühe mit Ente, foulte ihn ständig. Den Ball traf er nie, aber immer wieder die Beine von Lippens. Dem wurde es dann zu bunt. Mitten im Spiel griff er sich den Ball, hielt ihn Konopka vor die Nase, grinste und sagte: ›Hier Harald, das ist der Ball!‹«

Damit wir uns nicht falsch verstehen. Dies soll keineswegs eine Abqualifikation für Harald Konopka sein. Ganz im Gegenteil: Er gehörte zur Garde der guten deutschen Abwehrspieler und hat das in vielen seiner insgesamt 352 Bundesligaspielen auch nachdrücklich bewiesen. Zwischen 1971 und 1984 spielte Konopka nicht weniger als 335mal in der höchsten deutschen Klasse für den 1. FC Köln, mit dem er ja auch 1978 Deutscher Meister wurde. Vom Rhein wechselte er nach Westfalen und trug in der Bundesliga 17mal den schwarzgelben Dress der Dortmunder Borussia. Torgefährlich war so dann und wann auch einmal. 21 Treffer gehen auf sein Konto.

Helmut Schön holte ihn in das deutsche Aufgebot für die Weltmeisterschaft 1978 in Argentinien, wo er auch in einem Spiel eingesetzt wurde. Am 14. Juni war er in Buenos Aires beim 0:0 gegen Italien dabei und feierte seinen zweiten Länderspieleinsatz am 26. Mai in Reykjavik beim 3:1-Sieg gegen Island. Zweifacher Torschütze war damals Dieter Hoeneß. Harald Konopka spielte zudem noch in zehn B-Länderspielen für die deutsche Auswahl.

Das alles deutet nun wirklich auf eine ausgezeichnete Karriere hin. Daran kann auch das unglückliche Spiel gegen Willi Lippens nichts ändern. Es ist und bleibt ein ungeschriebenes Gesetz im Fußball, dass man auf Gegner trifft, die einem liegen. Man hat sich aber auch schon mal mit einem Spieler auseinanderzusetzen, gegen den man große Schwierigkeiten hatte.

Viele gestandene Spieler hat Konopka mehr als einmal zu Statisten degradiert, aber gegen »Ente« bekam er, wie die Fußballer gern sagen, keine Schnitte.

12.
Willi – the Duck

Europäischer Fußball in den USA war vor einem halben Jahrhundert schlichtweg undenkbar. Basketball, American Football und Baseball waren die Topsportarten mit einem Millionenpublikum. Vom »Soccer« hatte man viel gehört, für die eine oder andere Einwanderergruppe war es sogar der alte Nationalsport, aber generell hat man sich zwischen West- und Ostkünste nur ganz schwer damit anfreunden können. Das änderte sich, als europäische und südamerikanische Stars nach Nord-Amerika kamen und den sportbegeisterten Yankees zeigten, was man mit der Lederkugel alles so anstellen konnte. Die zwei Besten, die der internationale Fußball je hervorgebracht hat, machten mehr oder weniger den Anfang. »Kaiser Franz« Beckenbauer zum Beispiel. Er wechselte vom FC Bayern München nach New York zu den dortigen Cosmos-Fußballern, wo dann auch kein Geringerer als Pelé seine Zelte aufschlug. Diese Verpflichtungen waren schon eine echte Sensation.

Der Mann, der die herausragenden Spieler vermittelte und der vor allem glänzende Kontakte nach Deutschland hatte, hieß Edgar Etringer. In Europa nahezu unbekannt, aber in den Staaten eine schillernde Figur. Der US-Soccer hat ihm eine ganze Menge zu verdanken. Er schaffte es sogar, den Alleinunterhalter Willi Lippens nach Amerika zu locken. Etringer vergaß den Zeitunterschied und rief Lippens mitten in der Nacht an. Zwei Uhr war es. Willi schlief tief und fest und wusste mit dem Namen Etringer nun wirklich nichts anzufangen. »Etringer? Nie gehört. Wer wagt es denn, mich um diese Zeit aus dem Bett zu klingeln?« Der Spielervermittler stellte sich artig vor und verband Lippens mit Gerd Trinklein. Den kannte Willi natürlich. Trinklein hatte zehn Jahre für Eintracht Frankfurt gespielt und in dieser Zeit zehn Treffer erzielt. »Hey, Ente! Wir brauchen dich hier in Dallas bei den Tornados. Komm schnell zu uns. Hier wirst du das Paradies erleben!« So köderte er Lippens, der für ein lukratives Angebot sofort offene Ohren hatte. Schließlich ging seine Karriere so langsam dem Ende entgegen. 34 Jahre war er inzwischen alt und in den Spielen gewiss nicht mehr der Schnellste. »Dafür wurden die Verteidiger immer schneller, und ich spürte inzwischen doch die 15 harten Profijahre, die ich auf dem Buckel hatte!«

Lippens hatte dann und wann schon mal davon gehört, wie gut es seinen Landsleuten auf der anderen Seite des großen Teiches ging. Gerd Müller hatte in Fort Lauderdale sogar ein Restaurant eröffnet. Der Ex-Berliner Karlheinz Granitza war bei den Chicago Stings ein gefürchteter Torjäger. Volkmar Groß stand in San Diego zwischen den Pfosten. Sie alle verdienten eine Menge ›Kohle‹, und das lockte auch Willi Lippens nach Texas. Er bekam bei den Tornados schließlich das Doppelte wie in Dortmund. »Natürlich waren die Finanzen ein wichtiger Grund, nach Amerika zu wechseln, aber ich war auch neugierig auf den Soccer«, gab er den Medienvertretern vor seinem Abflug nach Dallas zu.

Es waren nicht allein die 34 Jahre, die Lippens als Grund für den sensationellen Wechsel angab. Er hatte bei Borussia Dortmund ganz andere Vorstellungen als der neue Trainer Carl-Heinz Rühl. Regelmäßig spielte er sowieso nicht, war also doch etwas unzufrieden. »Was wollen Sie denn in Dallas verdienen«, fragte Edgar Etringer zur nächtlichen Stunde noch. Lippens nannte seine Vorstellungen und erwähnte vor allem die Tatsache,

Abenteuer »Dallas«: Lippens sechsmonatiges Gastspiel in den USA, 1979/80.

dass er ablösefrei in die Staaten gehen könne, was Etringer natürlich ganz besonders freute. Gerd Trinklein kam noch einmal in die Leitung und klärte auf, was ihn in Dallas erwartete. Lippens erfuhr, dass der steinreiche Lamar Hunt als Sponsor fungierte, da sein nicht sonderlich begabter Sohn bei den Tornados spielte. Die Tornados seien schon eine sehr gute Adresse im US-Soccer.

Willi war begeistert. Alle seine Wünsche wurden quasi schon beim ersten Telefonat erfüllt. Nun musste er lediglich den BVB-Vorstand von seinen aktuellen Plänen überzeugen, was ihm mühelos gelang. Lippens war schließlich bei seinem Wechsel von Essen nach Dortmund für den BVB ein »Schnäppchen«. Er hatte in seiner dortigen Zeit viele Freunde gewonnen. Dafür erteilte ihm Präsident Günther mit herzlichen Dankesworten die Freigabe.

Verträge in den USA wurden zu diesen Zeiten immer für nur ein Jahr ausgehandelt. Lamar Hunt rechnete mit einem dreijährigen Aufenthalt. Dass es aber nur sechs Monate wurden, konnte beim Saisonstart keiner wissen. »Es begann eine herrliche Zeit in Dallas. Unter Trainer Al Miller konnten wir Spieler tun und lassen, was wir wollten. Bei der Ankunft bekamen wir sofort einen Toyota Celica. Frei tanken war eine Selbstverständlichkeit. In dieser Beziehung gab es damals in Amerika große Probleme. Man konnte nur einen Tag über den anderen Sprit kaufen. Wir waren sofort Mitglieder im exklusiven Golf- und Tennisclub. Mein Appartment war so groß, dass meine Monika mit unseren drei Söhnen in den achtwöchigen Ferien ausreichend Platz hatten. Ich habe mich in Texas rundum wohl gefühlt!«

Wer Lippens kannte, wusste ganz genau, wie knallhart er stets bei Vertragsabschlüssen war. Als er dann noch einmal nach Essen-Kupferdreh musste, um persönliche Dinge zu klären, verlangte er vom Verein die ausgehandelte Summe. Er wolle sie vorsichtshalber mit nach Essen nehmen. »Die haben wahrscheinlich gedacht, ich hätte einen Dachschaden, das aber war mir egal. Handgeld, Honorar und Prämien. Das war schon eine gewaltige Summe. Fünf Tage später war der Scheck auf der Bank in Essen!« Für die Ablösesumme sorgte der Spielervermittler. Schiedlich wurde das Geld durch drei geteilt: Lippens, Trinklein und Etringer.

Als Willi Lippens sich an die neue Umgebung gewöhnte, als die ersten Trainingseinheiten unter Al Miller, der einmal in Manchester gearbeitet hatte, vorbei waren, trafen sich Etringer, Trinklein und Lippens. Es wurde diskutiert, wie man vielleicht sogar US-Meister werden könnte. Lippens hatte sehr schnell erkannt, dass viel Mittelmaß bei den Tornados anzutreffen war. »Wir müssen für bessere Qualität sorgen. Es sind zu viele zweit- und drittklassige Engländer im Team. Um vorne mitzumischen, brauchen wir Klasse!« Mit dieser Feststellung und seinen Wünschen riss Lippens bei seinen Gesprächspartnern offene Türen ein. »Welche Spieler schweben dir denn vor?« »Ich dachte an Wolfgang Rausch. Das wäre eine echte Verstärkung!«

Die Deutschen bei den Tornados:
(stehend) Gerd Trinklein, Spielervermittler Edgar Etringer, Trainer Al Miller, Club-Manager Marcus, Wolfgang Rausch; (kniend) Willi Lippens, Ede Wolff und Flemming Lund.

Gesagt, getan. Lippens rief bei seinem einstigen Mannschaftskameraden Wolfgang Rausch an. Ein echter Kölner. Also eine Frohnatur mit insgesamt 257 Einsätzen in der Bundesliga. »Er war sofort bereit, denn auch er war schon etwas in die Jahre gekommen«, erinnert sich Lippens und erfuhr, dass Rausch ebenfalls ablösefrei war. Nun konnte man nach den Vertragsverhandlungen mit dem Vorstand wieder aufteilen. Diesmal durch vier.

Wolfgang Rausch war die erwartete Verstärkung, aber Lippens ließ nicht locker. Er war ehrgeizig und wollte in Dallas den Erfolg. Da gab es doch noch den »Ede« Wolf, mit dem Willi in Dortmund gespielt hat. In 40 Bundesligaspielen hatte er seine Klasse bewiesen. Sein Vorteil: Keine Ablösesumme. Nun teilte man durch fünf. Man kannte ja dieses gewinnbringende Spiel inzwischen sehr gut.

Einer fehlte noch, und Lippens dachte spontan an den spielstarken Dänen Flemming Lund. Ein Routinier mit 96 Partien in der höchsten Liga für Rot-Weiss Essen und Fortuna Düsseldorf. Ohne Zweifel eine Verstärkung mit einem kleinen Nachteil: Düsseldorf verlangte eine Ablöse. Nicht allzu hoch, und Edgar Etringer handelte mit dem Vorstand der Tornados eine wesentlich höhere Summe raus, und es wurde unter sechs aufgeteilt.

Nun war Schluss. Jetzt wurde gespielt. Man ging in Dallas mit großen Hoffnungen in die Saison. Willi Lippens war auf Anhieb Liebling der texanischen Fans. Klar, dass sie schnell wussten, wie man diesen kleinen Hexenmeister aus »good old Germany«nannte: »Willi the Duck«.

Bei einem Besuch im berühmten Disneyland wurde er auch dem echten Donald Duck vorgestellt. Wenig später gründeten die Fans einen Lippens Fanclub. Die Tornados vermarkteten ihn. Autogrammstunden waren an der Tagesordnung. Sieben TV-Auftritte hatte der Flügelstürmer, der seine Nummer elf in Dallas mit der 16 tauschen musste. Nette Geschichte am Rande: Mit der 16 erzielte er in den sechs Monaten auch 16 Tore, womit er in der US-Torjägerliste immerhin Platz sechs schaffte.

Im »Land der unbegrenzten Möglichkeiten« hatten sich seine neuen Freunde unter den Zuschauern noch etwas ganz Besonderes einfallen lassen: Es wurde eine Vorrichtung gebastelt, die bei jeder Darbietung des neuen Tornado-Stars Quakgeräusche von sich gab. Bei einem Lippens-Tor gab es aus ungezählten Kehlen den Quak-Quak-Schlachtruf, der von den Reportern »Duck Call« genannt wurde.

Die deutschen Spieler war also überaus begehrt in den Staaten. Für die Illustrierte »BUNTE« schrieb der bekannte Sportjournalist Wolfgang Uhrig eine Reportage über Lippens & Co. Gerd Müller schwärmte vom Paradies in Florida, und der Autor fand die kuriose Schlagzeile »Unter Palmen am Pool«. Kein Wort war übertrieben. Man spielte im Schlaraffenland. Ein sehr gut bezahltes Abenteuer. »Hier rollt der Ball etwas langsamer als bei uns, dafür aber der Dollar viel schneller«, resümierte Uhrig. So sah es im Umfeld der Saison auch Willi Lippens. Wenn er sich aber heute an diese Zeit in Dallas erinnert, wird er doch etwas nachdenklich. »Soccer in den USA war harte Knochenarbeit. In zwei Monaten haben wir 22 Spiele ausgetragen. Wir haben in den sechs Monaten 60.000 Flugmeilen absolviert. Also zwei-

Der Ball rollte etwas langsamer, aber die Dollars umso schneller:
Willi the Duck bei einem Foto für einen Sponsor, 1979.

mal rund um den Globus. Bei brütender Schwüle in Dallas und schon zwei Tage später bei nahezu Minusgraden und Regen in Edmonton.«

Das Wetter machte den Europäern sehr zu schaffen. Hitze und Kaltzonen prallen in Texas oft aufeinander. In gewissen Wochen sind Tornados an der Tagesordnung. Es gibt täglich Vorwarnungen mit Tipps, wie man sich verhalten sollte. Man sollte sich zum Beispiel in die Badewanne legen und eine Matratze über den Körper platzieren. Ein Türrahmen könne beim Sturm Leben retten. Das Haus solle man natürlich auch nicht verlassen. Eines Tages kam eine solche Warnung im Fernsehen und Radio. Der gefürchtete Tornado hatte gerade Fort Worth passiert und fürchterliche Schäden hinterlassen. In zwei Stunden sollte er Dallas erreichen. Willi und seine Freunde hatten noch die letzten Worte der Meldung mitbekommen. Da hieß es im TV: »Wenn es urplötzlich ganz ruhig wird, dann bricht unmittelbar darauf die Hölle los!« Genau so war es. Hobbykoch Lippens hatte Gulasch vorbereitet. Man trank dazu Rotwein. Nach dem Abendessen kam Whisky auf den Tisch. Alle wollten von dem Tornado nichts wissen. Sollte der hingehen, wo der Pfeffer wächst! Dorthin ging er nicht, sondern zog nur 500 Meter weit entfernt an dem Klubhaus vorbei. Wieder hatte der Tornado in einer Schneise alles zerstört. Tote gab es, aber die trinkfesten Fußballer hatten von diesem fürchterlichen Sturm herzlich wenig mitbekommen.

Als Lippens zu ersten Verhandlungen nach Dallas flog, staunte er über die nahezu perfekte Organisation der Texaner. Den lästigen Zoll in Chicago konnte er umgehen. Es ging direkt nach Dallas. Mit stoischer Ruhe ließ er alles über sich ergehen. Sprachlich hatte Willi noch seine Probleme, aber schon nach ein paar Wochen konnte er sich schon ganz gut verständlich machen. »Für Junggesellen ist Dallas ein wahres Paradies. Auf einen Mann kommen sechs Girls. Durch diese Mädels habe ich die Sprache schnell kapiert. Ich redete sowieso, wie mir der Schnabel gewachsen war!«

Nach anfänglichen Ladehemmungen kam Lippens auch in den USA in Form: »Als dann endlich der Knoten geplatzt war, lief es wie am Schnürchen. Ich hatte ja auch hervorragende Mitspieler, die es mir einfach machten. Ich kann in diesem Zusammenhang nur wieder daran erinnern, dass ich nur selten eigensinnig gespielt habe. Für mich war es eigentlich wichtiger, Tore vorzubereiten. Damals gab es die Scorerliste noch nicht, wo nicht nur die Treffer, sondern auch die Vorbereitung mitgezählt wurden. Hätte es die früher schon gegeben, wäre ich mit deutlichem Vorsprung Erster geworden!«

Lippens und die anderen Entwicklungshelfer in Sachen Fußball haben dazu beigetragen, dass »Soccer« in den Staaten von Tag zu Tag populärer wurde. Schließlich vergab die FIFA auch die Weltmeisterschaft in die USA. Allein in Dallas fanden sechs WM-Spiele statt, die alle restlos ausverkauft waren. Wenn man sich untereinander traf, waren es stets nette Begegnungen. Franz Beckenbauer nahm es Lippens nicht übel, dass er ihm mal den Ball durch die Beine schob. Nach Meinung der amerikanischen Sportreporter sei Lippens drüben besser angekommen als beispielsweise Gerd Müller.

Fasziniert war Lippens vor allem von der medizinischen Betreuung in den Staaten. »Das war überhaupt kein Vergleich zu uns in Deutschland, wo sich die Vereinsärzte zu sehr an die Maßnahmen eines Erich Deuser gehalten haben.« In Amerika dauerte schon damals die Heilung eines Muskelfaserrisses nur ein paar Tage. Während man in Deutschland eine solche Verletzung mit Hitze behandelte, wurde in den USA schon blitzschnell mit Eis die Blutung gestillt. »Genau so war es«, erinnert sich Lippens. »Zu Hause wurden wir tatsächlich bei einer derartigen Verletzung mit Heißluft behandelt. Auch mit Fango-Packungen. Cortison wurde rein gehämmert. Alles war verklebt, und an eine schnelle Heilung war überhaupt nicht zu denken. In Dallas kam der verletzte Fuß sofort in einen Eiskübel.

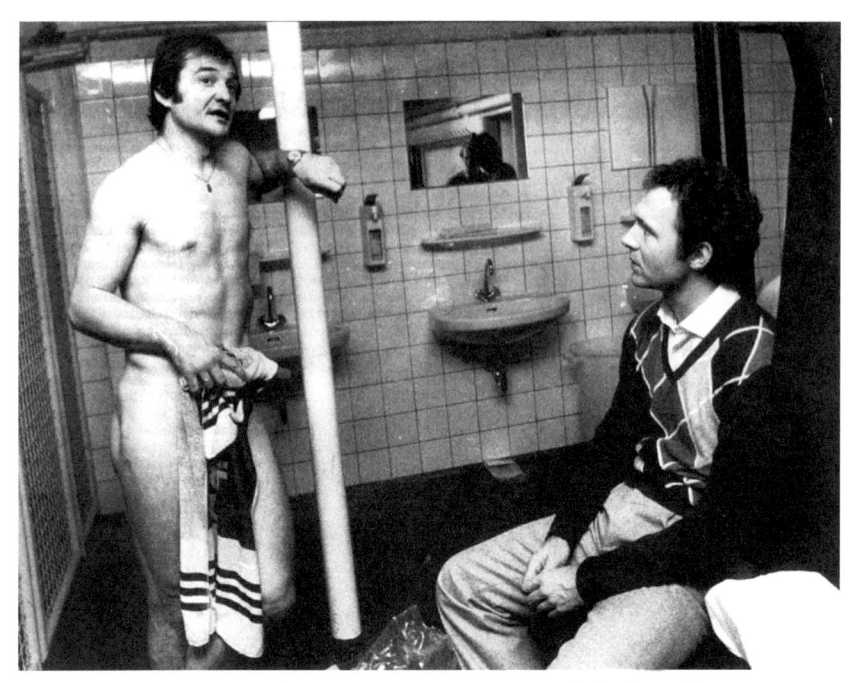

Entwicklungshelfer in Sachen »Soccer«: Lippens kickte für Dallas, Franz Beckenbauer für die legendären Cosmos New York.

Nachbehandlungen waren nicht nötig. In einer Woche standen wir wieder auf dem Platz!«

Im Yankee-Stadium gab es auch eine Begegnung mit Cosmos New York. Lippens hatte sich auf Franz Beckenbauer gefreut. Man sah sich, aber nur außerhalb des Rasens. »Kaiser Franz« war verletzt. Vor 54.000 Besuchern war auch für »Willi the Duck« das Spiel nach 35 Minuten zu Ende. Mit dem brasilianischen Superstar Carlos Alberto stieß er nach einem Eckball von Wolfgang Rausch bei einem Kopfballversuch zusammen. Risswunde bei Alberto und eine schwere Gehirnerschütterung bei Lippens. »Ich wusste plötzlich überhaupt nicht mehr wo ich war. Ich sah nur Menschen und rief nach meinem Trainer Miller. Al, wo sind wir? Hol mich hier raus!« Mit Blaulicht ging es ins Hospital, wo Willi eine Nacht bleiben musste. Nach der glatten 1:4-Niederlage war sein Team schon wieder in Memphis. Allein flog er zurück nach Dallas. »Es wurde der schlimmste Flug meines Lebens. Alle Passagiere waren in Todesangst. Als wir gerade einmal zehn Minuten in der Luft waren, machte sich ein übel riechender Qualm breit. Der Kapitän beruhigte uns. Man habe nur ein kleines Problem. Die Stewardess sprach von einem Kabelbrand.« Schließlich flog die Maschine zurück nach New York, wo sie eine Viertelstunde später wieder aufsetzte. Der Qualm war so dicht, dass man den Sitznachbarn kaum noch erkennen konnte. In Panik stürzten die Passagiere ins Freie. Als auch Willi wieder festen Boden unter den Füßen hatte, weigerte er sich, in eine Ersatzmaschine zu steigen. Er wollte mit dem Zug zurück nach Dallas. »Ich war ohnedies nie gern in der Luft. Luftangst nennt man das wohl. Unsere Flugbegleiterinnen hatten jedoch ähnliche Situationen schon mehrfach erlebt. Sie wussten genau, wie man mir diesen Respekt vor einem weiteren Flug nehmen konnte. Es gab leckere Drinks, die ich in vollen Zügen genießen konnte. Da war mir schnell der Rückflug völlig egal!«

Eine Woche später stand Lippens wieder auf dem Kunstrasen und ging weiter auf Torejagd. Glücklich war er, als seine Familie acht Wochen in den Sommerferien in Dallas war. Willi ist und bleibt nun einmal ein Familienmensch. Das war auch ganz gewiss der Grund, dass es schon nach dieser Saison zurück in die Heimat ging, obwohl der Silberminenbesitzer Lamar Hunt Lippens mindestens für drei Jahre in Dallas behalten wollte. In Bottrop stand der gerade erst erworbene Hof. Dort gab es Arbeit in Hülle und Fülle. Das ging vor. »Ja, wir hatten lange nach diesem Hof gesucht. Er war einfach zu wertvoll für uns. Heute bekommt man in dieser bevorzugten Lage ein solches Objekt überhaupt nicht mehr!« Im »Shoot Out« waren die Dallas Tornados am Ende der Saison bei strömendem Regen mit 1:2 gegen die White Caps aus Vancouver ausgeschieden.

Für »Ente« hieß es Abschied nehmen. Schließlich hatte sich der SC Rot-Weiss Essen gemeldet. Betreuer Helmut Korn aus dem RWE-Vorstand erzählte Willi Lippens, dass es dem Klub nicht gut gehe. Kaum noch Zuschauer. Finanzprobleme. RWE sei praktisch pleite. Es wäre schon großartig, wenn er zurück nach Essen käme. »Amerika war für mich ein großes Erlebnis, das ich nie vergessen werde, aber auf der anderen Seite muss ich auch zugeben, dass ich dort nicht ewig leben könnte. Die Leute sind nett, aber doch recht oberflächlich. Man hat Bekannte, aber keine Freunde. Ich freute mich sehr auf Essen und meinen Lieblingsklub RWE!«

Einer seiner ersten Besuche führte Lippens in die Sportredaktion der WAZ zu »Hennes Justen«. Dort zog er vor seinem ersten Training an der Hafenstraße kräftig vom Leder: »Es ist doch ein Witz, dass inzwischen mehr Essener zum Handball und Eishockey gehen. Eine solche Stadt muss in der Bundesliga spielen!« Er verlangte mehr Identität mit RWE. Das Stammpublikum früherer Tage müsse zurückgewonnen werden. »Wir müssen unseren Verein wieder populär machen. Dabei denke ich nicht an das Finanzielle. Ich spiele in Essen jetzt für Kartoffeln und möchte so etwas wie eine Mutter der

Kompanie sein. Wenn heute ein Spieler von RWE in Essen über die Straße geht, kennt ihn doch keiner mehr. Das darf nicht sein. Wir müssen eine neue Ära starten.« Er selbst fühlte sich damals als knapp 35-Jähriger topfit. »Ja, ich hätte ohne weiteres in der Bundesliga spielen können. So aber wurde ich in etwa der verlängerte Arm unseres Trainers Rolf Schafstall!« Sentimentalitäten wolle er auf keinen Fall aufkommen lassen. »Natürlich habe ich ein riesengroßes Herz für Rot-Weiss. Daran wird sich bis ans Ende meiner Tage nichts ändern, aber ich muss nicht dreimal schlucken, wenn ich auflaufe. Ich werde gut gelaunt sein. Wenn ich gut gelaunt bin, dann bringe ich auch eine gute Leistung!«

Auch Sportjournalist Klaus Fleiss, der so viele Spiele von Willi Lippens kritisch, aber auch begeistert verfolgt hat, beschäftigte sich mit Willis Heimkehr. Er saß mit ihm auf der Terrasse in Kupferdreh, schaute auf einen gepflegten Garten, wo die drei Söhne dem Ball nachliefen. »Sehen Sie«, sprach er den Journalisten an. »Das ist der Grund, warum ich Dallas schon nach einer Saison wieder verlassen habe. Ich hätte dort noch sehr viel Geld verdienen können. Hier aber bin ich zu Hause!« Klaus Fleiss schrieb: »Trotz aller Abgeklärtheit, Schlitzohrigkeit und Geschäftstüchtigkeit ist Lippens ein bodenständiger Mensch, der Heim und Familie überaus schätzt. Heimweh siegte schließlich über viel Dollars. Heimweh hatte er auch nach dem Verein, wo er vor 14 Jahren im Essener Norden seine große Karriere begann!«

Den Ball stets im Visier und Liebling der Fans, aber nach einem halben Jahr ging es für Lippens zurück nach Deutschland. Die Hafenstraße hatte sich gemeldet, 1980.

13.
Der Ententag

20. Oktober 1979! Willi »Ente« Lippens feierte in »seinem« Georg-Melches-Stadion an der Essener Hafenstraße ein glänzendes Comeback. Das Punktspiel gegen den Wuppertaler SV stand auf dem Programm. Eigentlich eine ganz normale Meisterschaftspartie gegen den Verein aus dem Bergischen, der weit unten in der Tabelle stand und höchstwahrscheinlich auch ohne Lippens besiegt worden wäre.

Aus diesem Spiel machte aber ein Mönchengladbacher Werbekaufmann in Verbindung mit dem RWE-Fanklub und Vorstandsmitglied Rolf Neuhaus ohne Honorarforderungen den unvergesslichen »Ententag«, der schließlich in ein wahres Volksfest mündete. Normal wären etwa 3.000 Zuschauer gekommen. Nun waren es mehr als 10.000. Präsident Hans Schwertfeger strahlte über das ganze Gesicht. »Nein, diese Verpflichtung war kein Risiko. Sportlich sowieso nicht, aber auch finanziell nicht. Lippens hat auf Anhieb einen Teil seiner Kosten wieder eingespielt. Zudem macht es unglaublich viel Freude, diesen alten Fuchs im Spiel zu beobachten!« Eine Ablösesumme von 28.000 Dollar musste nach Dallas überwiesen werden. Die Jahresgage betrug runde 70.000 Mark. Hochzufrieden war auch Essens Mannschaftsarzt Dr. Kreuzenbeck: »Wenn unsere jungen Spieler eine so gute physische Verfassung wie Lippens hätten, dann wäre ich heilfroh!«

Lippens litt bei seinem ersten Auftritt für RWE auf der Bielefelder Alm noch unter den Nachwirkungen einer Mittelohrentzündung und wurde beim DSC Arminia erst in der 57. Minute von Rolf Schafstall eingesetzt. Er spielte fehlerfrei, konnte aber die unglückliche 1:3-Niederlage nicht verhindern. Zumindest eine Stunde war RWE die bessere Mannschaft und verlor nur durch zwei Eigentore. Das Spiel in Bielefeld war natürlich noch kein Maßstab für den aktuellen Leistungsstand des Rückkehrers. So hielt sich Trainer Rolf Schafstall auch bedeckt, als er meinte: »Es wäre verfrüht, jetzt schon ein Urteil abzugeben. Dass Lippens es versteht, mit dem Ball umzugehen, weiß jeder. Für mich ist es jetzt sehr wichtig, ihn an die Mannschaft heranzuführen. Seine Flanken sind immer noch eine Augenweide. Das habe ich auch in den 33 Minuten auf der Alm gesehen. Ist er im Vollbesitz seiner Kräfte, dann werden wir an Willi ganz bestimmt noch viel Freude haben!« Über drei Jahre hatte Willi nicht mehr für Rot-Weiss in Essen gespielt. Nun war aus »Willi – the Duck« wieder die gute alte deutsche »Ente« geworden. Die Essener Fans hatten wieder ein Vorbild und die Spieler eine Art »Vaterfigur«.

Die Vorbereitungen für den »Ententag« beschäftigten alle im Verein. Die WAZ hatte das Spiel sogar mit einem Preisausschreiben verbunden. Zwei Fragen mussten beantwortet werden: Von welchem Klub kam Willi Lippens zum SC Rot-Weiss, und wo hatte er zuletzt gespielt? 132 richtige Antworten gab es. Der Sieger erhielt den Spielball mit dem Autogramm von Willi Lippens. Zudem wurden Trikots verlost und Fotos mit dem Idol »geschossen«. RWE-Kaugummis wurden verteilt, und in der Halbzeit testeten weibliche RWE-Fans den Torhüter Detlef Schneider in einem Elfmeterschießen. Alle Zuschauer, die mit der Ente von Citroën, also mit einem 2CV, zur Hafenstraße rollten, hatten freien Eintritt. Es waren immerhin neun Wagen.

Trainer Rolf Schafstall war der Rummel um seinen neuen Star etwas zu viel: »Lippens in allen Ehren, aber vergesst mir die anderen Spieler nicht. Fußball ist und bleibt nun einmal ein Mannschaftsspiel!« Willi beruhigte seinen Coach: »Keine Angst, Trainer. Ich werde mich bemühen, alle unsere Fans nicht zu enttäuschen. Ohne meine Mitspieler kann ich überhaupt nichts ausrichten. Wunder soll man sowieso nicht von mir erwarten!«

Beim Abschlusstraining besuchte der Journalist Franz-Josef Colli ihn an der Hafenstraße und erlebte einen prächtig gelaunten Lippens. »Wir haben uns bestens vorbereitet. Ich bin in Topform und habe wieder mein bestes Kampfgewicht von 75 Kilo. Meine Ohren sind wieder in Ordnung. Mir tut nichts weh. Wir haben eine sehr talentierte Mannschaft, die allen Zuschauern gegen den Wuppertaler SV viel Spaß machen wird!« Willi erinnerte dann noch einmal daran, wie hart Schafstall mit seinen Schützlingen eine Woche lang gearbeitet hatte. Die Stimmung im Team sei ausgezeichnet, meinte dann auch der Trainer und erwartete von Lippens ein gutes Spiel: »Willi hat sich viel vorgenommen. Ich sehe keine Gefahr, dass er aus seinem Comeback eine Einmannschau machen wird. Er wird mit uns erst einmal den Erfolg suchen. Willi wird schnörkellos spielen, seine Flanken schlagen und mit seinen Pässen unser Spiel schnell machen. Wenn der Sieg unter Dach und Fach ist, kann er seine berühmten Einlagen zum Besten geben. Er soll genauso spielen, wie er nun einmal ist. Willi Lippens kann man nun einmal in seiner Spielweise nicht umkrempeln!«

Konditionsarbeit nach einer Verletzung:
Lippens und seine Söhne Martin und Markus.

Genauso trat der damals bald 34-Jährige auch auf dem Platz auf und stellte eindeutig unter Beweis, dass die »Ente« alles andere als flügellahm geworden war. Nach dem deutlichen 5:1-Erfolg meinte die BILD überschwänglich: »Lippens lieferte das Spiel seines Lebens!« Was vor allem das Duo Mill/Lippens den 10.000 bot, war große Klasse. Der zwölf Jahre jüngere Frank Mill, aus der eigenen Jugend in die erste Mannschaft gekommen, erzielte drei herrliche Tore. Sein 1:0 war das Ergebnis einer Traumkombination. Lippens ließ seinen überforderten Gegenspieler Heinz Pape in der zwölften Minute wieder einmal ins Leere laufen, passte auf den an diesem Tag prächtig aufgelegten Charly Meininger. Blitzschneller Pass auf Frank Mill, der dem Wuppertaler Schlussmann Kovacic nicht den Hauch einer Chance ließ. Nach dem Seitenwechsel war es urplötzlich mucksmäuschenstill im Georg-Melches-Stadion. Wuppertal hatte den 1:1-Ausgleich geschafft. Der WSV war sofort im Aufwind, und zehn Minuten lang lief nicht viel bei RWE. Das war für Willi Lippens das Zeichen. Er motivierte seine Mitspieler, wie es so oft in früheren Zeiten seine Art war. Er zauberte, gab Einblicke in seine Trickkiste, schlug seine berühmten und präzisen Flanken. Frank Mill machte in der 57. Minute das 2:1, und »Ente« versetzte selbst vier Minuten später die Zuschauer in Jubelstürme, als er Kovacic mit einem klugen Kopfball überlistete. Kopfballtor durch Lippens. Das verwunderte den einen oder anderen Fußballexperten doch ein wenig. Willi konterte nach dem Spiel und rechnete vor: »Von meinen 94 Toren in der Bundesliga habe ich nicht weniger als 44 per Kopf gemacht!« Es folgte in der 77. Minute Mills dritter Treffer, und für den Schlusspunkt sorgte Charly Meininger in der 85. Minute. Ein hochverdienter 5:1-Sieg. Endlich wurde auf den Rängen des Stadions einmal wieder gesungen. Vor allem erinnerten sich die Fans an den guten alten Song: »Wir brauchen keinen Müller, keinen Held. Wir haben Willi Lippens, den besten Mann der Welt!«

Rolf Schafstall versuchte, die große Euphorie etwas zu bremsen: »Über unseren Angriff kann keiner meckern. Was Mill und Lippens zeigten, war Sonderklasse, aber in der Hintermannschaft habe ich doch einige Fehler gesehen. Wir müssen weiter hart arbeiten, um den Aufstieg in die Bundesliga zu schaffen!«

Nach diesen absolut gelungenen neunzig Minuten gab es für »Ente« Lippens noch eine ganz besondere Auszeichnung. Von den beiden Blumenhändlern Cuno und Birger Bredenbrücher aus Heisingen erhielt er eine lebende Ente, die natürlich Willi hieß. Auf dem Lippens-Hof hat diese wahre Ente noch eine herrliche Zeit erlebt. Der Chef selber blühte im rotweißen Dress auch noch einmal richtig auf. 29-mal setzte ihn Trainer Rolf Schafstall ein, Lippens bedankte sich mit zwölf Toren. Lediglich Matthias

Auch im Alter noch gefährlich: Lippens beim wichtigen 3:2-Erfolg gegen Hannover 96, der RWE die Relegation sicherte, Mai 1980.

Herget und Frank Mill übertrafen ihn mit jeweils 16 Treffern. Für Rolf Schafstall war Lippens der »verlängerte Arm des Trainers« auf dem Spielfeld. Er brauchte für diese Rolle einen so erfahrenen Spieler. »Rolf war der ideale Trainer für ältere Spieler. Durch mein Spiel kam wieder Festigkeit in die Essener Mannschaft. In meinem Alter braucht man die Unterstützung seines Trainers. Rolf hat mir das Selbstbewusstsein gegeben, noch einmal die volle Leistung zu bringen.«

RWE stellte in dieser Saison 1979/80 eine solide Mannschaft. Eine gelungene Mischung aus alt und jung. Mit seinen Nebenspielern Frank Mill, Vlado Saric, Manfred Mannebach, Siegfried Bönighausen, Matthias Herget, Dietmar Klinger oder Urban Klausmann verstand sich Lippens ausgezeichnet. »Ich hatte unseren ehemaligen jugoslawischen Jugendnationalspieler Vlado Saric von den Amateuren wieder in die erste Mannschaft geholt, verstand mich blind mit unserem jungen Stürmer Frank Mill. Er hat alles verwandelt, was ich ihm von links rein geschaufelt habe. Wir haben kein Spiel mehr verloren und aus einer fast schon aussichtslosen Saison hinter Arminia Bielefeld doch noch den wichtigen zweiten Platz geschafft. Allerdings nur zwei Punkte vor Hannover 96.«

Es folgten die Relegationsspiele gegen den Karlsruher SC, der in der 2. Bundesliga Süd hinter dem 1. FC Nürnberg den zweiten Platz erreicht hatte. Das erste Spiel fand im Wildpark-Stadion statt. Rot-Weiss Essen dominierte in der ersten halben Stunde. Die Zuschauer pfiffen ihre Elf gnadenlos aus. Dann aber passierte es. Der KSC nutzte eiskalt einen schlimmen Abwehrfehler aus, und dieser überflüssige Treffer war der Anfang vom Ende. »Dieses saublöde Tor hat uns alle restlos durcheinander gebracht. Nichts lief mehr zusammen. Alles ging den Bach runter. Wir haben sang- und klanglos 1:5 verloren.«

Willi Lippens denkt höchst ungern an diese Schlappe zurück und fühlte sich damals gar nicht wohl in seiner Haut, als er mit dem KSC-Trainer Manni Kraft und dessen Torwart Wimmer ins »Aktuelle Sportstudio« nach Mainz eingeladen wurde. Gegenüber den aufstiegssicheren Karlsruhern sagte Lippens: »Ich bin gerade an eurer Kabine vorbei gekommen. Da hörte ich doch tatsächlich Sektkorken knallen. Ob das nicht etwas zu früh war? Denkt doch mal an das Rückspiel. An der Hafenstraße werdet ihr ein Feuerwerk erleben!« Die Karlsruher haben ihn ausgelacht und ihn fast schon als einen schlechten Verlierer tituliert. Im ZDF-Studio ging Lippens beim Interview mit Moderator Harry Valerien noch ein Stück weiter. »Ich kann dem KSC einen Höllentanz in unserem Stadion versprechen. Sie sollen sich warm anziehen. Ich glaube, dass wir den KSC im Rückspiel mit 6:1 besiegen!«

Optimist war »Ente« immer, aber dieses Mal ging seine Prognose nicht in Erfüllung. Eine Woche später war ganz Essen auf den Beinen. Trotz des eigentlich deprimierenden Rückstandes wollten alle die Wende. Das Stadion war restlos ausverkauft. Schon nach 30 Sekunden spielte Willi Lippens den späteren KSC-Manager Dohmen aus und schoss RWE in Führung. Das Stadion glich einem Hexenkessel. Die Aufholjagd begann denkbar früh. »Wir hatten eine Chance nach der anderen, spielten entfesselt auf und hätten ohne jede Übertreibung 9:0 gewinnen können!« Der KSC kam zwei-, dreimal gefährlich nach vorn, aber die Essener Abwehr klärte souverän. Zur Pause führten die Essener 3:0. Unmittelbar nach Wiederanpfiff nahm Lippens nach einem Eckball aus 16 Metern Maß und haute den Ball volley an die Unterkante der Latte. Willi Lippens: »Wenn der Ball drin gewesen wäre, hätten wir die Karlsruher auseinander genommen!« Zehn Minuten vor Schluss fährt der Gast aus Nordbaden einen Konter. Der Essener Torwart lässt sich täuschen, springt in die falsche Ecke und der Ball trudelt langsam ins Tor. Aus! Schluss! Vorbei! Der SC Rot-Weiss Essen vergab bis heute die letzte Chance, noch einmal das große Ziel »Bundesliga« zu erreichen.

Essens Fußballfreunde hatten an diesem Tag Gespür für eine Superleistung und ließen sich die Laune nicht verderben. Sie feierten die RWE-Spieler noch eine gute halbe Stunde nach dem Abpfiff. Selbst der KSC-Spieler

RWE-Fans in der Westkurve, »wo die Hölle Urlaub macht und die Rot-Weissen rasen«, wie die Badischen Neusten Nachrichten später schrieben, vor dem Rückspiel in der Bundesligarelegation gegen den Karlsruher SC, 13. Juni 1980.

Wilfried Trenkel gestand: »Solch eine Atmosphäre geht einem doch unter die Haut. Da werden die Nerven angekratzt.« Es half aber alles nichts. RWE blieb in der 2. Liga. In der Marathonsaison 1980/81 kam Lippens noch zu weiteren 38 Einsätzen mit neun Treffern. Der alles überragende Spieler aber war »Franky« Mill. Bei ebenfalls 38 Einsätzen erzielte er sage und schreibe vierzig Tore, aber für die Mannschaft reichte es nur zum achten Rang. Immerhin qualifizierte sich RWE für die neu eingeführte eingleisige 2. Liga. Für Willi »Ente« Lippens aber war diese Saison die letzte in seiner Laufbahn als Berufsfußballer, denn offensichtlich ging auch seine große Karriere dem Ende zu. Lippens steckte vorübergehend sogar in einem echten Formtief. Im eigenen Team kritisierte man dieses einstige Aushängeschild. Er würde mit seiner Einstellung das Spiel verzögern, hieß es. Nun gut, der Schnellste war er auch zu seinen allerbesten Zeiten nicht, aber diese Vorwürfe ließ er nicht auf sich sitzen. Der RWE-Kapitän fand zu seiner Form zurück, worüber auch Trainer Rolf Schafstall heilfroh war: »Ein Formtief steht einem Mann wie Lippens auch einmal zu. Was er aber in den letzten drei Spielen wieder gezeigt hat, davor kann ich nur den Hut ziehen. Er ist wieder ganz der Alte!«

Aber am 17. Mai 1981 war es dann doch so weit. Willi Lippens bestritt sein letztes Pflichtspiel für Rot-Weiss Essen. Man hatte an der Hafenstraße

Alles gegeben, aber das Fünkchen Glück fehlte: Lippens setzt sich gegen zwei Karlsruher durch, aber am Ende reichte es für RWE nicht zum Aufstieg, 13. Juni 1980.

haargenau gezählt. Exakt 4.191 Zuschauer erlebten ihr Idol das letzte Mal im rot-weissen Dress. RWE bezwang Alemannia Aachen glatt mit 4:0. Alle vier Tore erzielte Frank Mill, der die Hafenstraße für 1,2 Millionen Mark in Richtung Bökelberg verließ. Sein neuer Trainer Jupp Heynckes saß auf der Tribüne und strahlte über das ganze Gesicht. Der Verkauf des Superstürmers Mill brachte dem finanziell nun alles andere als gut gestellten Verein sicherlich noch einmal viel Geld, aber der Blick in die Zukunft versprach nichts Gutes. Willi Lippens hatte nach dem letzten Saisonspiel gegen Aachen eigentlich seine aktive Laufbahn bei RWE noch nicht abgeschlossen. Der Dribbelkönig wollte nach eigenen Aussagen die Fußballstiefel erst dann an den berühmten Nagel hängen, wenn Frank Mill RWE verlassen würde. Das aber tat in der Sommerpause nicht mehr so viel zur Sache. Damals sagte er in einem Interview mit der WAZ: »Die nächste Saison in der eingleisigen 2. Bundesliga wird nicht so einfach. Wenn ich wirklich noch ein Jahr dran hängen werde, dann tue ich das nur aus Liebe zu meinem Verein. Ich bin in jeder Beziehung ein Rot-Weisser!«

Aber Willi Lippens ist es letzten Endes ebenso ergangen wie vielen großen Fußballern. Irgendwann ist es mit dem Spaß vorbei. 17 lange Profijahre bleiben nun einmal nicht in den Kleidern hängen. Man spürt die Knochen. Es zwickt hier, es zwickt da. So kommt auch ein so gefragter Kultspieler ins Grübeln. »Es kommt der Tag, an dem du einfach die Schnauze voll hast, wie in guten alten Tagen dem Ball nachzulaufen«, stellt Lippens heute schlicht fest. »Wenn man Mitte 30 ist, dann macht der Körper nicht mehr so mit!«

Der Abschied, und war er noch so bitter, rückte näher. Mit dem Fußball, dem er alles zu verdanken hatte, wollte er aber in Verbindung bleiben. Willi hatte in zahlreichen Interviews wissen lassen, dass er sich gut vorstellen könne, Präsident bei Rot-Weiss zu werden. Dazu ist es nie gekommen, aber wer weiß, was passiert wäre, wenn man ihn tatsächlich einmal zum ersten Mann bei RWE gemacht hätte.

Urplötzlich war Lippens auch für die Medien nicht mehr der große Star. Da hieß es beispielsweise am 4. Juni 1981 im »Süd-Anzeiger«: »Die Spuren der Zeit sind bei Lippens nicht mehr zu übersehen. Er ist längst nicht mehr der Klassespieler früherer Zeiten. So gehörte er in der letzten Saison auch nicht mehr zu den Besten bei RWE. Frank Mill, Jürgen Kaminski und Dietmar Klinger haben ihm den Rang abgelaufen. Wegen Lippens kam keiner mehr ins Stadion. Kein Zweifel, dass er sich große Verdienste erworben hat. Er war wegen seiner hohen Spielkunst und seiner Clownerien das

Abschied: Am 17. Mai 1981 bestreitet
Lippens sein letztes Profispiel für Rot-Weiss.

Aushängeschild. Immer hat er für RWE sein Bestes gegeben. Doch es führt kein Weg an der Feststellung vorbei, dass er leistungsmäßig zuletzt stark abbaute!« Deutliche Worte, wobei der Verfasser auch die finanzielle Misere des Essener Klubs erwähnte. Präsident Wilhelm Lüke hätte sich noch einmal mit Lippens wegen einer Anstellung im Management an einen Tisch setzen sollen, doch dafür hätte sich der Vorstand aus welchen Gründen auch immer nicht erwärmen können. Ob es richtig war, auf seine Erfahrungen zu verzichten, das müsse man erst einmal abwarten. Willi Lippens war natürlich vom Verhalten seines Klubs enttäuscht, wollte aber doch noch einmal mit dem Vorstand über die Zukunft reden. Wilhelm Lüke und weitere Vorstandsmitglieder zogen den Termin in die Länge. »Ich wollte nicht warten. Schließlich lag mir ein Angebot von Rot-Weiß Oberhausen vor. Als ich von Lüke nichts hörte, fuhr ich sofort nach Oberhausen und unterschrieb beim künftigen Oberligisten einen Vertrag als Manager!« Also von Rot-Weiss zu Rot-Weiß! Das aber war reiner Zufall. Lippens hatte Kontakt mit dem RWO-Funktionär Hermann Schulz, der wie alle anderen Oberhausener von der dritten wieder in die zweite Liga wollte. Da war der Routinier Lippens gerade der Richtige.

Er stellte im Niederrhein-Stadion kurzfristig eine Mannschaft zusammen, die auch den heiß ersehnten Aufstieg schaffte. Wohl fühlte sich der Essener in der neuen Umgebung allerdings keineswegs. »Ich hatte den ›Tito‹ Elting als Trainer aus Bocholt geholt, was ich mir bis heute nicht verzeihe. Das war einer meiner größten Fehler. Es war schwer, mit ihm zusammen zu arbeiten. Elting wollte alles allein bestimmen. Nicht anders war es bei Hermann Schulz. Ich stellte schon bald fest, dass ich in Oberhausen nichts zu suchen hatte. Meine Meinung war nicht gefragt. Der Aufstieg gelang. So schlecht hatte ich dann ja wohl auch nicht gearbeitet!«

Kaum war das »Abenteuer RWO« vorbei, kam das nächste Angebot. Lippens pflasterte auf seiner Ranch gerade einen Weg. Plötzlich stand ein Mann mit Schlägerkappe und einer Zigarre in der Hand vor ihm. »Kann ich Ihnen helfen?« – »Natürlich kannst du mir helfen. Du spielst ab sofort für uns!« – »Für wen, wenn ich fragen darf?« – »Für Schwarz-Weiß Beisen in Stoppenberg!« Willi war aufgestanden, gab seinem Besucher die Hand und hatte dabei schnell überlegt. Beisen spielte damals in der 1. Kreisklasse und suchte jetzt einen schussgewaltigen Flügelstürmer. Präsident Ede Hippert hatte an »Ente« Lippens gedacht. Er schaute sich um. »Schön hast du es hier. Viele Dächer vor allem. Die sehen alle nicht gut aus. Da muss etwas passieren!« Daher weht der Wind, dachte sich Willi. Schnell stellte es sich heraus, das Hippert ein florierendes Dachdeckergeschäft leitete. Wenn nun alle seine Dächer renoviert werden würden, könnte sich das Engagement in

Willi Lippens mit seinem Sohn Michael bei einem Foto-Shooting, 1979.
Die Fotos der WAZ-Fotografin Marga Kingler lagern als fotografisches Gedächtnis
der Region im Essener Ruhr Museum. »Die Ente« gehört selbstverständlich dazu.

Beisen lohnen. Man wurde sich schnell einig. Lippens holte sich noch seinen alten Kumpel Saric und wurde Spielertrainer. »Es war ein schöner Abschluss, Spieler in einer Mannschaft, mit der ich in die nächste Liga aufstieg. Es folgten noch zwei Jahre bei Blau-Weiß Wulfen. Natürlich mit einem Aufstieg, aber ich schaffte es nicht, alles unter einen Hut zu bringen. Da waren der Hof, die Arbeit in Wulfen und die vielen Spiele in den Promi-Mannschaften. Morgens ein Punktspiel, und nachmittags traten wir irgendwo in der Lüneburger Heide an. Direkt nach dem Abpfiff ins Auto, um kurz vor drei wieder im anderen Stadion zu sein!«

Jahre vergingen. Willi Lippens hatte auf seinem Landsitz in Bottrop-Welheim ganze Arbeit geleistet und von dort auch die alles andere als berauschende Entwicklung bei seinem Lieblingsklub verfolgt, wo inzwischen Rudi Gores arbeitete. »Die Lage war miserabel. Kein Geld. Wenige Zuschauer. Keine Sponsoren. Eine Krisensitzung nach der anderen. Wenn man so will auch keine Zukunft. Mich hatte man sowieso fast vergessen. Vorübergehend erhielt ich sogar keine Ehrenkarten mehr für die Spiele. Das alles konnte ich mir nicht mehr ansehen und wollte dem Verein etwas zurückgeben. Das war ich meiner Ehre schuldig. So stellte ich mich quasi ehrenamtlich noch einmal zur Verfügung!«

1997 trennte sich RWE von Rudi Gores. Lippens verpflichtete Dieter Brei und setzte auf den schnauzbärtigen Präsidenten Wilfried Schenk, der auf dem Essener Großmarkt ein Ex- und Importgeschäft für Obst und Gemüse leitete. Schenk machte seinem neuen Manager nichts vor, sondern gab ihm eindeutig zu verstehen, dass man mit herzlich wenig Geld eine neue Mannschaft auf die Beine stellen müsse. »RWE war mehr oder weniger pleite. Für die erste Mannschaft standen gerade mal 850.000 DM zur Verfügung. Interessenten bei uns zu spielen, gab es genug, wenn ich ihnen aber erklärte, für was sie bei uns spielen sollten, erntete ich nur ein müdes Lächeln. Ich bekam trotz aller Probleme eine einigermaßen vernünftige Truppe zusammen, arbeitete sogar sechs Spiele als Trainer, ohne Gage natürlich, aber zum Klassenerhalt reichte das alles nicht aus. Man hätte viel eher mit dem Neuaufbau beginnen sollen. RWE spielte sieben Jahre in der Bundesliga und landete nun in der vierten Klasse. Unfassbar! Ich habe, wenn man so will, meine Schuld beglichen und kein schlechtes Gewissen!« Die Häme blieb nicht aus. »So viel Ahnung vom Fußball hast du wohl auch nicht«, hieß es sogar. Nach dem Abschied gab es noch nicht einmal einen feuchten Händedruck. Dementsprechend groß war der Druck. »Da hat man geholfen, wo man konnte. Keinen Pfennig dafür bekommen und muss sich dann solche Frechheiten anhören. Was ich im Fußball schon vergessen habe, das können die gar nicht mehr lernen!«

Als am letzten Spieltag der Regionalliga-Saison 2007/08 Rot-Weiss Essen völlig unbegreiflich im Heimspiel gegen den Absteiger VfB Lübeck die einmalige Chance für die Qualifikation zur neuen 3. Bundesliga mit einem 0:1 verpasste, verstand auch Lippens die Fußballwelt nicht mehr. Der frühere Deutsche Meister dümpelt erneut nur noch in der vierten Liga herum. Das konnte keiner begreifen. Am wenigsten Willi Lippens: »Ja, ich bin maßlos traurig, aber auch echt verbittert. Ich weiß doch, wovon ich rede. Ich steckte nach meiner aktiven Laufbahn als Manager und ein paar Spiele auch als Trainer in einer solchen Situation. Nach diesem peinlichen 0:1 auf eigenem Platz muss ich einfach feststellen, dass diese RWE-Mannschaft einfach zu schwach war, das minimale Ziel zu erreichen!«

Immer wieder seien gute Spieler im finanziellen Interesse des Vereins verkauft worden, obwohl man gute Beziehungen zur Industrie hatte. »Dieses sportliche Desaster deutet auch darauf hin, dass die falschen Leute den Verein führen. Man sollte endlich Platz für andere, jüngere Funktionäre machen. Sie kleben an ihren Pöstchen. Wenn es so bleibt, dann wird es ganz schwer, aus der Situation wieder herauszukommen. Man hat leider alles in den Sand gekloppt. Es war jetzt genauso wie damals bei mir. Nur ich hatte kein Geld. Wenn man mich gelassen hätte, dann stünde der Verein heute anders da!«

Lippens tröstete sich in »Promi-Spielen«. Diese Partien mit Fußball-Legenden wie Wolfgang Overath, Helmut Rahn, Gerd Müller, Bernd Hölzenbein, Horst Blankenburg und vielen anderen Größen machten viel Freude.

Kein Geringerer als Zehnkampf-Olympiasieger Willi Holdorf, der als Trainer auch im Profi-Fußball gearbeitet hatte, holte Willi Lippens in diese Promi-Teams. Sein Debüt gab der Essener auf der beliebten Ferieninsel Sylt. »Es hat Riesenspaß gemacht, ohne den früheren Druck mit Spielern zusammen aufzutreten, die entweder mit mir oder gegen mich gespielt haben. So habe ich mich mit ›Boss‹ Rahn angefreundet. Wir beide sind beispielsweise runde zehn Jahre durch Deutschland getingelt. Oft waren wir in den neuen Bundesländern. Die dortigen Fans kannten uns nur aus dem Fernsehen, wo sie die Spiele unerlaubt verfolgt hatten!«

Den ersten Kontakt mit dem Mann, der im WM-Finale beim 3 : 2-Sieg gegen Ungarn in Bern das Siegtor schoss und mit RWE Deutscher Meister wurde, gab es für den damals blutjungen Lippens in Kleve. »Wir trafen uns in Kleve, wo wir uns 1963 zusammen mit dem MSV Duisburg für die Saison vorbereiteten. Beim Meidericher SV ließ Helmut Rahn seine Karriere ausklingen. Als er aufhörte, fing ich an. So haben wir auch nie gegeneinander gespielt!«

An die Jahre mit diesem Ausnahmespieler denkt Willi Lippens gern zurück: »Der Boss war ein unglaublicher Typ. Wenn wir mit ihm unterwegs waren, dann hat er immer aus alten Zeiten erzählt. Als Georg-Melches ihn nach Essen holte, wie er mit dem RWE-Präsidenten in einen Graben stürzte und was er sonst noch so alles in seiner großen Karriere erlebte. Er war immer mein Vorbild. Ich wollte so werden wie er. Als er mir viel später mal sagte, ich würde besser Fußball spielen als er damals, bin ich knallrot geworden und habe mich über dieses Kompliment unsagbar gefreut!«

Damals in Kleve ließ MSV-Trainer Rudi Gutendorf die Spieler des VfB Kleve mit trainieren. Das hat Lippens unglaublich gut gefallen. Er zeigte sein Talent im Trainingsspiel mit Fußball-Stars wie Manfred Manglitz im Tor oder gegen Hartmut Heidemann, Johann Sabath und Ludwig Nolden. Die ungewohnte Art mit dem Ball umzugehen, war Gutendorf natürlich sofort aufgefallen. Der Weltenbummler erkundigte sich nach Lippens und wollte ihn im Auge behalten. Als er davon hörte, war Lippens stolz, hat aber von Gutendorf nie wieder etwas gehört.

**Späte Freunde: Lippens und Helmut Rahn.
Der »Boss« hier auf einem Foto in seiner Glanzzeit, 1958.**

Dafür bekam Willi von seinem Idol einen freundlichen Klapps auf die Schulter und hörte den wunderbaren Ausspruch: »Junge, du hast Talent! Mach weiter so. Du wirst mal ein Großer!« Willi lacht, wenn er daran zurück denkt. »Als wir später Freunde wurden, haben wir auch über das Trainingslager in Kleve gesprochen. Da sagte Helmut, er könne sich noch gut an mich erinnern. Ich lachte und meinte, er solle ruhig weiter lügen!!«

Willi Lippens wollte es kaum glauben, als ihm Helmut Rahn erzählte, er habe einen schweren Stand in der Nationalmannschaft gehabt. »Ich hatte immer geglaubt, Helmut wäre der große Star im Team von Sepp Herberger. Die Mafia da oben hätte ihn nie gemocht. Er käme schließlich aus dem Westen. Wenn es Geld gab, habe er nie etwas abbekommen. Letzten Endes musste Helmut bei adidas sogar für einen neuen Anzug selbst bezahlen. Für heutige Verhältnisse ist das doch undenkbar.«

Bei der »Lach- und Schieß-Gesellschaft« in München wurde der Fußball ganz groß geschrieben. Wenn die Kabarett-Truppe unterwegs war, wurde ständig irgendwo gespielt. Natürlich mit den erwähnten prominenten Fußballern. Dafür sorgte allein schon der Sportreporter Sammy Drechsel, der bei den Münchenern die Managerrolle bekleidete. »Sammy kannte unglaublich viele wichtige Menschen. Beispielsweise auch den späteren Kanzler Gerhard Schröder. Gegen den damaligen Ministerpräsidenten von

Niedersachsen spielten wir einmal in Salzgitter. Abends saßen wir beim Bier noch ein paar Stunden zusammen und haben über Fußball diskutiert. Schröder ist ein echter Experte und hat wohl besondere Beziehungen zu Borussia Dortmund!«

Noch eine nette Geschichte aus der Freundschaft zwischen Lippens und Helmut Rahn: »Der Helmut ist eigentlich nie älter geworden. Durch den Fußball blieb er jung. Erst im Alter von 62 Jahren hat er sein letztes Spiel bestritten. Im Winter spielten unsere Promi-Teams natürlich nicht. Da ließ es sich der Helmut gutgehen. Da hat er geraucht wie ein Schlot, sehr gut und vor allem fettig gegessen und seine Bierchen getrunken. Wenn es dann Mai wurde, zog er die kurzen Hosen an und hat nicht mehr gesündigt. Dann war er nicht mehr zu halten. Vom Auswechseln war beim ihm nie die Rede. Einen Helmut Rahn wechselt man nun einmal nicht aus!«

Nach seiner Fußballkarriere hat Willi Lippens sein reichhaltiges Wissen auch an den Nachwuchs weiter gegeben. In Fußballschulen zeigte er den Schulkindern in den Ferien, wie er früher seine Gegenspieler »vernascht« hat. Mit Stolz in der Stimme verkündet er heute, dass er tatsächlich der Dienstälteste in Deutschland ist, der in diesen Fußball-Internaten gearbeitet hat. Peter Schulze, in Frankfurt bei der Firma Portas in der Marketing-Abteilung tätig, war der Vorreiter. Er hatte sich der Jugendförderung verschrieben und die früheren Stars von seiner Idee begeistern können.

Neben Willi Lippens waren in der Sportschule Riederwald am Frankfurter Waldstadion Spieler wie Friedel Lutz, Horst Eckel. Werner Lorant und »Buffy« Ettmayer dabei. Uwe Seeler und Wolfgang Overath gaben ihre Namen für den guten Zweck. Täglich wurde zweimal trainiert. Abends gab es für die Kinder auch ein Unterhaltungsprogramm. Der Boxer Rene Weller zeigte beispielsweise, wie sich Profis für ihre Kämpfe vorbereiten, und das taten auch bekannte Tischtennis-Asse.

Heute ist Lippens neben dem 45-fachen Nationalspieler Klaus Fischer in NRW Cheftrainer einer solchen Schule, die Fischers Manager Jürgen Wilhelm vor Jahren gründete. Die Kinder lernen viel bei ihnen, wobei auch der Zusammenhalt und damit das Sozialverhalten gefördert werden. Fischer/Lippens! Diese Kombination war und ist für die Jungen eine ausgezeichnete Vorbereitung für eine mögliche Karriere. Schließlich waren die beiden im Spiel grundverschieden. »Der Klaus war immer ein gradliniger Spieler und denkt heute auch noch so. Von seiner Art können die Kids genauso profitieren wie von meiner Anschauung über den Fußball«, sagt Lippens und zeigt seinen kleinen Bewunderern liebend gern, wie er in seinen 17 Profijahren mit dem Ball umgehen konnte.

Drei Generationen: Michael und Nicole Lippens
mit ihren Söhnen Tim und Paul, Monika und Willi Lippens, Sommer 2008.

14.
Familienleben

Die vielen Gespräche mit Willi Lippens für das Buch neigen sich dem Ende zu. Noch einmal gibt es ein leckeres Mittagessen auf dem Lippenshof. Sein Sohn Michael ist dafür verantwortlich. Er hat deutsche Gerichte mit internationalem Touch auf seiner Speisenkarte. Seine Zwiebelsuppe ist der Hit, und seine Spezialität ist »Willis Zwiebelnest«. Der Seniorchef lacht, wenn er dieses Gericht anbietet, und meint mit einem schelmischen Lächeln in seiner ureigenen Sprache: »Musse unbedingt probieren. Is echt lecker!«

Über die B 224 erreicht man den Lippens Hof am besten aus Richtung Essen. Nach einer großen Kreuzung entdeckt man nach 400 Metern rechts das Hinweisschild auf die idyllisch gelegene Anlage.

Hier auf dem Hof ist Monika Lippens die »Mutter der Kompanie« und gleichzeitig »Mädchen für alles«, wie sie selbst lachend eingesteht. »Wenn irgendetwas auf unserem Hof nicht in Ordnung ist, oder wenn jemand Hilfe braucht, bin ich gefragt. Ich organisiere hier alles und koordiniere auch die vielen Veranstaltungen!« Der »gute Geist« vom Lippens Hof erinnert sich natürlich ganz genau an das erste Zusammentreffen mit ihrem Willi. Ihr Vater war Fußballfan und erzählte ihr eines Tages, dass es bei RWE einen Spieler gebe, der so komisch laufe. Er machte den Vorschlag, ihn sich mal im Georg-Melches-Stadion anzusehen. Dazu kam es viel später, denn Monika machte sich auf, diesen jungen Burschen mal selbst kennen zu lernen. Das war im November 1965. Unweit des Stadions stand eine »Pommesbude«. Willi Lippens hatte als Fußballer sein erstes Geld verdient. Hungrig war er immer. Da stand dann eines Tages die Arzthelferin Monika, die mit ihren Eltern nicht weit vom Stadion wohnte. Ob es Liebe auf den ersten Blick war, scheint bis heute nicht endgültig geklärt zu sein. Auf jeden Fall kamen sich beide doch recht schnell näher. »Als ich ihn mir so angeschaut habe, wollte ich von ihm wissen, ob er tatsächlich der Spieler war, von dem mein Vater erzählt hatte.«

»Sie hat mich wirklich gefragt, ob ich der Spieler sei, der so komisch läuft. Da war das Eis eigentlich schon gebrochen. Wir haben vieles gemeinsam gemacht, sind ins Kino gegangen, haben Spaziergänge unternommen und schnell gemerkt, dass wir zueinander passten.«

Unvergessen ist eine Reise der Rot-Weissen nach Bulgarien. Die beiden hatten inzwischen geheiratet. Geld war natürlich noch knapp. Willi war heilfroh, erst einmal die Kosten für eine Hochzeitsreise gespart zu haben. »Ja, die Kohle fehlte damals an allen Ecken. Den älteren Spielern ging es viel besser. Wir Frischlinge mussten uns in dieser Beziehung doch eine Menge einfallen lassen. Ich kann mich noch gut daran erinnern, dass wir uns Tomaten und Weißbrot organisiert hatten. Die Vollpension reichte für uns junge Spieler einfach nicht aus. Im Hotel besorgte ich mir noch einen Salzstreuer, und dann haben wir uns gut versorgt!«

Monika denkt auch gern daran zurück, dass es bei dieser Gastspielreise auch nach Istanbul ging: »Da haben sich die Spielerfrauen herrlichen Schmuck gekauft. Ich war ganz schön neidisch, aber Willi beruhigte mich. Lass die man kaufen. Bald kommen Tage, dann werde ich dir noch viel schöneren Schmuck kaufen. Du bekommst alles. Nur ein bisschen später. Genauso war es. Mein Willi war immer ein großer Optimist!«

Monika war in jenen Tagen stolz, die Ehefrau eines so bekannten Spielers zu sein. »Es hat mir schon gefallen, wenn ich von den Fans auf Willi angesprochen wurde. Sie fragten mich, wie denn das Leben mit einem so prominenten Spieler sei. Ich würde ihn doch jeden Tag bewundern. Sie meinten wohl, er sitze bei uns zu Hause in einem Glaskasten und dürfe nicht angefasst werden!«

Bei den meisten Spielen war sie dabei. Im Georg-Melches-Stadion sowieso, aber auch oft bei den Auswärtsspielen. Über Fußball wurde nicht so viel gesprochen. Sie freute sich, dass es für Willi auch noch etwas anderes gab als die Kickerei. Gern hat sie seine Hobbys geteilt und sich am Obst- und Gemüseladen beteiligt, die Bäckerei geleitet und auch alle anderen Aktivitäten ihres Mannes mitgestaltet. »Ich habe ihn nach den Spielen am Stadion abgeholt. Da war er überaus empfindlich. Wenn er mal verloren hatte, durfte ich ihn gar nicht ansprechen. Dann ging er sofort an die Decke!«

Als die gemeinsamen geschäftlichen Projekte Erwähnung finden, muss das Ehepaar Lippens unweigerlich schmunzeln. Gärtnerei, Bäckerei, Schweinezucht und Trabrennen, wohl kaum ein anderer Fußballer hat oder hatte so interessante »Nebentätigkeiten«.

Der WAZ-Journalist Ralf Dennemark ließ sich im September 1974 nach zwei Niederlagen innerhalb von nur vier Tagen eine besondere Schlagzeile einfallen: »Ente backt nur kleine Brötchen«, titulierte er seine kritische Nach-

Die Lippens:
Markus, Monika, Michael, Willi und Martin.

betrachtung. »Klar, damals haben wir alles andere als gut gespielt. Dann gibt es schon mal solche Schlagzeilen, aber irgendwie passte Dennemarks lustiger Satz, denn wir hatten tatsächlich eine Bäckerei eröffnet!« Das konnte der Journalist nicht ahnen, aber der Kaufmann steckte nun einmal in Willi Lippens. Alles, was in irgendeiner Form mit Handel zu tun hatte, war sein Ding. Ein Freund war Bäcker und schlug Willi vor, einen eigenen Laden zu übernehmen. »Du hast einen großen Namen«, meinte der Freund. »Damit wirst du auch mit Backwaren Erfolg haben!« Besonders wichtig war es, dass Ehefrau Monika einverstanden war. Mit Hansi Dörres Frau schmiss sie den Laden in der Bahnhofstraße von Kupferdreh. »Wir haben uns in dieser Kalt-Bäckerei richtig wohl gefühlt. Der Laden lief wunderbar. Irgendwann aber wuchs uns das alles über den Kopf. Die Kinder kamen, und wir mussten schweren Herzens den Laden aufgeben.«

Da gab es aber eine Zeit vor dem Bäckerladen noch einen anderen Berufszweig. Schließlich hatte Willi bei seinem Herrn Papa das Gärtnerei-Gewerbe erlernt, war also mit Obst und Gemüse aufgewachsen. Er bezeichnete sich zu jenen Zeiten als einen »Semi-Profi«. »Ich war beim Kruppschen

Konsum angestellt. Wenn man so will auf Teilzeit. Morgens also malochen und am Nachmittag trainieren. Zum Glück arbeitete bei uns Bubi Schädlich. Er war für Fleisch, Gemüse und Eier verantwortlich.« Bei RWE gehörte Schädlich zum Vorstand der Jugendabteilung und wusste genau, wie wertvoll das Riesentalent für seinen Verein war. »Damit du bei uns viele Tore machst!« Mit diesem Satz kam er jeden Morgen in die Firma und brachte ein kerniges Frühstück für Willi mit. Lippens hatte noch kein Auto, aber auch dafür sorgte Bubi Schädlich. Er brachte ihn immer dort hin, wo Lippens Termine hatte. Nach einem halben Jahr machte ihm die Arbeit bei Krupp keine große Freude mehr. »Ich hatte so viel Ahnung von diesem Geschäft, dass ich das doch eigentlich auch für die eigene Kohle machen könnte.« Es blieb nicht bei den Überlegungen. Oben in Rüttenscheid fand er einen

Willi Lippens als Gemüse- und Obsthändler, 1969.

geeigneten Laden, meldete sein Gewerbe an und war ab sofort selbstständiger Kaufmann.

Natürlich hatte er schnell gemerkt, dass die Gegend um Rüttenscheid eigentlich das Revier vom ETB Schwarz-Weiß Essen ist. »Das aber war mir dann doch egal. Auf dem Großmarkt kannte ich den Großhändler Peter Engels. Gleich am ersten Tag lief ich ihm in die Arme. Als er von meinen Plänen hörte, witterte er einen neuen Kunden. Natürlich war er RWE-Fan und hatte eine unglaubliche Ähnlichkeit mit dem früheren Bundestrainer Sepp Herberger!«

Peter Engels versprach Lippens allerbeste Ware zum fairen Preis. Die Beratung tat dem Laden gut. Willis Schwiegermutter half. Lippens hatte mit seiner lustigen und vor allem freundlichen Art vor allem zu den Kundinnen einen guten Draht. Nur an die kurzen Nächte musste er sich erst einmal gewöhnen. »Besonders hart war es natürlich, wenn wir einmal eine Nacht durch gezockt haben. Das gehörte bei uns Spielern schon dazu. Ich musste doch als Neuling beweisen, dass ich ein harter Knochen war. Da kam beispielsweise einmal ein Bauer aus dem badischen Bühl mit einer ganzen Ladung der berühmten Bühler Pflaumen. Er hat mit uns gezockt und musste ohne einen Pfennig zurück nach Bühl fahren. So etwas passierte öfter auf dem Essener Großmarkt!« Nach einem Jahr war mit dem florierenden Gemüseladen schon wieder Schluss. Rot-Weiss Essen stieg in die Bundesliga auf. Das Training wurde wesentlich härter. Da blieb für den Laden keine Zeit mehr.

Willis Wohnorte sind an einer Hand abzuzählen: Hau bei Kleve am Niederrhein, dann die Stube unter der Tribüne von RWE, erste Wohnung in Essen-Gerschede in der Kamerunstraße 41, 1970 der Umzug in ein Einfamilienhaus in Kupferdreh mit einem Swimmingpool und danach in das neue Domizil in Welheim im Osten von Bottrop. Genauer gesagt in das Industriegebiet Emscher Aue, wo nach harter Arbeit und vielen Investitionen der Lippens Hof entstand, der dann den treffenden Namen »Mitten im Pott« erhielt.

Monika und Willi hatten jahrelang ein solches Anwesen gesucht. Angebote gab es. Die aber waren zu ländlich und vor allem zu weit von der Großstadt entfernt. Dem Naturburschen Willi hätte das nichts ausgemacht. Er war weite Anreisen als Profifußballer gewohnt, aber seine Monika hatte Bedenken. »Dann standen wir eines Tages in Karnap, wo wir gerne spazieren gingen, vor dem seit fünf Jahren unbewohnten Hof, der sich in einem katastrophalen Zustand befand. Im Grunde musste alles renoviert werden. Wenn es regnete, versank man im Morast. Das alles konnte uns nicht abschrecken.« Vor allem Willi faszinierte das sechs Hektar große Anwesen sofort und er erklärte seiner Moni, dass der Hof gerade einmal drei Kilometer vom Georg-Melches-Stadion entfernt sei. Schließlich waren beide einer Meinung. Hier wollten sie mit ihren Kindern alt werden.

Denn die Familie Lippens wurde groß und größer. Drei Buben erblickten die Essener Welt: Markus, Michael und Martin. Markus war der älteste und hat die große Zeit seines Vaters noch mitgemacht. »Er war immer dabei, wenn etwas Wichtiges auf dem Programm stand. Vor allem auch dann, wenn die Medienvertreter kamen und Reportagen über meine Laufbahn gemacht wurden. Leider ist er allzu früh gestorben!« Über den viel zu frühen Tod des ältesten Sohnes ist die Familie bis heute noch nicht weggekommen und auch Willi fehlen die Worte. »Die Presse hat die Tragödie ausgeschlachtet und dabei keine Rücksicht auf die Trauer der Familie genommen«, sagt er nach Momenten des Schweigens.

Der Hof in der Gemarkung Karnap wurde dokumentarisch erstmals 1574 erwähnt, es ist das zweitälteste Haus des Landstriches. Gleich rechts neben dem Hauptgebäude steht eine große Tenne mit einer uralten Inschrift, die an frühere Besitzer erinnert. Da entziffert der interessierte Besucher die Namen Teodor und Rose Brecht. Darunter Anna Maria Zweet von Borbecke. Willi Lippens erfuhr schnell, dass ein Makler in Wermelskirchen

Monika und Willi Lippens zusammen mit Pelé
nach dem gemeisamen Auftritt im Aktuellen Sportstudio, 1970.

den Hof mehr oder weniger im Angebot hatte. Das Finanzamt Leverkusen stellte Ansprüche, und vor der Versteigerung erwarb Lippens die Grundschuld. Damit war beim Termin im Amtsgericht Bottrop eigentlich schon alles geklärt. Vier Mitbieter erkannten, dass sie gegen Lippens keine Chance hatten und zogen sich zurück. Die Familie Lippens war also 1979 offiziell Besitzer des Hofes.

Nun mussten die dortigen Gebäude auch genutzt werden. Wieder war der Kaufmann Lippens gefordert. Er kannte einen Bauern aus der Nachbarschaft, der eine Schweinezucht betrieb. »Berni Schulze überredete mich, und da wir dort noch nicht wohnten, bot sich eine Schweinezucht geradezu an. Ich selber hatte mit der Zucht eigentlich nicht viel zu tun. Er züchtete, und ich vermarktete das Geschäft. Natürlich kontrollierte ich in regelmäßigen Abständen den Bestand, ob die Stückzahl noch stimmte!« Knapp drei Jahre lief die Zucht zufriedenstellend, aber dann schlug die gefürchtete Schweinepest zu. »Wir hatten neue Ferkel gekauft und damit die Pest eingeschleppt. Es war ein bitterer Tag, als wir 220 Tiere schlachten mussten. Über die Pestkasse waren wir zum Glück versichert, und so blieb der finanzielle Schaden im Rahmen. Da wir inzwischen auch dort einziehen wollten, hätten wir sowieso einen Schlussstrich ziehen müssen!«

Jetzt ging es daran, alles »wohnfertig« zu renovieren. »Bis alles so einigermaßen in Schuss war, hatten wir gut und gern das Geld für drei Häuser zur Neugestaltung verbraucht«, erzählt Lippens. Das aber tat nichts zur Sache. Hier entstand ein Schmuckkästchen. Der Landsitz der Familie war inmitten der Industrie eine echte Oase. In unmittelbarer Nachbarschaft liegt die Zentralkokerei Prosper. Daneben die Flachgas AG. Unweit die Gebäude der Veba-Chemie und die Müllverbrennungsanlage Karnap.

Dass Lippens Fußball spielen konnte, das wusste jeder, aber bei der Renovierung des Hofes lernten seine Freunde schnell, dass Willi mit beiden Händen zupacken konnte. Ohne jede Übertreibung darf behauptet werden, dass jeder Stein, der im Hof verarbeitet wurde, durch seine Hände ging. »Ich habe malocht wie nie zuvor. Alles ging durch meine Hände. Gelernt hatte ich das nun wirklich nicht, aber auf Anhieb gekonnt. Badezimmer habe ich gefliest und den Untergrund für 800 Quadratmeter selbst hergestellt. Die Randsteine gesetzt. Die Stallungen modernisiert. Als ich nach einem langen Tag in den Feierabend ging und mir noch einmal alles angesehen habe, war ich mächtig stolz. Ich ziehe vor jedem Handwerker den Hut, wenn er seine Arbeit richtig erledigt. Das war letzten Endes auch eines meiner Erfolgsrezepte. Ich habe die Arbeit anderer gewürdigt. Die Nähe zum Volk war und ist für mich ungemein wichtig. Sich mit Champagner und Kaviar ruhig in eine Ecke zu setzen, das war nie mein Ding und wird es auch niemals sein!«

Mit den leer stehenden Stallungen hatte der »Bauer aus Kleve« aber zuerst etwas anderes vor. »Ich habe ja stets betont, wie naturverbunden ich war. Deswegen hat mir unser Hof trotz seines katastrophalen Zustandes auf Anhieb gefallen. Ich hatte also das richtige Gefühl und natürlich auch die Liebe zum Tier. Gleich bei einem meiner ersten Besuche auf der Gelsenkirchener Trabrennbahn war ich begeistert. Ein Pferd in voller Aktion hat mich fasziniert. Das Spiel der Muskeln und die dahinter stehende Kraft waren für mich fantastisch!«

Damit stand es fest, dass Pferde auf den Hof kamen. Die Stallungen wurden zu modernen Pferdeboxen umgebaut. Sein Förderer Otto Walter hatte zum neuen Hobby des Fußballers eine ganz besondere Beziehung. Er war als Amateur auf den westdeutschen Trabrennbahnen aktiv. So konnten viele Kontakte geknüpft werden. Im Kohlenpott gab es schließlich einen bemerkenswerten Satz: Schalke 04, die Tauben und die Traber seien nun mal die drei wichtigsten Dinge im Leben eines Bergarbeiters. Ganz besonders galt das für Gelsenkirchen. Fußball und Trabrennen passten wundervoll zusammen. Am Nienhausen Busch trainierte der Schalke-Fan Willi Roth. Einer seiner Besitzer war kein Geringerer als Ede Lichterfeld, einer der wichtigsten Manager der damaligen Zeit. Ede war nicht nur Betreuer der ersten Schalker Mannschaft, sondern auch für den »Stall Luna« ein Liebhaber der schnellen Traber. Er hat mit seiner sympathischen Art seine Spieler überzeugt. Ruck-Zuck waren Torwart Norbert Nigbur, Klaus Fischer, Rolf Rüßmann, Klaus Fichtel und Hannes Bongartz Pferdebesitzer. Bongartz gewann als Amateur in Hamburg sogar das Rennen um die Deutsche Meisterschaft.

Willi Lippens ging es nicht anders als vielen Neueinsteigern. Er wurde, wie man auf den Rennbahnen sagt, »eingekleidet«. Willi kaufte den so hoch gelobten Traber Julius Hanover. »Dieser Kauf war eine Enttäuschung. Julius kam nie an den Start. Er zog sich eine Verletzung zu, und wir haben ihn dann als Freizeitpferd behalten.« Der junge Trainer und Rennfahrer Olaf Hagen tat sich mit Lippens zusammen. Der wiederum kannte den »Dackel-Hansi«, der im Milieu eine Rolle spielte. Er besaß natürlich auch Rennpferde. Eines Tages gab es Probleme. Die Pferde mussten in Windeseile einen anderen Besitzer erhalten. Olaf Hagen überredete Lippens, und wenig später waren die Boxen in Welheim ausgebucht.

»Ich war urplötzlich Besitzer von zwölf Pferden«, erinnert sich Willi. »Natürlich waren auch weniger gute Vierbeiner darunter, aber es hat sich doch gelohnt!« Pferde mit den klangvollen Namen Via Mauritz oder Wilbur sorgten auf den Rennbahnen für Furore. Als der Stall Lippens auf der Hillerheide in Recklinghausen den hoch dotierten »Stuten-Preis« mit Olaf Hagen im Sulky gewann, spielte Willi Lippens in einer Promi-Mannschaft

Familienleben 185

Der Mann, der die »Ente« erfand: Der früh verstorbene Reporter Jürgen Abel (li.) mit Lippens bei der Auslosung zum Essener Hallenturnier, 1975.

in Frankfurt. »Ich habe mich über das Ergebnis riesig gefreut. Etwas geärgert habe ich mich aber auch. Schließlich war ich nicht vor Ort und konnte unser Pferd bei diesem wunderbaren Erfolg nicht sehen und auch nicht wetten!«

Erfolg hatte Lippens auch in der Zucht. Er bereitete zudem auf seinem Hof gern die Rennpferde für die großen Aufgaben vor. Er bekam schnell die nötige Routine und hatte vor allem das berühmte Händchen, um sich mit den sensiblen Pferden gut zu verstehen. Siege blieben nicht aus, und ältere Rennbahnbesucher erinnern sich heute noch an eine restlos überzeugende Fahrt von Willi. Eigentlich war er bei diesem Rennen in Gelsenkirchen im Schlussbogen schon geschlagen, witterte aber auf den letzten 300 Metern seine Chance und steuerte sein Pferd im Zick-Zack-Kurs zu einem viel umjubelten Sieg. »Ich wäre gern weiter gefahren, hatte aber noch zu viel

Fußball im Kopf. Leider ging es bei uns in NRW mit dem Pferderennsport immer mehr den Bach runter. Es wurde ein sehr teures Hobby, und so haben wir uns von den Pferden getrennt!«

Nicht ganz, denn auf dieser idyllischen Anlage tummeln sich noch die früheren Rennpferde. »Es war für uns eine Selbstverständlichkeit, ihnen das Gnadenbrot zu geben. Wir haben während unserer aktiven Karriere sogar etwas übrig behalten. Das aber frisst unser Wilbur jetzt Stück für Stück auf. Es wäre mir nie in den Sinn gekommen, ein Pferd zum Schlachter zu bringen, weil es nicht mehr auf den Bahnen starten kann.«

Eine andere Laune brachte Willi sogar in ein Tonstudio. Lippens hatte zu seinem 40. Geburtstag den populären Revier-Barden Erwin Weiß zu sich auf den Hof eingeladen. Willis Gäste kannten »Ärwin« natürlich und hatten viel Spaß, wenn der seine Hits zum Besten gab. »Ich bau mich mein Häusken nur an der Ruhr« zum Beispiel oder »Wenn mich mein Mäusken beißt, dann weißte erst, wat Liebe heißt!« An diesem nicht alltäglichen Geburtstag wurde es spät im Hause Lippens. Erwin Weiß blieb und machte dann kurz nach Mitternacht Willi den Vorschlag, doch mal gemeinsam zu singen. Gesagt getan. Ein paar Tage später traf man sich, probte in einem Studio und stellte fest, dass man doch sehr gut zusammen passte. Zu der Melodie des Gassenhauers »An der Nordseeküste« hatte Erwin Weiß einen neuen Text

Auch ein familiärer Hintergrund: Die Hafenstraße-Atmosphäre Mitte der 1970er Jahre. An Spieltagen von RWE ist das traditionelle Verkehrschaos vorprogrammiert.

gedichtet: »An der Kohlenhalde am Rhein-Herne-Kanal geht der Vater echt angeln, fängt manchmal 'nen Aal.« Herrlich auch der geschichtsträchtige Text: »Damals vor unendlich langer Zeit, ja da machten die Kumpels im Ruhrpott sich breit.«

Die Herren des Hamburger Musikverlages TELDEC hörten sich die Aufnahmen wohlwollend an, und es entstand das Duo »Erwin und Ente«. Heute noch liegt irgendwo in den Schränken des altehrwürdigen Hofes eine schwarze Scheibe mit diesen wunderbaren Liedern. Willi Lippens ganz stolz: »Ob du das glaubst oder nicht: Kürzlich habe ich unsere Lieder sogar noch mal im WDR 4 gehört!« Leider blieb auch dabei der Ärger nicht aus. Die Platte mit der berühmten Ente auf dem Cover wurde recht gut verkauft. Lippens war schließlich nach wie vor überaus populär im Revier. Erwin sowieso. So flossen die Beträge auf das Hamburger Konto des Urhebers. Dazu Willi zwei Jahrzehnte später: »Ich habe nie einen Pfennig gesehen, obwohl allerlei dabei rum gekommen ist. Erwin hatte dieses Konto bei der TELDEC. Ich dachte, er würde das mit mir verrechnen. Ich sollte in Hamburg ein Konto angeben, aber daran dachte ich nicht im Traum. Erwin würde das mit mir zu Hause erledigen!« Falsch gedacht, was Lippens zum Glück nur ganz selten passierte. Trotzdem denkt er heute doch gelassen daran zurück: »Weil es sehr viel Spaß gemacht hat. Wer hat zu Hause schon eine Platte, die erfolgreich im Handel war?«

Innerhalb der Familie wurde darüber nachgedacht, was aus dem Lippens Hof gemacht werden könnte. Zwei Söhne hatten bei Charly Neumann, dem langjährigen Schalker Mannschaftsbetreuer, Koch gelernt, und nun sollte auch im Hinblick auf die Zukunft der Kinder und Enkel eine Gastronomie entstehen. »Wir rechneten uns aus, dass so etwas in dieser Gegend Erfolg haben müsste«, erzählt Willy. Mit der alten Tenne ging es los. Zwei weitere Säle standen für Feierlichkeiten zur Verfügung. Hochzeiten, Geburtstage und Firmenjubiläen fanden in der Gungstraße 198 statt. Ein florierendes A la carte Restaurant entstand. Dazu ein kleiner Hoteltrakt. »Mitten im Pott« kann man mit allen den interessanten Angeboten in der nahen und weiteren Umgebung auch einen gelungenen Kurzurlaub verbringen. Vor Heimspielen der Rot-Weissen übernachten ohnedies immer wieder Fußballfans. »Inzwischen beschäftigen wir 13 Mitarbeiter. Unser Ziel ist es, Lockerheit mit Niveau zu verbinden. Natürlich konnte man anfangs mit meinem Namen die Menschen zu uns locken. Aber wirklich nur zu Beginn. Wenn man Gäste enttäuscht, kommen sie bekanntlich nicht wieder. Dann kann man den Laden gleich wieder schließen!«

Während Sohn Michael und seine Frau Nicole die Geschäftsführung der Farm übernommen haben, machte Martin Lippens sein Glück fern

»Ich bin manchmal auch auf dem Bauch gelandet, aber immer wieder aufgestanden und habe versucht, das Beste daraus zu machen.« Lippens über seine Biografie.

der Heimat. Martin studierte in Bochum Sportwissenschaften und lernte durch einen Zufall seine neue Heimat, die USA, kennen. Willi Lippens erinnert sich genau: »Eine amerikanische Familie wohnte ein paar Tage bei uns auf dem Hof. Man lernte sich kennen. Martin gefiel ihnen ganz besonders, und der Amerikaner überredete unseren Sohn, sein Studium in Kalifornien fortzusetzen. Ein Stipendium besorgte er Martin. In der Highschool von Newport Beach beendete er sein Studium und ist inzwischen der amerikanischen Lebensart und auch dem dortigen Traumwetter restlos verfallen!«

Martin Lippens ging dort drüben einen ausgezeichneten Weg. Er war Lehrer an der Highschool für Geschichte und vermittelt inzwischen Kredite für den privaten Hauserwerb. Es geht ihm rundum gut, zumal er auch seine langjährige Freundin Liz geheiratet hat. »Das war in Kalifornien eine tolle Hochzeit«, schwärmt Willi. »Ganz typisch für die Yankees. Am Tag zuvor wurde alles bis ins kleinste Detail geprobt. Es war wie im Film.« Eine kleine Enttäuschung gab es für die Besucher aus Deutschland dann aber doch noch: »Als wir dann richtig loslegen wollten, war das Fest um 22 Uhr zu Ende. Alle gingen nach Hause. Einen so frühen Feierabend hatten wir nun wirklich nicht erwartet. In Amerika ist das so!«

Familienleben

Die Ente als Wahrzeichen: Willi Lippens vor dem Eingang zu seinem Hof »Mitten im Pott« direkt an der B 224.

Monika und Willi besuchen Liz und Martin regelmäßig. Beide verbinden die Besuche in Kalifornien stets mit einer Rundreise, um das Land noch besser kennen zu lernen. So waren sie auch am 11. September 2001 in New York und haben dort das grauenhafte Attentat der Terroristen hautnah miterlebt. Gern erzählt Willi Lippens nicht über diesen Tag. »Weil wir ein unglaubliches Glück gehabt haben. Martins spätere Frau besuchten wir in ›big apple‹. Sie hatte uns einen Tag vorher zum Frühstück in das World Trade Center eingeladen. Von dort habe man einen wunderbaren Blick auf die City!« Liz verschob ein paar Stunden später den Termin auf den Abend, weil sie beschäftigt war. Dieser glückliche Zufall rettete Monika und Willi das Leben. Als die beiden Angriffe auf die »Twin Towers« stattfanden, befanden sich beide mit ihren Freunden im »Central Park«. Überall standen Großbildschirme, auf denen der entsetzliche Angriff live beobachtet werden konnte. »Wir standen dann auf der Fifth Avenue, als die riesengroße Qualmwolke auf uns zu kam. Verzweifelte und dreckverschmierte Menschen rasten auf uns zu. Wir erlebten, wie das zweite Flugzeug in den Tower flog und alles vernichtete. Natürlich dachten wir in diesem Augenblick, dass wir im

Inneren beim Frühstück hätten sitzen können!« Die Stadt war von einer Minute zur anderen völlig verändert. Das Misstrauen den Fremden gegenüber wuchs. Und mittendrin die vier deutschen Urlauber.

Am 12. September, also am nächsten Tag, sollte ihre Rundreise beginnen. Ihr Mietwagen stand im Sperrgebiet. »Wir waren recht hilflos«, sagt Willi heute. »Wie sollten wir diese Stadt verlassen können? Wie alle anderen mussten auch wir erst einmal diese grauenhaften Attacken der Terroristen verdauen!« Am nächsten Morgen starteten sie schüchterne Versuche, vielleicht doch noch an das Auto zu kommen. Ein überaus freundlicher Polizist half, den Wagen aus dem Sperrgebiet zu holen. »Er ist im Taxi vor uns hergefahren und hat uns auch wieder herausgebracht. Der Cop erklärte uns dann auch genau, wie wir New York auf dem schnellsten Weg verlassen konnten. Nur eine Brücke war frei. Zentnerlasten fielen von uns ab, als wir die Unglücksstadt endlich verlassen hatten. 11. September 2001 – ein grauenvoller Tag, den wir wie jeder andere auf der Welt nie vergessen können!«

Ein Tag, der mit den fürchterlichen Erlebnissen auch die weitere Rundreise in den USA belastete. So waren Monika und Willi doch wieder sehr froh, zurück auf ihren traumhaft schönen Hof nach Bottrop-Welheim zu kommen.

Dort spielen inzwischen die Enkel Tim und Paul mit ihrem Opa Fußball. Willi brachte sie bei Heßler 06 in Gelsenkirchen unter, weil sein geübtes Auge rasch das Talent der beiden erkannt hatte. »Paul erinnert etwas an meinen Stil. Er könnte so ein richtiger Torjäger werden, obwohl er noch etwas eigensinnig spielt!« Auch von Tim hat Lippens eine gute Meinung: »Er schießt super mit links, könnte also auch mal die Nummer elf seines Großvaters tragen. Tim ist schnell wie der Blitz und kann auch sehr gut Chancen für seine Nebenleute erarbeiten!«

Willi lässt es sich nicht nehmen, mit seinen Enkeln auf den Wiesen in Welheim zu üben. »Ich versuche, beiden etwas beizubringen und korrigiere Fehler sofort!« Schön wäre es, noch einmal einen zweiten Lippens im deutschen Fußball zu erleben.

15.
Rückblicke

»Fußball ist unser Leben. König Fußball regiert die Welt!« Das war und ist bei Willi Lippens kaum anders. Er läuft immer noch gern dem Ball hinterher, arbeitet in einer Fußballschule, trainiert mit seinen beiden Enkeln und verfolgt mit Wehmut den Leidensweg von Rot-Weiss Essen. Aber im Leben des Holländers gibt es mittlerweile doch noch etwas anderes, und das ist auch gut so. Während seines Aufenthaltes in den USA entdeckte er seine Liebe zum Golf und schloss sich den »Gofus« an. Das sind die Golf spielenden Fußballer mit Franz Beckenbauer an der Spitze. Nicht mehr so viel Zeit hat er, um am Rhein-Herne-Kanal oder an der Emscher dem Angeln nachzugehen. Das bedauert Willi, denn mit einem Kumpel am Kanal zu sitzen, über Gott und die Welt zu diskutieren und dazu ein Bierchen zu trinken, das fehlt ihm doch. Schließlich ist das Wasser im Kanal einwandfrei, was den Genuss der Fische erhöht.

Im Regal seines Wohnzimmers stehen Kassetten von Filmen, die er mit seiner Schmalfilmkamera aufgenommen hat. Nicht ohne Stolz zeigt er seinen Besuchern gern die alten Filme. Besonders die Ausschnitte vom Spiel gegen Hertha BSC, als ihm nicht weniger als drei Treffer gelangen. Das hat allerdings ein Freund im Bild festgehalten. Es ist kein Wunder, dass die Hobbyfilmer rund um Lippens auch dem Slapstick verfielen. In der Bäckerei von Alfred Schmitz, ebenfalls Hobby-Filmer, wurde mit ein paar Mitarbeitern in der Backstube gepokert. »Ich zog ein Ass aus dem Ärmel, was meine Mitspieler natürlich sofort merkten. Als feiger Falschspieler wurde ich tituliert, und dann flogen uns die Torten an die Köpfe. Ich bekam natürlich den dicksten Kuchen mitten ins Gesicht. Lecker war die Torte.«

Lippens ist ein weltoffener Mensch. »Vom Pass her bin ich Niederländer, ich lebe in Deutschland und im Herzen bin ich Europäer«, bekennt er. Er interessiert sich für den Zirkus, das Varieté und die Kunst: »Ich bewundere Leute, die ihr Publikum begeistern können. Der mittlerweile verstorbene Künstler Joseph Beuys zum Beispiel kam aus meiner Ecke, wir waren fast Nachbarn. Er hat wirklich aus Scheiße Kunst gemacht, so sehe ich das jedenfalls. Er hat den Leuten seinen Stil aufs Auge gedrückt und sie dafür begeistert. Wenn einer das kann, ist das doch eine riesige Geschichte.«

Aber am Ende landet man in jedem Gespräch mit Lippens doch wieder beim Fußball. Wie ist er damals eigentlich mit seiner ungewöhnlichen Popularität fertig geworden? »Diese Popularität hat heute ganz andere Ausmaße. Bei uns ging jeder perfekte Spieler ganz entspannt damit um. Ich habe immer wieder betont, wie gut unser Verhältnis zu den Fans war, mit denen wir schon mal ein Bier getrunken haben und die mit uns auch über die vergangenen 90 Minuten diskutierten. Das ist doch heute so gut wie unmöglich. Oder glaubt man etwa, dass ein heutiger Starspieler sich so ohne weiteres mit einem Fan an einen Tisch setzt und mit ihm anstößt?«

Und wie schätzt Lippens seine damaligen Leistungen selbst ein? Dazu braucht er nun wirklich nicht in sein Archiv zu schauen, das ihm einmal zu aktiven Zeiten sein Schwiegervater zusammengestellt hat. »Ich war natürlich unglaublich stolz, als ich einmal einen Ausspruch des damaligen Bundestrainers Helmut Schön in der Fachpresse las. Schön hatte gesagt, dass er keinen Spieler kenne, der mit so wenig Laufarbeit so effektiv sei. Das war auf mein gutes Auge zurückzuführen. Ich konnte blitzschnell eine Situation einschätzen und wusste als Erster, was zu tun war!« Dadurch war Lippens nicht nur ein gefürchteter Torjäger, sondern auch im starken Maße ein Vorbereiter. Seine unnachahmlichen Flanken kamen so maßgerecht, dass es für die Stürmer im Zentrum leicht war, wichtige Treffer zu erzielen.

Udo Lattek hat bei einer Einschätzung dieses Außenstürmers gemeint, dass es nicht so einfach wäre, einen Spieler wie Lippens in eine Mannschaft zu integrieren. Mit gemischten Gefühlen hat Willi das aus dem Mund des Erfolgstrainers gehört. »Wenn er mit dieser Aussage mein Spiel gemeint hat, dann hat er schon Recht. Ich war nie auszurechnen. Ich wusste ja manchmal selber nicht, was ich in den nächsten Sekunden machen würde. Auch wenn einer sagt, ich hätte lieber ein schwieriges als ein leichtes Tor gemacht, muss ich ernsthaft protestieren. Ich habe nie geschossen, wenn ich keine Chance hatte. Dann habe ich getändelt, um eine neue Gelegenheit zu bekommen. Natürlich habe ich auch meine Mitspieler so in Szene gebracht, dass sie vollstrecken konnten!« Vielleicht hat Udo Lattek aber auch den manchmal doch recht kritischen Willi Lippens gemeint. »Ich habe immer das gesagt, was ich gedacht habe. Das mag dem einen oder anderen Trainer nicht gefallen haben. Klar, ich lag dabei auch schon mal ganz schön daneben. Dann habe ich das aber auch eingesehen. Gab es kritische Szenen, dann versuchte ich, in diesen schwierigen Momenten zu vermitteln. Ich kann dazu eigentlich nur noch sagen, dass jeder Trainer, der ein paar Wochen mit mir gearbeitet hatte, ganz genau wusste, was ich wollte!«

Lippens nennt bei seiner Selbsteinschätzung auch seine Täuschungsmanöver, die seine Fans immer wieder so begeistert haben. Links angetäuscht, rechts vorbei gegangen. Schnell einmal einen halben Meter Platz gewonnen und dann abgezogen. Das war seine Masche. Dieses faszinierende Spiel hat keinem Verteidiger gefallen. Auf sein Spiel sind sie meistens reingefallen. Lippens nahm sich auch immer seine Freiräume von den taktischen Zwängen. »Die brauchten sie alle. Gestern und auch heute. Ein van der Vaart, ein Diego oder ein Frank Ribery nehmen sich in der Bundesliga diese Freiräume und setzen sich auch über die Anordnungen ihrer Trainer hinweg. Ein Grund für ihre Klasse. Alle anderen sind wichtig, aber im Vergleich zu ihnen nur Mitläufer – oder Wasserträger, wie die Radsportler sagen!!«

Einen Freifahrschein erhielt Lippens von seinen 17 Trainern nicht, aber er hat sie mit seinem Erfolgsstil unter Druck setzen können. Wenn ihr Links-

»Ich wusste manchmal selber nicht, was ich in den nächsten Sekunden machen würde.
Ich habe nie geschossen, wenn ich keine Chance hatte. Dann habe ich getändelt,
um eine neue Gelegenheit zu bekommen.«

außen in einem wichtigen Spiel entscheidende Tore geschossen hatte, dann mussten sie zufrieden sein, und sie waren es auch. »Das mag auch ein Grund sein, dass Udo Lattek leichte Bedenken anmeldet«, sagt Lippens heute. »Deswegen war ich nicht so einfach. Das stimmt schon. Ich habe immer gewusst, dass man im Fußball nichts programmieren kann. Nur Standards kann man einstudieren. Jedes Spiel entwickelt sich anders. Man muss ganz schnell umdenken. Sonst ist man auszurechnen. Trotzdem habe ich immer im Sinne der Mannschaft gespielt. Einen Freifahrschein hatte ich nicht, aber ich durfte mir meine Freiräume nehmen. Wenn wir mal 3:0 führten, dann konnte ich mal Einblicke in meine Trickkiste geben, und die Zuschauer hatten daran ihre Freude!«

Ein Spielertyp wie Willi Lippens würde der heutigen Bundesliga gut zu Gesicht stehen. Spaßvögel wie Willi oder auch wie Sepp Maier gibt es heute leider nicht mehr. Auch Lippens ist davon überzeugt, dass er mit seinem Spiel auch heute das Publikum unterhalten könnte. Vorausgesetzt, er hätte die Athletik. »Natürlich hat sich der Fußball verändert. Schneller ist er geworden und athletischer, aber ich hätte mitmischen können. Mein Auge, das Selbstvertrauen und der Verstand würden sich dabei auszahlen. Die Verteidiger reagieren heute genauso wie vor 40 Jahren. Sie sind damals auf meine Tricks reingefallen und das würde ihnen heute genauso ergehen. Damit wir uns nicht falsch verstehen: Ich habe auch schlechte Spiele gezeigt. Ich bin wie alle anderen auch mal auf die Schnauze gefallen. Aber nicht so oft. Wer den berühmten Torriecher hat, dem läuft der Erfolg nach!«

Daran zweifelt kaum einer. Der Schnellste war Lippens zwar nie, aber sein blitzschneller Antritt war oft genug entscheidend. Für die längeren Laufwege waren andere da. Ihm ist es oft genug gelungen, die Zweckmäßigkeit mit der Show zu verbinden. »Manche sagten, ich wäre ein Komiker auf dem Spielfeld. Das hat mich nicht geärgert, aber es stimmte einfach nicht. Der Begriff Showtalent stimmte viel eher. Wenn ich mit meinem Bewegungsablauf den Gegenspieler ausgeschaltet hatte, dann war das schon ein bedeutender Unterhaltungswert. Stocksteifes Spiel gab es bei mir nicht, denn ich habe stets meinen berühmten Wiegeschritt eingelegt. Man hat mich nicht nur im heimischen Stadion, sondern in allen deutschen Arenen gern gesehen. Ausgepfiffen wurde ich nie. Auch nicht, wenn ich dem gegnerischen Torwart zwei eingeschenkt hatte!«

Beim Rückblick auf die Karriere schwingt auch stets etwas Wehmut mit: »Ich würde sofort 10.000 Euro auf den Tisch legen, um noch einmal mit meiner alten Form vor 80.000 Zuschauern in einem Bundesligaduell auflaufen zu können«, seufzt er und weiß genau, dass es ein unerfüllbarer Traum ist.

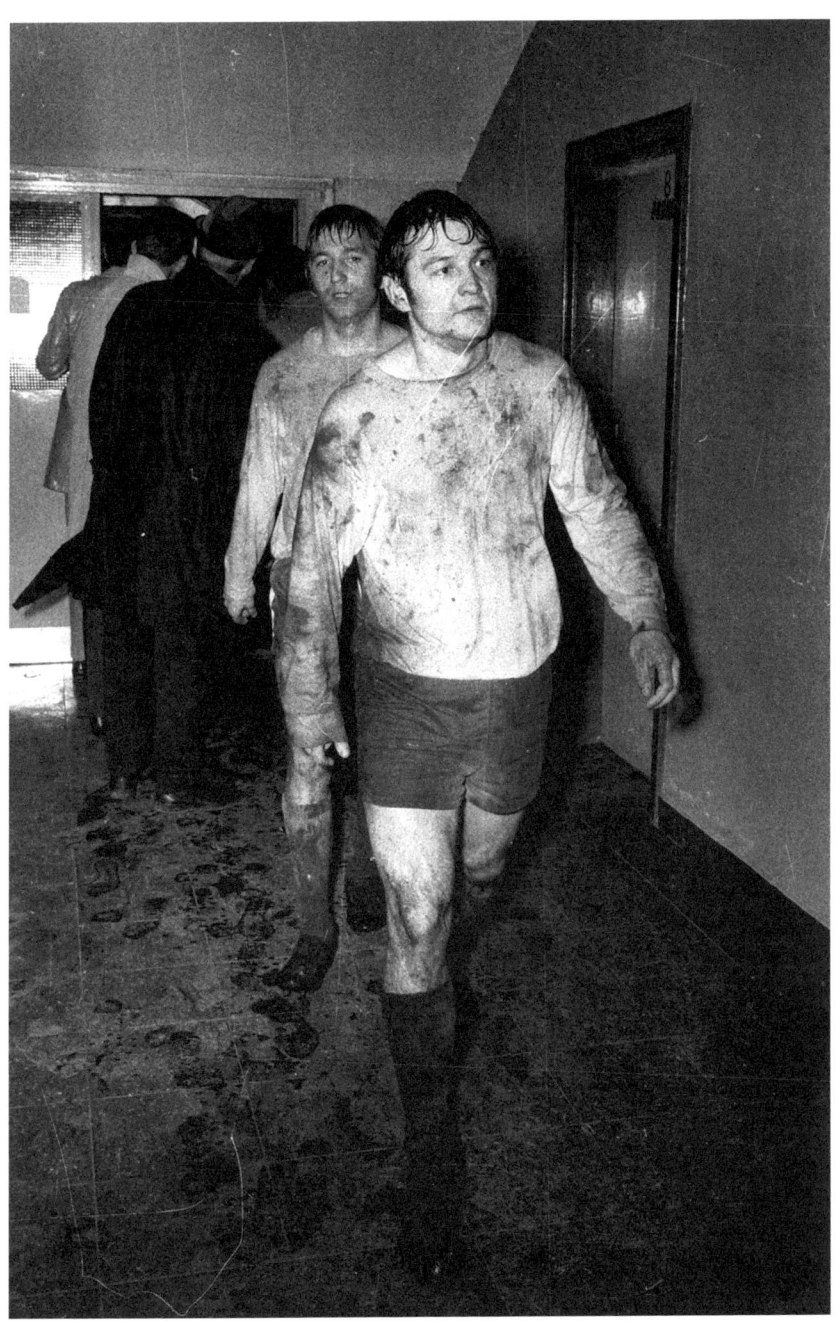

Abgekämpft: Nach der Schlammschlacht gegen Gladbach, April 1970.

Soweit das Fußballerische. Wie aber würde er außerhalb der Stadien seinen Charakter einschätzen? »Ich gehe ungern den untersten Weg. Ich bin im Tierzeichen des Skorpions geboren, will also gern bestimmend sein und die erste Geige spielen. Die Rolle eines Mitläufers mag ich nicht. Ich glaube schon, dass ich ein ehrlicher Mensch bin. Heimatverbunden und bodenständig sowieso. Wenn einer in Not gerät, dann helfe ich im Rahmen meiner Möglichkeiten. Wenn ich mal abtreten muss, dann hoffe ich doch, dass ich meine Flügel tauschen kann. Also von der Ente zum Engel!«

In den 1970er Jahren hat Lippens den Rasen mit den großen Ballkünstlern der Zeit geteilt. Sein Freund Wolfgang Overath war einer davon. »Wolfgang war ein Rattenkopp auf dem Feld, aber genial am Ball. Er hatte ein Auge und konnte ein tolles Spiel aufziehen. Heute spricht alles von Michael Ballack. Man sollte sich an Overath erinnern. Wenn man uns damals so geschult hätte wie heute, dann hätten wir das begriffen und dementsprechend gespielt.«

Und wie sehen ihn seine Gegner von einst? »Willi war ein Spieler, der heute unserer Bundesliga fehlt«, sagt der heutige Präsident des 1. FC Köln. Allein mit diesem Satz sagt Overath eigentlich viel, wenn nicht sogar alles. In seiner Begründung wird schnell deutlich, welche Hochachtung er vor seinem früheren Gegenspieler hat: »Willi ist ein großartiges Beispiel dafür, dass man keine 100 Länderspiele bestritten haben muss, um ein überaus populärer Spieler zu sein. Er war ein Unikum und bot seinen Fans etwas Außergewöhnliches. Willi war in seiner Art abgewichst. Er kam von Linksaußen angeflogen und machte seine Tore. Er besaß eisenharte Nerven. Obwohl er beim Gegner spielte, hat es mir immer viel Spaß gemacht, seinem Spiel zuzuschauen. Er ließ kaum einen Gegenspieler an den Ball kommen. Willi war stets unterwegs, hatte den Blick immer oben, spielte einen nach dem anderen aus, war brandgefährlich und konnte auch abstauben. Er ist der lebende Beweis dafür, dass es nicht nur Pelés geben muss, um den Fußball zu prägen. Die Zuschauer sind in die Stadien gegangen, weil Lippens spielte und weil sie durch ihn etwas Besonderes geboten bekamen!«

Uwe Seeler gehörte wie Wolfgang Overath zu den bekanntesten Spielern, die der deutsche Fußball jemals hervorgebracht hat. Seine Verdienste um den deutschen Fußball sind beispiellos. »Der Dicke«, wie ihn seine Freunde stets nannten, brachte es auf 72 Länderspiele und drei WM-Turniere mit der Vize-Weltmeisterschaft 1966, als es in London gegen England das berühmte Wembley-Tor gab. Von Willi Lippens hat er heute noch eine sehr gute Meinung und bezeichnet ihn ohne Pathos schlichtweg als einen Weltklassespieler. »Weil er fußballerisch unglaublich viel konnte. Keiner deckte wie er den Ball ab. Sein Auge und vor allem seine Bewegungen waren sen-

»Der Humor und die Extravaganz auf dem Platz, die ich zweifelsohne hatte, gehören zu meinem Naturell. Das kann man sich nicht anlernen.«

sationell. Spieler, die ihn ausschalten wollten, hat er einfach vernascht. Alles an ihm war erstklassig. Obwohl sie mit allen Mitteln versuchten, ihn kaltzustellen, ging er dorthin, wo es wehtat. Dort hat er sich immer etwas einfallen lassen. Willi spielte raffiniert, beherrschte den Ball. Unnachahmlich seine maßgerechten Flanken. Willi war vielseitig. Keiner konnte ihn ausrechnen. Auch wir vom HSV nicht. Er hat Tore gegen uns geschossen, weil er vor dem Kasten die Ruhe behielt. Links geguckt und rechts geschossen.«

Zur Legende gehören auch die Anekdoten und Geschichten, die Lippens, der nie den »Ja also, ich sag mal«-Jargon der heutigen Profis pflegte, hundertfach produzierte. Unvergessen sein Ausspruch: »Ich habe nie eine Torchance überhastet vergeben. Lieber habe ich sie vertändelt.« Die Sportberichterstatter hatten tatsächlich viel Freude an ihm. Weil Willi auch nie ein Blatt vor den Mund genommen hat. Was ihn störte, musste einfach raus und hat doch öfter für heiße Diskussionen gesorgt. Die Medienvertreter hatten dann auch ihre »Story«. Dazu natürlich nach vielen Begegnungen auch ihre eigene Meinung. In der Ausgabe vom 20. August 1976 schrieb beispielsweise BILD-Redakteur Robert Carstens: »Lippens ist der größte Watschler, der je einen Fußballplatz betreten hat und dazu der größte Trickser der Bundes-

»Man will immer weiter spielen und nie aufhören. Aber irgendwann muss man es halt doch. Dabei fühle ich in mir noch immer den jungen Fußballer, der einst beim VfB Kleve begann.«

liga. Willi ist einer der letzten Individualisten und Alleinunterhalter. Dabei wirkt er im Zeitalter der Konditionsmaschinen wie ein Mann vom anderen Stern. Das brauchte Borussia Dortmund. Ein Schuss Verrücktheit und ein paar Takte Fußball-Genie! Die Fans mögen ihn. Einer wie er kommt dort an, wo die Häuser grau sind und das Leben hart!«

☆

Die Sechzig hat Wilhelm Gerhard Lippens überschritten. Im Kreis seiner Familie geht es ihm auf seinem Landsitz in Bottrop-Welheim recht gut. Nach einer nun wirklich nicht alltäglichen Fußballkarriere ist er einem breiten Publikum populär geblieben. Seine einmaligen Kunststücke auf dem Rasen vergisst man schließlich nicht so schnell. Zumal »Ente«, wie sie ihn heute noch überall nennen, ein sympathischer Mensch ist. Ein Naturbursche, der seine Idylle auf dem Hof »Mitten im Pott« liebt, der Tiere mag und gern Gäste empfängt. Die Rolle des aus guten alten Zeiten plaudernden Gastgebers gefällt ihm. Gern erzählt er die Geschichten aus seinem abwechslungsreichen Leben, die natürlich in dieser großen Hommage in Wort und Bild festgehalten sind.

Aber eine Geschichte, so Lippens, würde bis heute in seiner Biografie fehlen. Dabei muss man weit zurückgehen. In Hau bei Kleve wuchs Willi auf, setzte sich zumindest einmal gegen den starken Willen seines Herrn Papa durch und wurde mit Hilfe seiner Mutter Mitglied beim VfB Kleve. Dort gab er schon damals gern einen Einblick in seine Trickkiste. Zum Beispiel beim Jugendspiel des VfB gegen TuS Kalka. Schiedsrichter war kein Geringerer als der FDP-Politiker Jürgen Möllemann, der bei einem nie hundertprozentig aufgeklärten Fallschirmsprung früh aus dem Leben schied. Ob man es glaubt oder nicht: In dieser Begegnung hat Lippens tatsächlich ein Kopfballtor im Handstand geschossen, das Möllemann nach kurzer Überlegung gelten ließ. Eine Szene, die Willi nie vergessen wird:

»Von weit hinten kam ein langer Ball nach vorn. Auf meine Art habe ich die gesamte gegnerische Abwehr und schließlich auch den Torwart ausgespielt und lief alleine auf das Tor zu. Keiner konnte mir folgen. Ich legte den Ball auf die Torlinie, drückte einen Handstand und beförderte die Kugel mit dem Kopf ins Netz. Ein paar Zuschauer waren immer bei unseren Spielen. Denen wollte ich diesen kleinen Spaß gönnen!« Er nennt es »kleinen Spaß« und vergisst dabei, dass dazu doch eine gewisse Standfestigkeit gehört.

Später trafen sich die beiden in der Fernsehsendung »Samstags aus Kleve« wieder. Zwei extravagante Männer, ohne die dieser Handstand und das gegebene Tor nie möglich gewesen wäre. »Willi, du weißt ganz genau, dass du dieses Tor gegen TuS Kalkar allein mir zu verdanken hast. Ich wollte es erst wegen grober Unsportlichkeit nicht geben, habe aber dann zum Glück an die Zuschauer gedacht und wollte ihnen diesen Spaß nicht nehmen«, sagte ihm damals der Politiker, der nicht nur Schiedsrichter im Jugendbereich war, sondern später auch beim FC Schalke 04 Mitglied im Verwaltungsrat.

Willi selbst denkt etwas melancholisch an diese Szene in Kleve zurück: »Ich hätte das sehr gern auch einmal in der Bundesliga gemacht. Man stelle sich vor: In Deutschlands Superliga ein Kopfballtor im Handstand! Das wäre in die Geschichte eingegangen.«

Wenn es dann einen Unparteiischen gegeben hätte, der diesen Treffer anerkannt hätte. Aber diese Frage wird auf ewig unbeantwortet bleiben …

Aufgalopp: Willi Lippens, Peter Dahl und Herbert Weinberg zum Saisonstart 1971.

Karriere in Daten

Saison	Liga	Verein	Spiele/Tore	Ergebnis
1965/66	Regionalliga West	RW Essen	32/14	2. Platz
	Aufstiegsrunde		6/1	Aufstieg
1966/67	Bundesliga	RW Essen	24/10	18., Abstieg
1967/68	Regionalliga West	RW Essen	34/25	2. Platz
	Aufstiegsrunde		8/5	Scheitern
1968/69	Regionalliga West	RW Essen	32/24	2. Platz
	Aufstiegsrunde		8/10	Aufstieg
1969/70	Bundesliga	RW Essen	21/12	12. Platz
1970/71	Bundesliga	RW Essen	29/19	18., Abstieg
1971/72	Regionalliga West	RW Essen	31/20	2. Platz
	Aufstiegsrunde		8/5	Scheitern
1972/73	Regionalliga West	RW Essen	28/23	
	Aufstiegsrunde		8/3	Aufstieg
1973/74	Bundesliga	RW Essen	34/13	13. Platz
1974/75	Bundesliga	RW Essen	34/15	12. Platz
1975/76	Bundesliga	RW Essen	30/10	8. Platz
1976/77	Bundesliga	Bor. Dortmund	29/8	8. Platz
1977/78	Bundesliga	Bor. Dortmund	20/1	11. Platz
1978/79	Bundesliga	Bor. Dortmund	21/4	12. Platz
1979/80	US-Soccer League	Dallas Tornados		
	2. Bundesliga Nord	RW Essen	29/14	2. Platz
	Aufstiegsspiel		2/0	Scheitern
1980/81	2. Bundesliga Nord	RW Essen	38/9	8. Platz

Gesamt		Bundesliga:	242/92
		Regionalliga:	157/106
		Aufstiegsrunden:	40/24
		Zweite Liga:	67/23

Dietmar Schott und Willi Lippens
bei der Bildauswahl zu diesem Band.

Der Autor

Dietmar Schott ist gebürtiger Kölner, aber in den Nachkriegswirren verschlug es ihn nach Hamburg, wo er nach dem Schulabschluss bei der »Norddeutschen Rundschau« in Itzehoe und bei den »Harburger Anzeigen und Nachrichten« den Beruf des Journalisten erlernte. Freiberuflich arbeitete er beim NDR und gründete die Jazz-Zeitschrift »Der JAZZER«. 1962 kehrte er in seiner Heimatstadt zurück und begann am 1. Januar als Redakteur beim WDR: Unter Kurt Brumme erlebte Schott als Radioreporter elf Olympische Spiele. Seine Spezialgebiete waren Basketball und Pferdesport. Als Moderator machte er sich einen Namen mit der samstäglichen Kultsendung über die Fußball-Bundesliga. Nicht weniger als 32-mal hat er das bedeutendste Trabrennen der Welt, den »Prix d'Amerique« in Paris-Vincennes übertragen. 25-mal in Folge war er auch in Berlin Reporter des »Deutschen Traber-Derbys«. Für seine Reportagen wurde er mit dem »Herbert Zimmermann-Preis« und in Neuseeland gegen 149 Konkurrenten mit dem »Weltpreis« ausgezeichnet. Im Turniersport erhielt er für die Berichterstattung der Weltreiterspiele in Xerez de la Frontera das »Silberne Pferd«. 1988 wurde Schott als WDR-Sportchef Nachfolger von Kurt Brumme. Fast fünf Jahre arbeitete er auch bimedial als Moderator im WDR-Fernsehen. Im Rhein-Sieg-Kreis bei Köln züchtet er mit seiner Frau Beate seit 1974 Trabrennpferde. Im Gestüt Höhnchen wurden bislang über 300 Sieger groß. Als Amateur-Rennfahrer brachte er es auch auf internationale Einsätze.

Willi Lippens (2 v. rechts) in der Jugend des VfB Kleve, etwa 1958.

Abbildungsnachweis

Viele Fotos entstammen dem Privatarchiv von Willi Lippens und konnten nicht mehr zugeordnet werden. Sollte es diesbezüglich Ansprüche geben, wird gebeten, sich an den Verlag zu wenden.
Archiv RevierSport: 28, 33, 35, 43, 62, 66, 113.
Bildarchiv Horstmüller, Düsseldorf: 21, 38, 55, 64, 67, 75, 84, 88, 91, 102, 108, 110, 112, 115, 118, 130, 147, 165, 167, 168, 169, 180, 186, 195, 197, 198, 200.
firo sportphoto: 189.
Fotoarchiv Stiftung Ruhr Museum: Marga Kingler: 46, 47, 72, 171;
Manfred Scholz: 48, 119.
Fritz Getlinger: 16.
Klartext Verlag: 22, 30, 31, 53, 74, 77, 81, 89, 127, 158.
Sammlung Willi Lippens: 8, 10, 12, 18, 37, 44, 56, 71, 79, 86, 94, 98, 99, 100, 105, 125, 128, 129, 132, 135, 137, 140, 142, 144, 146, 149, 152, 154, 156, 160, 163, 179, 182, 185, 188, 193, 204.
Franz Osterkamp: 19.
Sammlung Ralf Piorr: 14, 34, 59, 73, 174.
Tim Schröder: 176, 202.
Sven Simon Fotoagentur: Umschlagfoto, 57, 121.

Danksagungen

Dietmar Schott dankt den vielen Gesprächspartnern, die bereitwillig Auskunft über Willi Lippens gegeben haben. Ferner: Johannes Stinner vom Gemeindearchiv Bedburg-Hau, Regina Proest vom Stadtarchiv Kleve, dem Archiv der WAZ-Herne und Prof. Dr. Rolf Lindner von der Humboldt-Universität Berlin für die Bereitstellung seines ARTE-Gesprächs mit Willi Lippens.

Willi Lippens bedankt sich für die Unterstützung des Buches bei folgenden Partnern:

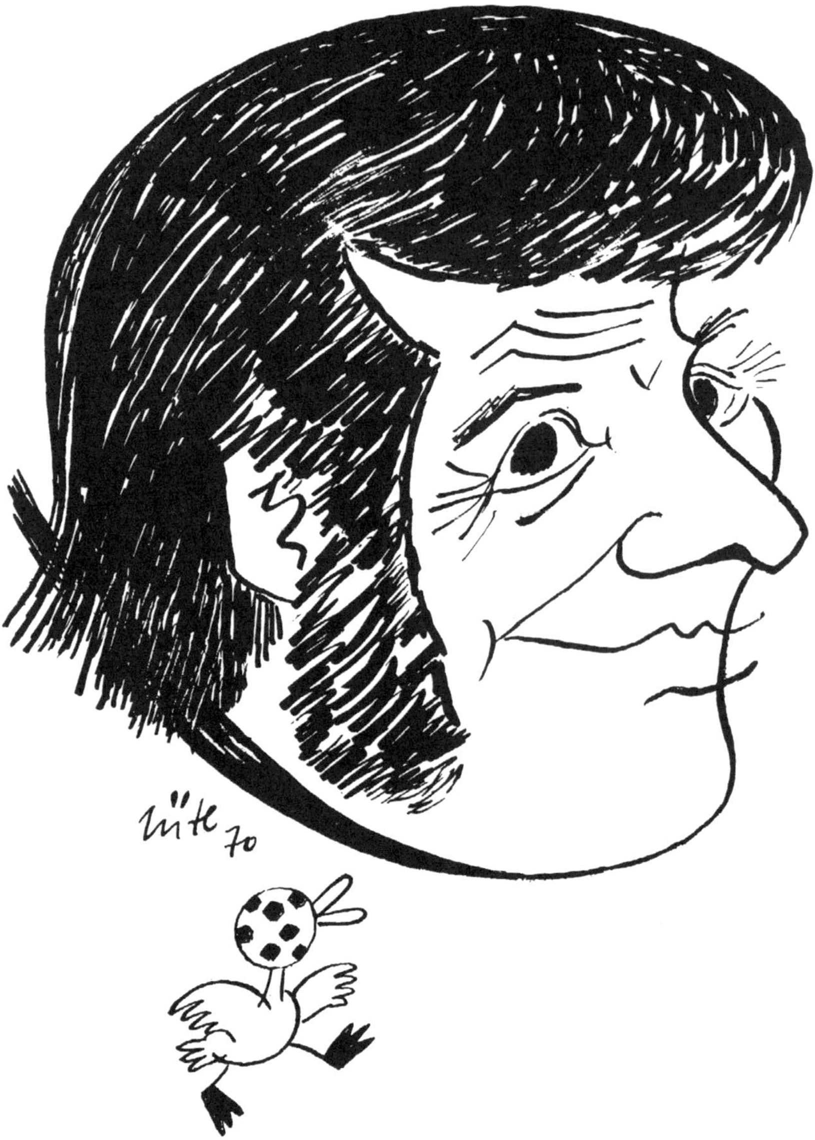

Herzlich willkommen
auf dem
Lippenshof...

Mitten im Pott

Familie Lippens
Gungstraße 198
46238 Bottrop-Welheim
Tel.: 02041 – 45 93 5
Fax: 02041 – 76 31 37

www.mitten-im-pott.de

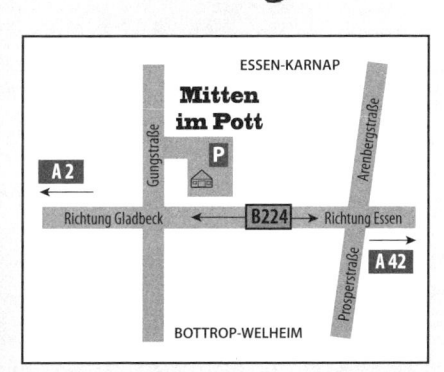

FUSSBALLTAGE IM WESTEN
Als der Ball noch runder war, die Flanken weiter und die Tore schöner!

NEU

Die legendäre Oberliga West 1947 bis 1963 in Bildern, die noch nie jemand gesehen hat!

Mit umfassender Statistik und Interviews.

Eine faszinierende fotografische Reise in die Geschichte des Fußballs und in das Herz des Landes Nordrhein-Westfalen.

Ralf Piorr (Hg.)
FUSSBALLTAGE IM WESTEN
Die Oberliga West 1947 bis 1963 im Bild, über 300 Fotos, 240 Seiten, gebunden, Großformat, ISBN 978-3-89861-928-8.

EUR 29,95.

Ab sofort im Buchhandel oder auf reviersport.de erhältlich!

www.klartext-verlag.de

KLARTEXT